U0578916

 集人文社科之思 刊 专业学术之声

集 刊 名：区域史研究

主办单位：中山大学岭南文化研究院
　　　　　中山大学历史人类学研究中心

主　　编：温春来（中山大学岭南文化研究院）

副 主 编：黄国信（中山大学历史人类学研究中心）

本辑执行主编：冯筱才（华东师范大学历史学系）

REGIONAL STUDIES

微信公众号：Regional_History

投 稿 邮 箱：lingnanculture@126.com

2022年第2辑（总第8辑）

集刊序列号：PIJ-2018-326

中国集刊网：www.jikan.com.cn

集刊投约稿平台：www.iedol.cn

2022年第2辑（总第8辑）

区域史研究

REGIONAL STUDIES

主编 | **温春来**　本辑执行主编 | **冯筱才**

社会科学文献出版社
SOCIAL SCIENCES ACADEMIC PRESS (CHINA)

区域史研究
Regional Studies

2022 年第 2 辑（总第 8 辑）
2023 年 3 月出版

学人访谈

如何研究地方史？

——包伟民教授访谈录 ·············· 包伟民　陈明华　冯筱才 等 / 3

专题研究

主体何在：西南近代区域史研究的问题与路径 ·············· 温春来 / 41

雍正麻城杨氏案的文本嬗变 ·················· 卜永坚 / 73

被吟咏的地方记忆：从《南汇县竹枝词》看清末民初江南的

水域社会 ··················· 佐藤仁史 / 97

西南地区"白儿子"族群的形象书写、族群经验与身份认同

··················· 王　丹 / 131

学术综述

瓷业内外：近百年来景德镇研究的回顾与反思 ············ 朱　焘 / 157

书　评

从环境出发解读人地关系

——《宋代以来江南的水利、环境与社会》读后 ····· 江　震 / 199

《万国天津：全球化历史的另类视角》书评 ·············· 薛克胜 / 205

评《小天命：生祠与明代政治》 ·················· 邵长财 / 216

评加島潤『社会主義体制下の上海経済—計画経済と公有化
のインパクト』 ……………………………………… 王　睿 / 222

征稿启事 ……………………………………………………… / 232

学人访谈

如何研究地方史？
——包伟民教授访谈录

受访人：包伟民

访谈人：陈明华　冯筱才

整理者：朱丽祯　陈明华[*]

访谈说明

包伟民教授 1956 年出生于浙江省宁波市，先后在杭州大学、浙江大学、中国人民大学任教。曾任浙江大学历史系主任、中国人民大学唐宋史研究中心主任、中国宋史研究会会长等职。2013 年起为教育部长江学者特聘教授。现为浙大城市学院历史研究中心教授兼主任。包老师主攻宋史，兼及中国古代经济史、近代江南市镇史等领域，代表作有《宋代地方财政史研究》（上海古籍出版社，2001）、《传统国家与社会：960—1279 年》（商务印书馆，2009）、《宋代城市研究》（中华书局，2014）、《走向自觉——中国近古历史研究论集》（中华书局，2019）、《陆游的乡村世界》（社会科学文献出版社，2020）等，主编有《江南市镇及其近代命运：1840—1949》（知识出版社，1998）、《龙泉司法档

＊ 包伟民，浙大城市学院历史研究中心教授兼主任；陈明华，杭州师范大学副教授；冯筱才，华东师范大学教授；朱丽祯，香港中文大学历史系博士研究生。

案选编》（96 卷，中华书局，2012—2019）等。2022 年疫情持续，大家各自"避难"，我们在 8 月 4 日以线上方式对包老师进行访谈，问题主要围绕地方史研究展开。访谈人为冯筱才（简称"冯"）和陈明华（简称"陈"），录音稿由陈明华和朱丽祯整理。本文最终稿，经冯筱才校读，包伟民修改审定。

一　为何要关注"地方"？何谓"地方政治"？

陈：包老师，我们这次是想请您谈谈区域史或地方史的研究方法。冯老师起草了一个访谈提纲，他也会参加今天的访谈。下面我就按照这个提纲中的问题顺序来向您请教。

您的不少研究与地方或区域相关，特别是您的博士论文出版的时候，标题就叫作《宋代地方财政史研究》，在比较传统的制度史前面加入了地方的视角，为宋代经济史研究领域另开新篇。您认为"地方"对于国家制度史研究究竟有什么意义？当时您为什么选择从地方的视角去研究这个问题？

包：我记得我之前解释过写博士论文的时候为什么选这么个题目。进北大读博士，邓广铭先生当然不会给我们出题目，他希望学生自己找题目。如果学生自己找不着题目，这点儿能力都没有，这个学生他肯定就不要了。其实我前后找过两个题目，一个题目如果用现代的词语来说，就是指各个地区的不平衡发展、各个地区的特点等。具体我现在记不得用了个什么词，邓先生说这个题目没法写，否决了。然后我就又想到了第二个题目，这个题目的出发点其实很简单。我们从"文革"过来的这些人特别在意国家跟社会的关系。但在传统帝制时期，这个问题如何落实到经济生活上面呢？当时也没有什么计划经济，国家政权能够影响民生的，其实就是财税，政府怎么收税，老百姓在生产上怎么应对，这便左右了国家与社会的关系。它当然不可能像人民公社时期那样指挥老百姓，你今天必须种这个东西，明天必须种那个东西，只能间接地通过财税制度来产生影响。

当然，我这个"社会"比较具体一点，其实主要就是基层民众的生活，这可能跟自己的底层出身有关。特别在"文革"期间，我目睹了底层社会各种生活困窘的状态，刻骨铭心。所以我不太喜欢谈高层政治。我觉得高层政治，实际上我们没法了解，至少我自己的能力是不够的。尽管我们现在可以从文献史料中读到，当时皇帝跟大臣怎么讨论，大臣怎么上奏章，但是这些材料其实跟实际政治还是隔得蛮远的。更何况留下来让我们看的那些记载，其实都是经过了修饰。皇帝怎么样跟大臣讨论，皇帝心里怎么想的，大臣们个人之间的某种打算，我们要了解是隔了很多层的。上层的这种政治操作，我们这样的小民百姓很难揣摩。所以我有时会跟研究中央政治、朝廷政治的那些朋友开玩笑，特别是研究生。我说，你们是真了不起，我做不到。你们从幼儿园、小学、中学到大学、研究生，一上手就开始讨论政治局怎么开会了，这离我们的生活有点儿远。可能自己的生活经历对我的学术志趣造成了蛮多影响，因此个人就想多看看基层民众生活。而国家政治能够影响民生的，财税政策就很重要，虽然不能说是唯一的，但最起码是一个主要渠道。

当然真正写起来，跟原来设想的还是有很大的差别。所以现在大家可以看到，我能写的东西，实际上主要还是集中在国家制度，尤其是地方的财税制度方面。因为如果那些制度都弄不清楚的话，其他的一切都无从谈起。所以我的博士论文选题，就主要是从财政出发来看地方的民生。这里面有没有政治？我想是有的，这就涉及你们今天要问的一个最主要的问题了，我们怎么来解释所谓"地方政治"这个话题？

地方政治，首先是国家在地方的行政设置，例如州县。在传统帝制时期，县是最低的一个行政层级。到了民国以后，行政层级再往下探。

现在已经探到镇一级，镇都有人民代表大会了。但是在宋代，县是最低一个层级，县的行政当然算是地方政治的一部分。当然，国家机构的运作必须跟民间打交道。比如说它要收税，它要保持地方治安平稳。要向地方收税，就得依靠组织起来的那些乡里体系，当然到南宋一般已经叫乡都了。

这当然不是全部。2009 年我跟邓小南老师他们一起在《历史研究》出过一个专栏，邓小南老师笔谈稿的题目就叫作《宋代政治史研究的"再出发"》。① 从 20 世纪 90 年代末以来，国内学界，特别是在中国古代史领域，大家都有意无意地倾向于去做社会史、文化史等，回避政治史。其中当然有西方学术的影响，但也与我们自己的学术发展脉络有关。大家可能对政治史已经腻味了。政治史研究范式很难更新，传统的那些范式，你没办法正面去批判它，很多人就自觉地避开它了。例如像"五朵金花"之一的"农民起义"那样的话题就很少有人研究了。但是正如王毓铨先生所讲，理解中国的历史，不仅仅古代，包括整个中国史，不管什么问题，最后你还得回到政治上面来。

谈到政治史研究的"再出发"，我那次写的，以及后来在另外一个杂志中发表的一篇杂想——《"地方政治史"研究杂想》，主要就是围绕怎么来展开地方政治研究的，我对"地方政治"做了一些解释。明清时期的地方社会怎么构成相对清晰，我们说的"地方社会"，指政府直接操控之外的那些内容，可能那些也可以算作政治。那民间社会内部怎么折腾？比如说宗族制度，我们都知道宋代形成一个新的阶段，明朝万历以后宗族制逐渐全民化、普遍化了，但宋代是一个新开端，当然它是小宗之法。那么这种制度在地方上究竟是怎么影响到各种生态的？其实这也算是地方政治的一个内容。

---

① 包伟民：《视角、史料与方法：关于宋代研究中的"问题"》，邓小南：《宋代政治史研究的"再出发"》，《历史研究》2009 年第 6 期。该次笔谈专栏的题目是"宋辽金史研究：新视野、新论题、新方法"。

另外，收税者，就是保长、乡司那拨人，怎么去选，也是地方政治的一部分。但是要去讨论这些，确实不是太容易。这里面就牵扯到一个非常麻烦的问题，就是资料。清代可能好一点儿，明代我觉得很多方面的资料实际上还是不够。举个最简单的例子，我经常会唠叨一个话题，就是我们都说明代后来形成了所谓"缙绅社会"，这样的一个概念合不合适呢？现在有人在讨论。缙绅社会当然不是凭空产生的，有深刻的历史渊源。它必然是在宋代已有雏形。对于这些，我们其实并没有怎么展开研究。不能说完全不能研究，但是真的很难。我回到刚才的话题，地方政治不仅仅是地方政府的那些运作，它也应该包括地方社会，就是民间的各种权力运作。因为所谓政治就是关系，就是人与人之间的关系。如果从这个角度去理解，它的内容应该是很广泛的。但真正要展开讨论，在不同时段应该会有不同的特点。在研究方法上，不同时段之间应该有比较明显的不同。虽然研究讨论的视角、方法是蛮重要的，但更重要的是资料的类型。看菜下饭，你能找到什么样的菜，才能做出怎么样的饭菜来，这是我目前的体会。

冯：包老师，您刚才讲到写博士论文找选题时的想法跟您个人的经历有关，可能从"文革"过来的人对高层的政治斗争都有厌倦感，所以想弄点儿其他的东西。您能不能多谈点儿个人的经历，以启发后来者？

包：我个人的经历其实没有什么特别的，总之小时候家里比较穷，比较困难。当然不是像农村最穷的那一类人，农村里的有些人其实比我们要困难得多，我们好歹算是城市的平民。

平民阶层，尤其是最普通的那种，往往会感到生活中有很多无奈。如果一定要说到我自己家里的特殊情况，那就是我父亲长期生病。应该是从1972年我初中毕业开始，我父亲就生病没法上班了，一直到1981年底去世，整整10年。这个过程中间，解决家庭生活中各种各样的无奈，如小民百姓连医院都住不进去，都要通过种种关系，这种关系又不靠谱，你想送礼都没法送，当然也送不出礼，那时候很穷嘛。我后来在一篇回忆"77级"高考的文章①里写过这个问题，当时我参加高考是因为我弟弟。1977年，他正好应届高中毕业。那一年是全国执行上山下乡政策的最后一年，也就是说，如果没有特殊原因，他是要到农村去的。我父母亲非常着急，因为家里老小又特别弱。正好高考来了，就让他参加高考，希望运气好点儿能考上，同时也让我去报考。当时我父母亲的想法是两个人一起考概率更大一点儿。如果我能考上，按政策我弟弟也可以不下乡。但这个概率其实非常小，因为那一届录取率特别低。现在都在算那个录取率是1%、2%，我觉得瞎扯，为什么呢？因为当时有个初试，现在算的都是复试的人数，复试有五六百万考生吧，取了大概27万还是多少。但其实初试已经按类似的概率筛选了一遍。我不知道怎么个算法，只是有个直观印象。

我参加初试的考场是一个中学的教室。初试走进教室的时候，我心里在盘算着，根据初试大体的录取率，这一间教室所有的人只能录取一个，我运气那么好？就能轮到我吗？就是这种情况。我到现在都印象很深。后来成绩出来说你可以参加复试了，复试的时候录取概率也是一样的，就一间教室一个，所以这样算起来，概率其实很低。后来运气好的是，我们两兄弟竟然都考上了。我父亲就跟我说，那你就用不着去了，因为当时我已经在工厂工作了。父亲一直生病，两个人读大学对家庭来说压力太大，所以当时父亲跟我一说，我马上就同意了。我觉得他们的考虑也是合理的，要不然家里很难维持，特别是我母亲压力太大。但我母亲说不行，你还得去。后来读大学期间，经济压力非常大，但好歹就那样坚持下来了。所以刚才筱才问我个人经历，底层百姓的这种无奈，在我的生活中是很明确的，各种的无奈，经济只是其中一个问题。所以我就会特别地关注基层民众的生活，我老早就有非常清晰的概念，就是你在报纸上看到的跟日常遇到的是两回事。难道古代留下来的那些印在

① 包伟民：《高考杂忆》，发表于公众号"老杭大"的"我的高考"系列。

书里的东西就跟日常一样吗？肯定也是两回事，这个概念我一直有。

冯： 这些年我看下来，总觉得一个学者的研究路径也罢，观念也罢，跟自己的经历太相关了。我也碰到过一些朋友，跟包老师您的年龄差不多，如果他没有基层的经验，没有目睹或经历老百姓的这些苦难，你要他摆脱那种所谓的国家主义思维，是很难的。所以我觉得这个实在是太重要了。

陈： 我是觉得有些生活的直观体验可能更重要，冯老师、包老师刚才所说的在我们这一代就很明显，因为我们完全是一路接受学校教育成长起来的，很少跟社会接触。

冯： 不只是你们这一代啊，今天的学生最大的问题就在这里。从学校到学校，从幼儿园一直读到博士，完全不知道基层的情况，也没吃过苦，所以说问题很大。你叫他去研究地方，你要他怎么有同情心？怎么有同理心？真的非常难。

陈： 我从小就是在学校里接受教育，跟现实社会接触得很少。包老师以前去过工厂，跟社会接触得更多，所以我们对于社会的认知有所不同。

包： 怎么说呢？当然在教育上，这其实是个永恒的问题。因为我们这一代是特殊情况，你不能要求所有的学生都在读书之前先那么去折腾一番，这太不正常了。就像明华，像你这样的经历才是正常的情况。但这种通过正规的、范式化的教育途径培养出来的史学家，他怎么去真切地理解社会？这是现在当老师的要面对的问题。

二　如何解决史料难题？重建地方生态有无可能？

陈： 刚才包老师已经谈到了，宋史或者更早时段的研究者，如果要做地方的研究其实很难，首先面临资料的困难。在这种情况下，如何探究中古时期或者宋代的地方历史，有没有可能去考察所谓的地方生态，把地方的多样性或者实际运作过程揭示出来？

包：我们首先要承认大量的历史知识是肯定会留白的，一个人不可能什么都知道。当然越早越是这个样子。这是我们现在面对很多热心的历史学爱好者经常会碰到的困窘之处，他们会觉得你们怎么连这个都不知道。然后他会拿出一本那些写手写的书说，你看人家写得多么清楚，你们却不知道，还号称专业学者。那些人凭想象写的东西生动、形象，好像昨天晚上他跟皇帝讨论过这个问题一样。经常会有这种情况。有些人你跟他说不明白，有的人也许能说得明白。

但是有些问题是可以研究的，我们就拿地方政治来说吧。士大夫这个阶层在地方上是怎么慢慢养成势力的就可以研究。唐代的士人已经有了一些地位，但是经过五代大乱，地方上真正有势力的绝对不是读书人。有势力的是那些所谓"豪强"，那些豪强后来慢慢转型，通过科举等途径在政府中占据了重要地位，他们是怎么转型的呢？关于五代宋初那个阶段，现在已经有了几篇研究文章。但是延续到南宋，就很少有人写。现在台湾的黄宽重老师在关注这个问题，他主要是从人物着手，就看那些人物在地方上是怎么发挥他们的作用。但是这种研究往往非常不容易，而且非常慢。

这个话怎么说呢？就是你要非常细心地去体会所有材料，坦率地说，如果资质平庸的话，你是做不到的。我写乡村制度的文章已经有七八年了，几年磨一篇文章，因为这个领域可以说已经积累得非常深厚了。20 世纪三四十年代以来，日本学界那些如雷贯耳的人物，像加藤繁等学者，已经梳理过很多遍了。到了五六十年代，又有一批学者进入这个领域。但是我重新梳理，发现其实他们留下了非常多的空白。举个例子，关于宋代的制度是怎么样转型到明代，其实并不很清楚，去年我在《北京大学学报》发表的那一篇论文基本讲清楚了。① 它在我脑子里待了好几年，总算慢慢地根据几条材料把一些关键性的问题领悟了，其

---

① 包伟民：《近古乡村基层催税单位演变的历史逻辑》，《北京大学学报》2021 年第 1 期。

他材料才能够带动起来。这个非常的难。

另外关于民间社会的一些运作，宋代还是留下了一些资料。如果细心去体会，能够找到一些材料。当然主要是笔记，比如那本专门讲鬼怪故事的《夷坚志》，我读了好多遍，以后有时间应该会再读。它讲的都是带有一点儿神鬼性质的民间小故事。但如果你细心体会的话，是能够体会出一些可用的资料来，然后你把这些资料拼起来，能够讨论一些话题。

所以说，地方政治能不能研究？可以，不过要有足够的智商、足够的时间和精力，以及足够的耐心。坦率地说，我这两年写的地方管理制度的那些文章，几年才磨一篇。你让年轻人写不现实。一方面，他们的知识积累、研究能力可能还不到火候；另一方面，他们也没法做到像我这样慢慢地磨。

今年《中国社会科学》第 7 期组了一个"宋史研究专题"，里面有五六篇文章，我在那里发了一篇讨论马端临的论文。① 马端临编纂的《文献通考》里面有一个考叫《职役考》，职役就是差役，讲的就是古代基层的那些乡里制度。他在序言里面对《职役考》有一个概括性的归纳。在他看来，早期的那些乡守、里胥都是领国家俸禄的官吏，所以地方管得好。但是到了唐宋，那些人改为从老百姓中间差派，被派差的老百姓没时间干农活，让他们去收税也收不上来，所以就苦得要死。《职役考》就是按照这条主线来展开的。马端临，那么伟大的一个历史学家，而且他不是随便发议论，而是对《职役考》提纲挈领地做概括。所以从明清一直到现在，没有什么人对他的概括提出异议，觉得就是这个样子。大家都讨论怎样从官转向民，有的人甚至把转的具体时间都给考证出来了，但实际上马端临讲的带有情绪，不完全符合事实。

十多年前我还没有关注乡村制度的时候，在读《文献通考》时，就觉得这段话不对头，怎么可能越往前官越多呢？一般是越往后官越

① 包伟民：《"乡役论"与乡里制的演变》，《中国社会科学》2022 年第 7 期。

多，早期的国家财政也撑不住啊。后来发现这是他发牢骚的话。但是问题在哪里？就是你要证实它。史学讨厌就讨厌在这里，不能仅仅做推论。你说他不对，你给我证明。为了证明，我就要从先秦讲起，从秦汉讲到魏晋，这个完全在我的知识范围之外，所以我磨了整整有两年。因为一超出自己的知识范围，就必须非常小心，不敢随便写。我请了很多朋友帮我改文章，所以很不容易。

所以明华刚才问的能不能做呢？有一些能做，有些真没法做。如果真正投入的话，有些是可以做的。我希望有其他的学者能够接着做，我自己大约不会再投入更多的精力，因为实在太累了，我不太想再写如此杀死脑细胞的文章了。

陈：落实到具体的操作层面，其实是用智力和时间去尽量"榨压"有限的史料。包老师刚才也提到一点，比如怎么从那种民间故事里面去发掘。您可不可以进一步深入总结一下史料的解读方法？因为读您的文章，我们可以感觉到，您对于怎样去尽力"榨压"史料中的信息有很多自己的想法。

包：一问到这种抽象的方法层面的问题，"文章写法"，其实就有些难说了。我从自己的经验出发，觉得可能比较重要的事情是，我们读到的资料呈现出来的往往只是片段，是连完整知识都算不上的某种碎片化的历史信息。你怎么去发掘这个信息背后的片段历史，再把许多片段拼起来，拼成一个更大的历史场景？我想第一是，你必须有相当丰厚的知识储备，这个知识储备是什么呢？就是你在这个领域里面看到一个碎片化的信息，要能够跟其他装在脑子里的有关信息相联系。只有相互联系，这个场景才会凸显出来，要不然它就只是一个碎片，没有意义。当然，现在解构文本的那些方法，大家都非常熟悉了，怎么去剔除那些叙述者的立场，还有前辈学者特别看重的文本考证等方法，这些都不在话下。文本要弄准确，摒弃个人立场，站在叙述者的立场上去看问题。你看到一个现象，然后要有意识地去读、去对比跟它相关的、相类似的文本，形成联想，这样有用的东西可能才会凸显出来，要不然凸显不出来。

除了刚才讲的之外，方法层面上最重要的一点，那就是你得有逻辑思维能力。我一直觉得很遗憾的是，我们的教育不太重视逻辑思维训练。这也跟中国古代思想体系有关，以前我们没有逻辑学。现在网络上很多口水发言都没有逻辑可言，我们的很多学生也是没有逻辑的。所以我想培养学生阅读材料的一个大前提是，你得让他们有逻辑思维的能力。刚才我举的马端临的那段话，你稍稍有点儿逻辑思维能力，就会知道我们整个的历史发展过程是怎么样的，他那些话是反过程的。你就会觉得这里面可能有问题。我经常跟学生说，凡是读书读到心里咯噔一下的地方，你不要放过它，虽然可能是一个错觉，但大量的这种感觉背后也许会露出几个问题来，你要把它记下来。我读研究生的时候，老师们都要求我们读《文献通考》。从那个时候我就觉得马端临的这段话不太对头，心里就咯噔了一下。

明华和筱才都知道我后来评韩明士的那本书。① 当然韩明士先生是一个优秀的汉学家，但他的那本书有一些不足。在浙江大学历史系上课时领着学生一起读，我觉得他的一些说法逻辑上不能成立，一个最简单的事实，他说南宋精英开始地方化，不再关心中央政治，当然这是他老师先提出的观点。但他没法回答一个更大的问题，那就是南宋参加科举的人却越来越多了，这两件事情不是互相矛盾吗？不解决这个矛盾，他的假设是没办法圆满地成立的，但他完全避开那个事情，那逻辑上就不成立了。对于知识，你要互相联系，然后经过逻辑思维的分析。这两点大概是我平时比较关注的。

陈：包老师，讲到韩明士，我顺便插一嘴。你说他那个观点有逻辑问题，我想到一个问题，逻辑可能是有多种的，或者说每个人的逻辑是跟生活连在一起的。可能在韩明士的语境里面，南宋以后精英越来越地

---

① 包伟民：《精英们"地方化"了吗？——试论"地方史"研究方法与韩明士的〈政治家与绅士〉》，《唐研究》第 11 卷，北京大学出版社，2005。

方化是顺理成章的，是符合逻辑的，以至于他将中国历史实际的逻辑屏蔽掉，或者会有意地不关注。

包：我想应该是。对于西方汉学家们来说，当然现在主要是美国的汉学家，在他们的知识体系里面，这样的解释是对的。为什么呢？因为受欧洲史的影响，他们的历史框架是后来市民社会兴起。

冯：他们的读者也想听这个。

包：对，但他们不知道中国人其实从来没有摆脱过中央政府，甚至中央政府对基层社会的控制越来越强，我们是跟他们反方向的，这个他们不能理解。所以在他们的知识框架里面，他们的观点是符合逻辑的。他也讲到一些问题，比如考科举的人多了一些。但是他觉得那帮人去考科举不是为了当官，是因为有了功名以后在地方上可以更显赫，更有地位，他从这个角度去解释。

陈：韩明士做了很大的努力去建构士绅的网络关系。人际网络关系一度也是历史研究比较热门的一个议题，但是从您对韩明士的批评来说，他的这个建构是有问题的。既然他的这个东西存在问题，那么有没有可能在宋代做出比较好的社会关系模型？

包：我现在没法说，我只能说感觉，因为我真的没有像他那样摸过这部分资料。如果研究人际关系网络，需要读大量的传记材料，要把一个地方所有的传记材料都摸清楚。有些地方是可以做的。比如说我老家宁波（古称明州）留下的材料相对较多，而且在南宋时期，中央政府对宁波地方社会的影响又特别明显，大官特别多，所以这个是可以做的。但是我想我跟韩明士先生会有一个很大的差别。那就是对于地方的那些所谓士绅，有些话我不太会像他这样说得那么确定。

在立场上，我跟他有一个根本的差别。我觉得地方社会即便是士绅控制，他们在地方有权力，但他们的权力来自哪里？还是来自国家。假如国家要把你给摁死，肯定把你捏死了。只不过当时国家需要利用士绅来管控地方，双方利用。用他们的逻辑来说，南宋那么多人考科举，只是为了有个功名，有了这个身份以后，在地方上就更有势力了，那势力从哪里来？不是国家给你的吗？科举不是国家的东西吗？你怎么说它完全是地方的呢？这个就是我跟他们立场的差别。所以解读的结果可能会不一样。我是希望有一个人能够完全投入来做明州社会，从宋代做到明代，这是可以的。但我已经既没有兴致，也没有精力这么去做了。

冯：他们所谓的"精英化"，按照我们的想法，是不是也可以叫作一种国家赋权？

包：对，国家赋权。很好玩儿的是，我们不能把它理解成国家完全心甘情愿，有的时候它也无奈，因为管不过来，不得不赋权。但赋了权以后也会造成新的麻烦。在明清时期，我们就看到地方某些势力真的跟官府作对，当然宋代也有。我去年在《北京大学学报》发的那篇论文，①里面有一个例子。南宋初年推行经界法，经界法就是整理土地税籍，重新登记。以前把经界法理解成绍兴和议后，赵构、秦桧可以腾出手来加重对老百姓的剥削了，所以弄经界法是为了增税。当然不能完全说他们没这种心思，但主要的原因是地方的税籍已经乱得不可收拾，所以秦桧才让李椿年去主持推行经界法。李椿年写了个奏章给朝廷，提出几条经界理由，其中之一就是地方的税籍已经乱得一塌糊涂了。他举了个例子，苏州刻在石碑上的这个土地原来是 120 万，就是交的税粮是 120 万石，现在政府有账可查的注籍土地只有 70 万了，但每年真正收得到的只有 30 多万，大部分税真的逃走了。所以如果这种状况不纠正的话，国家都玩儿不转了，钱也收不到了。你说它是对付穷人老百姓的，未必全是，为什么呢？税多半还是富人出的，田在富人手上，所以你完全用所谓阶级分析法，那就完全乱套了。

冯：包老师，您是想说，其实很多东西也是被动的，它会产生很多

---

① 包伟民：《近古乡村基层催税单位演变的历史逻辑》，《北京大学学报》2021 年第 1 期。

不可控制的情况。

包：对，明代那些老百姓最痛恨的里书、地方做账的，唐代后期就开始产生了。我们之前的沙龙讨论，我讲《北京大学学报》那篇文章，文章里引用了《名公书判清明集》的记载。《名公书判清明集》里面有很多记载，就有人说哪个乡书手坏透了，县官恨他，老百姓恨他，有钱人恨他，没钱人也恨他，但谁也拿他没办法，因为地方上收税的账在他肚子里面，你不能把他给发配流放，否则以后税就更收不上来。安徽地方志中有个宋代的《新安志》，里面记载了经界以后和经界以前的人户数字，经界后人户数少了一半，可知经界以前有一半的户都是诡户虚籍，因为大家都是为了降低户等，为了少交免役钱。我就猜想现在我们对宋代人口的估计，恐怕是不准确的。因为我们用的是徽宗政和年间的一个数字——两千零八十八万户，如果用徽州《新安志》这个例子去解构它的话，说不定只有一半，其他都是虚籍。但是我们现在只找到徽州这么一个例子。如果再多几个例子的话，连人口数字都可以解构。政府控制的能力有限，所以确实它是既要赋权又会感到无奈。

陈：好。包老师讲到宋代的材料都是按条来的，一条一条的。

包：我们只能有一条是一条。

陈：不过，这反而激发了很多细读材料的技术。如您刚才所说，其实技术后面是一个智力挑战。然后回到我们近代史，近代史的资料就比较多。从这个角度来说，跟古代史相比，近代史对于重建所谓的地方实际，可能性是不是更大一点儿，或者说更方便一点儿？

包：我想肯定是，那是毫无疑问的。

三　区域个案研究如何避免重复？如何打通城乡？

陈：从目前的这种研究状况来看，您觉得一些近现代史的个案化研究有没有加深对于历史的整体认知？

包：晚清开始的那些研究，我觉得是有加深的。当然现在近现代史的学者担心的是，个案在重复，同质的研究在重复。现在，我觉得需要做的一个工作是，把相类似的一些研究相互联系起来，看看是完全的个案重复，还是能够显示出更多平时我们没有意识到的信息。比如说，个案总不可能完全在同一个地区，能不能通过一系列的个案把不同的地区类型给画出来？

一个是类型化，另外一个就是要前后联系。我写陆游的那本小册子，[①]用了一个例子。陆游在很多诗里面写到"市船"，我开始真的没法解释它。后来就想到了费孝通先生的《江村经济》记述的情况，与它联系了起来。我觉得市船大约跟费孝通先生说的太湖地区的航船差不多，就是村子里面一些船定期跑市场，联络村庄与市场。这种解释当然有点儿跨越，费先生讲的是 20 世纪初的事情，大约跨越了 800 年，但是在类型上应该说是吻合的。所以把后来的某些案例稍做追溯，跟前期的历史挂上钩，具有可行性。如果我们不同领域的学者能够互相联系起来，来做梳理，我觉得可能有些个案是能做出来的。

我再举个龙泉档案的例子。一开始做龙泉档案的时候，我也很灰心，发现法院的审判记录很多不靠谱，因为当事人在县老爷面前不讲真话，契约的内容也有不实之处。县老爷问她，既然事情不是这样的，你为什么这么写诉状？然后农妇就说，因为做状先生，也就是替她写状纸的人，告诉她要这么写，这样写官司容易打赢，等等。再比如，我们在敦煌文书里好不容易发现片言只语，那些唐史学者拼了多少年，总算把文本拼全，意思理解清楚了。但是如果文书里写的内容不实呢？所以我开始觉得很沮丧，怀疑主义就更加厉害了。但是后来觉得如果能够前后联系起来，还是可以做出东西来。

我曾经介绍过龙泉档案里的一个案例。有一次复旦史地所要开一个

---

① 包伟民：《陆游的乡村世界》，社会科学文献出版社，2020。

讨论会，要我参加。他们的主题是关于近代的，我写不出近代的东西，问吴铮强、傅俊他们有什么好的案子，他们就给我介绍了一个"吴绍唐案"。那个案子是关于社仓的，吴绍唐被人告了，说是贪污，从光绪年间开始告起，一直告到民国 21 年（1932）吴绍唐这个被告死掉，案子不了了之。宋代研究社仓的文章不少，但如果有个宋代的记文如"某某县社仓记"，就算是第一手材料了。我们最详细到底层的材料就是这个样子，社仓具体怎么运作等问题，根本就看不出来。所以我们利用龙泉档案里的这类案子一直往上追，从民国到清，再从明到宋元，如果能够理出一条线的话，有些我觉得是可以做的，有可能揭开宋代文献里露了点儿蛛丝马迹的隐讳现象的本来面貌。再比如讨论某个家族是怎么发展的问题，浦江的郑宅就是很好的案例，把前后牵扯到的一些具体问题联系起来，这样的话就可以看出后期的情况。一方面，我刚才讲了可能是区域类型；另一方面可以前后联系，向上追溯，把一些历史发展的脉络联系起来。这些讲起来都非常理想化，但要落实不知道什么时候做得出来。

陈：对，您刚才讲的明州是一个很吸引人的个案，一直从宋代做到近代的其他几个议题也很吸引人。

包：宋史学者，如果能力不够，往往没法往下探；明清的学者没有动力向上追，因为往上追很难，要读透宋代材料也不容易。

陈：包老师，从目前来看，一般所谓的地方史和区域史相对忽略"城市"或"城镇"的角色，或者不大习惯将城乡两者打通来看，但是您已经注意到与乡村户相对应的、建立在坊郭户基础上的一套"城区基层建构"。我们其实蛮想了解，这个研究您还在继续做吗？或者说进展到了怎样的一个状态？

包：很遗憾的是，我有个写作习惯。不仅写城市史是这样，当时写地方财政也是这样，尽管地方财政书稿的底子是博士论文，但后来其实一章一章都是重新写的。我大体有个框架，觉得这一章准备得差不多可以写了，就往下写下去，写到我觉得字数凑得差不多，我就不写了，剩下几个题目就算了。城市史也是这样的，当时设计上还有两章，我觉得是应该写的。一个是乡镇，农村地区的商业性小聚落。另外一个就是农村人口怎么进城。因为从唐末到宋代，城市扩张显然比较快，很多学者的研究都强调了这一点，但是这些人口显然有相当比例不是由城市本身人口自然繁殖来的，如果自然繁殖的话，它不会涨得那么快。跟后来一样，肯定有大量农村人口进城去了。我当时感觉这两个题目大约是能写的，当然资料非常散，要从像《夷坚志》那样的故事中间一个一个去找。统计性的资料肯定不可能有，乡镇的资料情况略好一点儿。写乡镇，我当时想解构的一个话题是什么呢？如果你们读过我的城市史绪论，就可以看得出来，我要对付"唐宋变革"，就是所谓"发展范式"。一切都往好里说，不断发展，接下来差不多就要到共产主义了，我觉得这是一种幻觉。

以前我们老说古代的中国社会是停滞不前的，后来觉得中国也有发展，就提出所谓的传统内变迁之类命题，再后来就变成一切都在发展。所以有学者一直在强调城市的扩张，他们估计的宋代的城市人口比例，是把所有的市镇都看作城市的。在宋代的制度中，的确把市镇的人口也列为坊郭户，但叫镇坊郭，跟州县城市有区别，有这么一个专门概念。但是即便到现在为止，所谓的镇还是有大量的农业人口，我们小时候就更不要说了，20世纪50年代民政部对所谓城市的定义是50%以上是非农业人口的聚落。①

我花了蛮多时间读民国《鄞县通志》，这是一部非常好的地方志。它记载得很清楚，某些镇人口近千户，巨镇，但是那里面的人大多数业农，虽然仍然叫作镇，里面有商业街。宋代就更不用说了。所以我当时要表达的是这么个想法：宋代市镇，其实大多数的基本属性还是农村，

① 1955年《国务院关于划分城乡标准的规定》中指出，常住人口在2000人以上，其中50%的居民为非农业人口的居民区，或者常住人口不足2000人但在1000人以上，而且其中非农业人口超过75%的地区，可以设置镇的建制。

尽管它有慢慢向城市靠拢的一面。

我主编的《江南市镇及其近代命运：1840—1949》这本书，关于人口那一章，里面划分了两种类型：嘉兴类型和鄞县类型。嘉兴类型的市镇可能非农业人口更多一点儿，鄞县类型显然是农业人口占多数的，我想台州、温州都应该属于鄞县类型，而且它们的商业街都不是"日日市"，而是定期集市，嘉兴地区好一点儿的镇，每天都有集市，两者有差别。这是我当时想写的一个题目。宋代的市镇，那些被学者们认为可以归为城市的乡村聚落，大多数估计连鄞县类型的水平都还达不到。

从这个例子你也可以看到，我对这个问题的思考就是立足于前后联系。关于近代江南地区市镇类型的认识，引导我对宋代市镇发展水平有了这样的一些思考。

另外一个，就是想写人口怎么进城的问题。那个准备得少一点儿，后来一看字数差不多，我不愿意再写下去，就将全书结稿了。

陈：好，包老师，刚才讲到早年研究的江南市镇，这个题目现在可能还是比较热门的，而且在行政力量主导下面，好像越来越多的行政资源被投进去，因为可以跟旅游开发挂钩。您觉得现在这种情况之下，这些市镇的研究状况到底如何？存在哪些问题？

包：你说问题，那就太多了。我们只讲那些算得上学术研究的，大多数算不上学术研究，我们不去管它。回到市镇，那个时候，我定这个题目去做，是有外界因素的推动。我在几篇回忆文章，特别是在王家范老师编的那本书里面已经说了。① 当时因为有个机会可以申请一个基金，它要求题目的类型既要跟现实有联系，又能各学科交叉，我整一个宋史的题目肯定不行，所以要整一个范围更大的题目。当然我会去关注市镇，也有另一个原因。我读本科的时候，跟蒋兆成老师到嘉兴地区做田野调查，当时的想法是农村地区的工业化是不可避免的，我们大约不

---

① 包伟民：《杂学谓博：江南市镇考察忆旧》，王家范主编《明清江南史研究三十年：1978—2008》，上海古籍出版社，2010，第 86—95 页。

可能把那些漂亮的小城镇都留下来，那怎么办？当时的想法是我们只有在它们消失之前，把它们研究一下，然后把它们记录下来，所以那个计划当时还想出一本好一点儿的画册，把很多的景观给留下来。但后来画册因为太费钱了，没出成。台湾的张元老师还曾经帮我在台湾申请基金，但都没成功，所以就算了。对于江南市镇研究，当时我完全是一个外行，特别是像复旦樊树志老师那本书已经出了。还有 20 世纪 80 年代台湾刘石吉先生的论文，影响也很大。这让人觉得明清的江南市镇大约很难做。然后我们想了半天，决定做民国，因为市镇在民国的近代转型究竟是怎么转的，不管是樊树志，还是刘石吉，都没涉及，他们只是讲传统后期市镇是怎么样的，所以我们后来的着眼点是在近代转型。

　　我觉得近代转型这个题目，现在做得还不够，各个地区其实是不一样的。即便是在江浙、上海周围，不同的镇转型路径也不一样，有些完全衰落了，有些蛮快就工业化了。不同地区是不一样的，现在还是有深入的余地。另外，就是从这个题目出发去讨论你前面一个问题中的"城乡关系"，这是一个很好的切入点。特别到了晚清，我想很多资料是可以做到市镇了。这个好像关心的也不多，农业跟手工业，或者手工业与后来的近代工业互相之间关系究竟怎么摆，我觉得好像能讲清楚的人也不是太多。筱才做商业、商会，这方面研究的人更多一点儿，但对制造业好像研究得相对较少。章开沅先生组织人手编的苏州商会档案，[①] 我后来用了里面很多关于土布的材料，我觉得这是一个很好的开端，但后来没有人沿着这个思路往下做了。

　　冯：土布是个太好的题目了，不管是到了抗战时期，还是到了毛泽东时代都是好题目。

　　包：比方说，我小时候还有农民进城来卖土布的，我妈妈就会买。因为他们不要布票，农民把自留地种的棉花织成土布，进城来卖，他们

---

①　章开沅等主编《苏州商会档案丛编》第 1 辑（1905—1911 年），华中师范大学出版社，1991。

是为了赚零花钱。城市的人是因为布票不够，就买了土布，做一些要求不高的衣服。可以借它把各个方面联系起来，它是一个靶标，以靶标为中心，会牵扯到很多问题。前些年我有个同学参与开发乌镇旅游，他们不是要弄些场景嘛，把老土布织机找来了，但找不着会织布的人。因为到 20 世纪 30 年代，嘉兴那一带的年轻姑娘已经不用土布机织布了，棉花都进厂了，人也进厂了。他们后来费了好大劲儿才找到一个会用织机的老妇人，那是凤毛麟角了。

我刚才讲卖土布的，印象深的都是宁波边缘地区过来的，诸如象山、慈溪。那儿围垦滩涂，滩涂刚围出来是不能种水稻的，因为土咸，但可以种棉花。他们就用自留地里面收的棉花织土布，一直到共和国时期，时间完全可以前后打通。

冯：对，特别好。

四　地方史研究中"田野"的意义

陈：您刚才讲到很多生活体会跟研究的关系，对我们这一代人来说，田野调查其实蛮重要的，是我们形成对于社会一点儿真切感知的重要渠道。当然对于地方史或区域史研究，田野调查几乎已经成为不可或缺的环节。那么在您的认识当中，田野调查是否还存在一些需要加强和重视的地方？

包："田野"这一个词其实含义特别丰富，对不同断代，包括不同的题目，它有很多不同的意思。我在《在田野看见宋朝》①里面写了一个引言，我说最直观的，你跑到田野去，在那里发现一块断碑，那就找到资料了，那是最直接的一种田野。这种可能性现在也不是说没有，只是越来越少。就宋史领域来说，我感觉重要的是去领悟，去感受真实的

---

① 包伟民主编《在田野看见宋朝》，浙江古籍出版社，2022。

历史场景。2009 年，北大李孝聪老师组织了一次西北考察，他很客气地邀请我参加，我就跟着到西北走了一大圈儿。他是学历史地理出身，当时的目标是去考察西北地区留下来的古代城池以及相关的道路。西北的有些城池保存得还蛮不错，主要是因为西北水源的状况改变以后，人就不得不迁徙了。跟我们东南不一样，东南的城址基本不变，于是所有的城都是一层层叠加的。西北地区的有些城址是会挪动的。

我以前去过西北，但是没有像那次那样走得那么系统。我觉得历史地理学的人，有我们没有的本事，我很敬佩他们。之前出过一套《中国文物地图集》，按省分卷，那次就捧着甘肃省的文物地图去找。有时虽然连经纬度都有，但就是找不着古城的遗址。李孝聪先生就有这个本事，他站在那里看看，说应该在什么地方，车就往那边开，果然就找着了。他们有这种感觉，这种感觉是什么呢？就是对地形的感觉。那次田野以后，我感觉对《续资治通鉴长编》里写的宋夏战争的很多场景差不多都懂了。仗为什么那么打？因为地形是这个样子。你占领一个山的垭口，这个垭口围的这块地你就占了。所以后来为什么宋夏的永乐城之战打得那么要死要活？宋人觉得这个地方一占的话，就等于把西夏的要地给占了。对西夏来说，这个地方被你占了的话，我就没法立国了，特别是核心那个地方给你占了。当然，后来宋军败了。这个地形你如果不去感受的话，是不知道的。江南地区其实也是一样。当然我们对江南比较熟悉，好一点儿，但是有些地形我们还是不熟悉。

去年，我写了一篇关于宁波高桥的通俗小文章，收在《在田野看见宋朝》里。宁波西乡的高桥镇，现在有个地铁站。这个地名是宋代留下来的，无非桥高一点儿嘛。在宋代地方志里面，明州就有两个地方叫高桥，一个在奉化，一个在鄞县，我讲的是鄞县那个。我到那个地方以后，才理解当时为什么张俊会在那里打败仗。金兵追击宋高宗赵构，现在民间的传说都是张俊在那里把金兵给打退了，实际上他在那里打了败仗。他把金兵打退，是在宁波城下。把金兵打退以后，他想溜，就从高桥走，为什么？那个地方是运河的出入口。金兵补充兵力以后再追下来，也是从运河来的，为什么呢？他有辎重，要靠船来运。尽管金人主要是骑兵，但是到了江南，辎重还是用船运的。同时从明州到杭州的官道也是沿河走的，所以双方在高桥相遇，张俊打败了。我去看了一下，才了解这个河道对当时明州交通的重要性。还有一个问题是浙东运河不同区段的组合，跨过钱塘江，进入内河，现在叫萧绍运河，到了上虞，翻过一个坝，现在叫通明坝，再从河入江，就进入余姚江。我原来以为它就一路经三江口转甬江出海了，那是因为只从海外贸易的角度去考虑；实际上它到了明州西乡，还要经大西坝再转入内河体系，高桥就在它转入内河——西塘河——的转弯处。如果你没有去看过，会觉得没道理，去看了才知道，它为什么要再回到内河体系去。内河体系的背后当然就是平原地区的农业经济体了。对当时的经济而言，海外贸易毕竟只占极小的一部分，主体还是农业，整个平原的物资都需要经过内河体系向明州城集聚，再经浙东运河与杭州等地区相联系。所以从我个人感受来说，在田野中了解地形是特别重要的。

另外，就是你要接触地方的人。我还是讲我自己的经历。我记得当年第一次去西塘的时候与几位老人聊天，我们称之为"座谈会"。我们按照正儿八经社会调查的规范，把问题列好进行访谈。根本没用，你要随机应变地跟那些老人去聊天。我印象非常深的是，那天我问了一个问题，有个老人给的答案对我非常有启发。我问他们，你们觉得自己是城里人还是乡下人？这个问题的纠结点就是对市镇怎么定位，就是它的城市性问题。结果一个老人说我们是镇上人，其他很多老人也这么说，他们有他们自己的定位。这也说明了市镇游离于两者之间的中间属性，这给了我很大的启发。

冯：这个，我插一句，包老师您知不知道？因为我们家离景德镇很近，只有几十公里路，景德镇的移民很大一部分是从我们县区去的，最高峰时大概有五六成吧。我们那边的老百姓从来不会说景德镇是个城市，到今天为止，我们都说"到镇上去"，从来没有城的概念。为什么会这样子？因为那些作坊都是我们老乡开的，然后那些房子破破的。我有一个同学在 20 世纪 90 年代到景德镇去画瓷器，他说他搞了一个房子，我很好奇，说什么房子？他说我自己造了一个房子。我说这么大的城市怎么你自己随便造房子？他说我造在人民广场边上。所以我就更好奇了，我说你怎么能这么搞？他说景德镇不是你们理解的那个"城"的概念。

包：可以理解，因为它里面大量是窑，觉得跟周围乡村差不多。农村里面也有大量的窑，对不对？

冯：对，完全没那种"城"的概念，因为浮梁县就在旁边，不是在镇上。

包：是，浮梁城，景德镇我也去了。因为我们现在的知识很多是归纳出来的，里面带着很多现代的以及西方的印记，通过田野调查，我们可能会对这种抽象出来的知识做些调整，但你得有心，去发现当地人的立场。这里面有一个问题是什么呢？就是有些老百姓会试图用你的知识体系来回答你的问题，这样显得自己有知识。这个是很麻烦的。

冯：就像人工智能机器人一样，他会模仿，你问多了他就知道你要问哪些问题，怎么样回答你了。

冯：有一个很有意思的问题，我一直想请教包老师，您说南宋皇室搬到了杭州。我有一次去德清那边，有一些地方上的人就说，南宋的时候很多大臣定居在他们那里。我想那个时候德清到杭州也有一段路，坐船大概也要一天吧。就好像南京国民政府的一些人，首都是南京，周末就住到上海去，然后就在那里花天酒地。因为他讲到一些市镇是怎么兴起来的，说可能跟这个大臣的定居有关，南宋的时候有这种情况吗？

包：这个其实涉及移民问题。一方面，确实有些大臣、贵族之类的社会上层会习惯性地往都城靠。北宋的时候，贵族聚居地，除了开封就是洛阳，后来司马光、文彦博那些人都住到了洛阳，洛阳变成了一个反对派的聚居地了。另一方面是因为洛阳毕竟从前朝以来就是一个好城市，所以贵族在那儿住得舒服。那么南宋的时候贵族的聚居地是哪里？作为风水宝地来住的是湖州。德清可能介于这两地之间吧。确实有些镇有明确的记载，比如《乌青镇志》就说某一个当时的高官或贵族在那里定居，然后慢慢这个地方人多起来形成一个大的聚落了。而且我们可以在宋代的文献中间找到相对应的材料，可见这些是相对可信的。一个贵族或者高官的定居，往往不是一个人或者一户人家，它往往是一个家族，也会带来一些辐射效应，有些人会向他们靠拢。当时南宋的宗室就是赵家的人，宋太宗的子孙后来绝大部分被抓走了。因为北宋的皇位开始是哥哥传弟弟，后来一直在弟弟这一系，所以女真人退走的时候，根据玉牒抓人，弟弟一系血缘近的就被抓走了，留下来的以及当时不在开封的都是服系较远的哥哥赵匡胤的后代。因为宗室在政治上是潜在的对手，所以宋代起初不允许宗室随便到外地去居住。但后来因为花费受不了，才允许他们到外地去住。南宋有几个地方设外宗正司，一个是泉州外宗正司，另外一个在绍兴，湖州没有。就是制度性地把宗室迁移出去。后来又允许宗室特别是血缘稍远的宗室，自谋出路，考科举都可以了。所以周围地区那些人散居开来，应该确实对地方有影响。这种情况牵扯到所谓缙绅阶层，这个研究现在还非常粗略，没有深入。宗室在地方上大多数是无赖、坏蛋，因为他们有背景，地方官也不敢去管他们。这些都是我们前面讨论的"地方政治"里的重要内容。

冯：这是个好题目。

包：当时这个群体叫"寓公"，这个概念在宋代是很明确的，退休了或者是当官没希望了的就叫寓公，包括像宗室这样的人，住在地方。像《夷坚志》那样的笔记里面，某个寓公干了什么坏事，这样的例子多得是。

包：理宗就曾生活在上虞。史弥远要把原来的太子给替换掉，就派人去找血缘远一点儿的宗室。他派的那个人从临安回宁波的路上，在上虞一个姓全的保长家里面躲雨，发现保长养着两个姓赵的外甥，这两个外甥的父母亲都死了。结果一看一个小孩子蛮灵光的，还是宗室，就把他带给史弥远看。史弥远觉得这个小孩儿没有任何背景，容易控制，于是就一路把他扶上马，变成了皇帝。理宗就这么弄出来了。

冯：嗯，这非常有意思。我在外边跑的时候，一直很好奇两个问题。一个是这些宗室，包括这些皇亲贵族，他们是怎么样去享受舒服的生活？第二个问题是那些供应怎么办？因为我也看到有一些市镇的记载里，好像有些食品是"特供"。比如有的人说的一个什么腿什么东西，那个时候还要上贡给朝廷。我就很好奇，江南这种以杭州为中心的城市消费是如何带动周边地区的发展的。当然明清是很明显的，但是南宋的时候是什么样的情况？

包：这是我长期关心的问题，但是材料相对较少，所以现在具体什么情况还不明确。你突然把一个都城放在这里了，它必然会对周围有辐射。推论上没有问题，但是我们历史学的麻烦是，你要通过实证把它说清楚。就像我们说海外贸易，老说海外贸易很厉害，但是究竟海外贸易跟民间某一个具体地区的经济有多少联系？"南海一号"挖出来，上面有那么多瓷器，就说明我们海外贸易很发达了？一个研究的取向是估计一下有多少船，每年往哪里去，商品输出量有多少。比如说我们跟日本的贸易，中国没有留下统计资料，日本留下一些统计资料，因为船到了港口有记录。那些记录保存在寺院里面，和尚弄得很仔细。另外一个取向就是考察商品从哪里来，是哪里生产的。我们的材料也很少。后来龙泉瓷器的发展史给了我一个实例。明初海禁以后，当地的瓷业很受影响。但这样能够真正完全联系的实例还是非常少，我们要一直留心到各地一个一个去挖掘。比如说浮梁那边，或景德镇那边，瓷器究竟怎么出产，怎么销售，内销还是外销，工艺瓷和日用瓷的比例是怎么样的，有多少瓷器是运往港口最后出海的。这个理清楚了以后，才能真正说明所谓对外贸易的容量是多少。现在都笼统地在那儿说。

五 如何整理运用"档案"才能更好地认识地方?

冯:刚才讲的田野比较重要,档案也许也值得讨论一下。搞田野的学者有时会排斥档案,或者说对档案有一些看法。到了我们近现代这一块的话,因为档案材料非常丰富,所以不用也不行。但是现在的问题在哪里呢?比如说,大家都去抄档案,写出来的东西很多是同质性的、描述性的,然后我们在博士论文审读过程中发现没什么意义,除了地名不一样,其实大多数是抄来抄去,因为档案本来就是高度同质化的东西。那么在这种情况下,我们还是很关心档案这种东西的意义在哪里。现在很多人在整理出版档案,您觉得有哪些问题?弊病在哪里?很多档案整理以后基本不能用,你跟着他去用的话就完蛋了。举个例子,比如说早期的档案整理,整理者往往按照他自己的框架把档案分类填进去,这对使用者来讲有时就制造了陷阱。您在这个方面做了很多工作,所以我想问怎么样去使用档案、整理档案,或者说怎么样弄,才能帮助学者更好地认识地方?

包:怎么更好地整理档案?我想的不是太多。比如说龙泉档案,相对有点儿特殊性,因为它性质比较统一,就是诉讼档案,跟我们各地找到的那种什么都有的、各种各样不同类型的文书不一样。因为档案这个概念在中国是比较特别的,除了现代政府公文,其他文献资料放到档案馆里面它也变成档案了。比如说,一本鱼鳞图册,如果放在图书馆,它就是一本书,跑到了档案馆,它就变成档案了。而且档案成为一门学问,我们都知道,是由于苏联的影响,在欧美的分类里面,它就是图书资料的一种。所以我们现在用的档案这个概念,它跟其他的类型概念之间有交叉,所以我刚才的第一反应是你说的是哪一种档案。如果回到我们大家熟悉的内容,现在我们处理特别多的是那些契约文书,因为留下来的契约文书特别多。契约文书为什么能够留下来?因为它是一个家族的财产凭证。尽管那些财产经过各种运动的"扫荡"，老早已经影子都不见了，但是民间还是把那些带有历史记忆的文书视为宝贝，所以各家还是把它留着。现在经过文物贩子之手，各地就都能挖出那么多的契约文书出来。

怎么有效地整理？首先第一点，我的立场是，不管以后我们怎么去展开研究，我们需要把这批资料从各家各户收集起来。学术机构想办法凑出一些经费，通过文物贩子，把它收集到学术机构手上，收藏起来，或者经过一定的整理把它出版了。这些材料本身就是有价值的，因为可以留下历史记忆。如果不这么做，这部分材料可能过一阵儿真的会消失。即便我们现在还没有办法完全弄清楚它的价值在哪里，怎么样更进一步去做研究，就像刚才筱才说的，现在很多博士论文的研究完全重复。就研究本身来说，我们看不出所谓新的意义。但是从档案整理和档案保存的角度来说，我觉得这个事情还是有价值的。我们现在理不清，可能下一代学者会理清。总之有这个前提，以后你才可以做，否则以后做的可能性都不存在了。这是我脑子里的第一个认识。

第二点是，现在面对这些材料，我们怎么样把它做得更加好一点，更加有意义一点，这是我们第二个需要考虑的问题。我想目前经过十几年的积累，各地已经有一定的基础了，即便是同质性的、碎片性的个案研究，好歹已经有一定的量了，大概可以在一定程度上做归纳了，不过这需要对各个个案情况了解得非常清楚的人来做。特别是跨地区的个案，我想是可以做的。当然在这种认识下，我们对档案整理本身是不是能够加深认识，使得我们的整理更加系统？这个我现在还理不清，我想我们的整理应该更细致一点儿，这个是能够做得到的。千万不能像有些文书的整理，就简单编排一下，有时连目录都有不少差错，就把它印出来了。就整理工作本身而言，我们觉得这样是有缺陷的，但反过来我们也不得不承认，它如果不印出来，我们就看不到文书了。这要分两方面来看，对不对？一方面我们觉得它整理时工作不到位，另一方面它印出来还算是好事情，所以现在各个地方的政府都愿意拿点钱出来。我觉得我们尽量用这些钱做一些整理工作。

陈：其实这又涉及您近几年一直在做的地方文书整理工作，我个人也曾参与其中。其实您做的很多项目，从现在来看，两方面都是蛮成功的，既有好的学术资料的呈现，然后对地方也有比较好的政绩效果。所以我想问的是，您这么多年做下来，有没有什么跟地方合作的心得体会？如何既满足地方的需求，同时又能够更好地推动历史研究，特别是推进地方史的研究？这当中如何来平衡，您有什么经验吗？

包：这个"经验"，说实话有时心里很无奈。首先，当然，我们要设身处地地为不同位置上的人着想。所以他们有一些顾虑，我们要理解他们。以龙泉为例，我当时劝说地方跟我们合作，他们一开始并不情愿，说这个档案已经很脆了，你们这一扫描就要受到破坏。我就跟他们说，你们这么放着，不把它做电子化处理，它接下来会越来越脆，更加碰不得了。我现在做电子化处理，就这一次，以后你们就尽管保存，因为我们不用读它了，读电子文本就可以了。这当然是从技术上为他们考虑。另外，档案放在仓库里面，对档案馆没有任何价值，不产生"效益"。如果让学者来做研究，产生影响了，对档案馆或管理者就会有一个额外的效应，这个档案在你们手上就有"效益"了。当然，在这个过程中间个人信誉也很重要。你答应了一件事情，就一定要做到，你得有信誉。人家会觉得你既有学术牌子，叫你干的事情你肯定干得出来，这样他可以为你挑担子。跟地方打交道这个很重要。

跟地方沟通的过程中，郁闷的事情也会碰到。我记得做江南市镇的时候，我跟台湾"清华大学"的张元老师到绍兴柯桥调查。但事先没有联系，我们就大着胆子走到柯桥镇的一个办公室。我也不知道那个人是谁，反正不是镇长就是书记。走进去跟他们说，我们是历史系的，想了解当地的情况。结果那个人直截了当地说，我们对历史不感兴趣，就把我们赶了出来。他们确实是不感兴趣，也可以理解。所以原来设计得很好，我们去几个点儿做田野，结果完全做不到，为什么呢？你首先得找熟人，找不到熟人的地方，就别去了。

六 "数字人文"：助力还是阻力？

陈：包老师，您一直很重视计算机技术或者数字技术，在我们大学本科上课的时候就跟我们讲过这个东西。您这两年也关注这方面的问题，对数字人文有一些不同的看法。当然，数字技术对于历史研究很重要。您觉得现在的数字技术对于区域史、地方史的研究可能带来哪些帮助或者在哪些方面可能带来助力？

包：肯定有帮助，毫无疑问。尽管对于数字人文我有些自己的想法，但我现在一般不说了，因为经常被误解。尤其是有些人把它看作自己的利益范围，觉得你的批评会影响他的利益、课题等等，诸如此类。有时候多说了就会被人误解。但是实际上就如明华所说的，我自己很早就觉得这个东西很重要，我们肯定能够把它作为一种工具来用，但也仅仅是工具而已。你不能依靠它来思考，为什么呢？这大约是我自己从古代史的基点出发向下探这个研究特点造成的一种认识。因为留下来的资料本身，它就是很零碎的、很偶然的，资料的存留状况不一定直接反映历史状况。所以在这么个前提下，你如果拿它去做统计，就要非常小心。

比如我们整理龙泉档案。整理时，大量阅读档案是有困难的，如果做一个数据库，把各种信息相互勾连起来，还是很有用的。比如说检索某个律师的姓名，跟这个律师有关的资料就都出来了，包括被告、原告、地区、某个村子多少案子等等。这些信息有的时候会超出个人的阅读能力，靠机器把它们联系起来，这种工作当然是很有用的。也可以做一些简单的统计，但是你不能靠这种简单的联系或者统计来代替史学分析，这完全是两个层面的事。

现在我们看到的一些数字人文方面的文章，还停留在数字人文多重要，它可能在哪些领域产生作用之类的愿景阐发层面上。我觉得这样的认识现在大家已经有了，没有必要再停留在这个层面上了，我们应该往前走，进一步是什么呢？你既然建了很多数据库，在电脑里保存了很多资料，你就得用这些数据库、这些资料，各种检索手段和统计手段，做出具体的个案研究来。现在也有人在这么做，但是遗憾的是，他们得出来的不少结论跟我们不用数据库得出的结论差不多，那我用你这个数据库干吗？很少看到有人用数字技术修正现有的历史认识，或者达到现有认识没有达到的深度。这个就牵扯到一个问题，你花了那么多时间，投入那么多钱，但投入和产出完全不成比例。是不是以后会有大量的产出，现在只是一个开端？目前看不出这个趋势。这或许是因为我们对这个数字技术的认识，现在还没有 update（更新）。怎么样把现有的资料放在一个全局的框架里面去认识？我们现在如何利用计算机，把非常残缺的、零碎的资料放在一个合适的位置上？这些是现在强调数字技术研究的那些人应该更新的知识，我看不出有这样的更新。比如说对人才的统计、对文学家的统计以及他们地理范围的分布等等，一个大前提是，他们是留下记载的那拨人，没有留下的那拨人呢？你怎么去分析他们互相之间的关系？几乎都不讲，他们只根据现有的材料来说话，这个真是残缺了。当然，我的这种要求都是为难人，就是因为难做，人家才避开不做。

陈：对，我想到一个题外话，这种模式其实是可以跟工科一样来操作。当然，可能生产出来的学术产品没办法达到您的理想要求，但是在平台建成后，它的学术成果生产可能会很快，我担心以后它能依靠数量改写学术格局了。因为我们现在的学术考核是计量化的，你文章发的多，学科点的各种资源倾斜就多。我担心有些人用这种方式批量化地生产学术成果以后，改写学术的地图和资源配置的地图。

包：已经有点儿苗头了。

冯：这种情况很可怕，它不需要用脑子、想象力，也不需要用什么高级智商。如您所说的，它不在于结论是什么，而在于用了这个东西。

包：对。好歹写出文章来了。

冯：比如说中国古代江南人才多，这是一种常识吧。江南人才多，还用你说？你要弄出来一个江南人才少才有意思，是吧？要是真的能把江南人才地图画出来，如您所说的，呈现这个区域类型，究竟哪个镇多，哪个镇少，这个多或者少的背后究竟是什么原因。比如说，从宋到明究竟是什么机制一直在背后起作用，你要给我提出全新的看法，提不出来，创新性就不够。他的理由是，我用统计的方法验证了，你原来那种低级的分析是没有用的，你那种说法人家不相信你，现在相信了。

包：对。因为这个，多年前我还写过一篇文章，发表在《中国史研究》。① 我拿明州的个案来讨论所谓统计的问题，讨论的话题是南宋遗民，入元以后他们对新政权的态度。态度有一个划分标准，就是你有没有去当元朝的官，拿这个标准来划分立场。不当元朝的官应该就是坚持南宋立场的，有节操的那拨人。当了官的那就是投降了。以前都是按这个标准划分的，如果现在用数据库来统计的话，就更方便了。以前是靠人工一个一个将记载搜寻出来以后再来统计分析，所谓传统研究，就是尽自己的目光所及，把个案做扎实。有几篇代表性的文章，包括台湾的萧启庆老师都写过相关文章，最全的是南京大学的陈得芝老师写的，相当扎实。后来我的那篇文章，就拿明州的个案来做讨论。清代的时候，有人搜集过南宋末年明州的一些资料，主要是十几个遗民的传记材料。但把那十几人拿出来具体一分析，就发现其实拿"做不做元朝的官"这一条标准去划分不太靠谱，因为有几位其实想当官，只是当不了官。所以你说他立场很坚定，就被划过去了。

① 包伟民：《略论元初四明儒士的遗民心态》，《中国史研究》2011 年第 1 期。

还有一个姓戴的鄞县人，他家里实在太穷，没办法不得不出去当官，没当了几年，他说实在受不了了，就又辞官，所以这个人尽管当了官，实际上还是坚持原来的立场。这么一个简单的个案，就可以看出那种统计式的阅读、机器的阅读，可能只是停留在很表面的层面上，它没办法深入每个个案的底层。人工阅读（当然是你认真读，有能力去读），能够深入每个个案的底层。机器只能在一定层面上阅读，容易造成信息衰减，我那篇文章里面用了"信息衰减"这个说法，这样的阅读会在一定程度上扭曲事实。

但是人家用技术语言来应对，好歹应该有个容错率吧。工程上有容错率，人文研究不能有容错率。比如有些人在做文学地图，我就说，你这里一个县只有一个文学家，比如唐宋八大家的王安石，另外一个县有好几十个文学家，但几十个人可能顶不过这一个，你具体怎么去衡量？如果我们的机器阅读能解决这类问题，就能够向前走。当然不是说机器阅读没用，它还是有用的，但至少在目前阶段，它还只能在一定程度上作为帮手、作为工具，真正的判断还是要靠人的脑子，我以为以后也得靠人脑。这就是人文研究的麻烦，当然也是我们自己给自己找的麻烦。

七　结语

陈：包老师，现在所谓的地方史研究或区域史研究已经很多了，包括像我们进行学术训练的时候或者写论文的时候，很多是从一个区域或地方切入，但是其中可能还是存在一些缺陷和问题。从您自己的阅读经验来看，有哪些比较严重的缺陷存在？有没有什么特别优秀的作品，可以作为我们年轻后辈模仿和借鉴的对象？

包：推荐优秀论著我真说不出来，因为近几年的作品我很少读，现在又回到宋史，自己精力也不够，阅读量不够。但是我的一个比较清晰的感觉是，现在的个案研究，特别是那些博士论文，常常缺一个大前提。你要讨论一个区域、一个地域，必须先从全局来看地域，你要交代清楚为什么研究这块地域；这块地域在一个更广的视野中间，它扮演着一个怎么样的角色。如果我们对这个地域归纳出某些特点来，把这些特点放在一个更广的框架中间来看，它具有哪些意义？我现在看到大多数研究是缺这样的全局眼光，常常就事论事，就一个地域来讨论一个地域，一开始就说这个地域很重要，我就来研究它，完了之后得出一些结论，结束。而且所谓的区域性特点，也有不少实际上是具有共性的内容。如果没有全局观照，没有解释我为什么要讨论这个地域，就牵扯到那个论题能不能成立了。

陈：从您的角度来说，年轻的研究者或者学生从哪些方面去努力可能会稍微弥补一下这些缺陷，能让区域史研究做得更好一点儿？或者说，需要做哪些学术的准备，可以更容易进入研究的正轨？

包：这个我想需要老师跟学生共同努力了。老师特别要用心的是，从全局入手去引导学生，你要告诉他，我为什么让你去做这个地域，它的意义在哪里。也就是你的阅读应该是全局性的，研究的最后落脚点可能是某个地域，但你入手的阅读还是应该先了解全局。我不太希望，也不太赞同我的学生，先把这个问题找出来了，最后再补充一个大框架。我觉得这样子不行，必须倒过来，要从全局入手，然后再向地方去找例子。另外，当然需要大量阅读，知识面越宽越好，这回到我们最开始谈到的话题，片断的地方信息，如果没有大量的知识与之互相联系，你是没法挖掘它的深刻意义的。

陈：是，其实对导师也有更高的要求。我们的提问大概就这样。

冯：包老师您还有什么想对读者说的话吗？

包：我最想说的是，人文学者，第一要关心现实。好的议题其实都是从现实生活中间感悟出来的，但不是大家经常看到的那种愤青式的关注。真正去理解现实社会，理解它究竟是怎么运作的，这是现在年轻学者相对比较欠缺的。尽管你们不可能像我们这辈人一样，先去工厂、农村干多少年，再回到学校，这完全是得不偿失，也不可能。但是我们得有心，我想这是年轻学者要注意的第一个问题。

第二个问题是对材料的体悟。怎么样真正悟到材料内部的、文字背后的信息，脑子里面一定要有这根弦。你在读任何文字资料的时候，都要想一想作者为什么这么说，或者说这段材料它为什么会留下来，它可能反映了哪些真实的历史信息，作者的立场是什么，作者隐讳了哪些东西，脑子里一直要记得。文字背后可能有我们还没有意识到的东西。慢慢形成一种习惯性的体悟的本能，这样才能够真正成为一个所谓人文学者，才不会像机器一样。如果我们的脑子变成计算机的一部分，进行完全机械化的阅读，我们的研究永远不可能深入，你也就不是一个人文学者，而是一台机器。因为我们的研究肯定会涉及某个具体层面，诸如军事、农业或者财政等。以前有很多学生问我，我们怎么样用所谓的社会科学理论去掌握这些东西。当时我经常会回答说，这个其实一点儿都不高深，就是日常生活，如果你想稍稍掌握一些社科理论，可以找一本跟你研究题目相关的本科教科书，认真读懂了就差不多，最起码你能够知道他们用的那些概念是什么含义。可能更重要的还是你去体悟现代社会生活在这方面的真正运作。如果你是研究农业的，田里种的庄稼是啥东西你都不知道，农民什么时候播种，什么时候拔秧，在不同地区有什么差别，如果这些常识都不知道，很多文献你就读不懂。我们的学生常识之缺乏，往往超出想象，这会使他们理解传统社会格外困难。

有一次我跟学生聊天，讲到自己年轻的时候干体力活，大家胃口都蛮好。当然，我不算特别会干饭的人，有些人胃口比我好得多。讲到在工厂里面当工人的时候，我说像我这样吃米饭吃一斤还是可以的，有些人吃两斤米饭都是小意思。结果，第二天我的一个研究生悄悄来问我，老师，你昨天是不是在讲笑话？我没听懂。我说什么笑话，他说你能吃一斤米饭，这怎么可能？

冯：对。我跟你讲，包老师，这些学生没有干过重体力活，真的不能理解。

包：对，主要是体力活，而且当时我们没有肉吃，缺动物脂肪，纯粹靠淀粉补充。所以我们觉得不是问题的事情，现在的学生觉得是问题。如果他们没有这些知识，有些文献肯定读不懂。我们去看宋代人的粮食消耗量，就是他每天吃饭的那个量。根据当时给士兵粮食的定量，然后推算那个时候一般人吃饭的量，也就是一年一个人需要吃多少米。用我们现在的胃口去衡量，那个量实在是太多了。如果没有我刚才讲的这种背景知识，你是读不懂这些材料的。根据南宋方回的说法，"五口之家，人日食一升，一年食十八石"，他那是将大人、小孩儿合在一起计算的，大人肯定还不止日食一升。你想想，其实也不算太多，但对我们现在来说是不得了了。

陈：我们的生活世界已经改变。

专题研究

主体何在：西南近代区域史研究的问题与路径[*]

温春来[**]

摘 要 西南区域史研究兴起于民国时期中国从传统王朝国家向现代民族国家转型的大背景下，民族与边政是其两大主题，西南近代史研究也在此时起步。1949年后的30年间，革命话语垄断了西南近代史研究，从20世纪80年代起，现代化话语显示出强大的影响力。进入21世纪后，研究取向更为多元化，出现了一些历史人类学、社会文化史等风格的论著，少数民族在近代中华民族认同形成过程中的角色与作用，也得到了学者们的关注。过去的西南近代史研究大都自觉或不自觉地忽视研究对象的主体性，我们应带着大的问题与关怀，将主体的日常生活经验与宏大的历史过程相结合，写出一部部鲜活、多元而又超越主体狭隘经验的历史。

关键词 主体 西南 近代史 区域史

区域史研究在中国已经蔚为潮流，但无论是认识论还是方法论层面，学界对区域史仍然是见仁见智，并未取得共识，而对区域史研究的

* 本文得到国家社会科学基金中国历史研究院重大历史问题研究专项"历史上的西南少数民族政权与国家整合研究"（LSYZD21010）的资助。

** 温春来，中山大学历史学系、历史人类学研究中心教授。

批评之声（如碎片化）亦不绝于耳。笔者长期致力的西南历史研究，天然带有区域史的标签，这一学术领域如今已有约百年的时间纵深，涌现出众多丰硕的成果，但在某种意义上，学者们大都自觉或不自觉地忽视了"从西南出发"这一西南区域史研究的题中应有之义。本文围绕区域的主体性，简要回顾百年来西南近代史研究的学思历程，并探讨进一步努力的方向。

一　概念说明

"西南"是一个流动的地域概念，它起初并非当地人群的方位自称，而是自视居于中心的人群所创造的他称。随着中国大一统秩序的空间变化以及国家所面临实际情形的差异，西南这一方位所涵盖的地域范围及其内涵也在不断变化。甚至在同一时期，不同人所指的西南也不尽相同。[①] 大体而言，两千多年来变动不居的"西南"概念，今云、贵、川之地始终被囊括在内，重庆也常常列居西南，广西与湘西在宋以后逐渐被纳入，西藏"进入"西南始自清代，民国时期则有川、滇、黔、桂、粤、湘、鄂西南七省之说，或去鄂而为西南六省。

今天，自然地理上所指的西南，包括四川、云南、贵州、重庆市以及西藏自治区，[②] 而经济区意义上的西南，包括川、滇、黔、渝、藏、桂六大省区市。[③] 不过，就区域的自身发展历程、文化传统以及与中央

① 关于"西南"所涵盖地域范围的变化，可参见张轲风《历史时期"西南"区域观及其范围演变》，《云南师范大学学报》2010 年第 5 期，第 37—45 页；张轲风《康藏与西南：近代以来西南边疆的区域重构》，《云南师范大学学报》2012 年第 5 期，第 143—149 页；张勇《"西南"区域地理概念及范围的历史演变》，《中国历史地理论丛》2012 年第 4 期，第 90—99 页；尹建东等《汉唐时期西南地区的豪族大姓与地方社会》，云南大学出版社，2013，第 3—5 页；段金生《试论西南军阀地域范围流变（1916—1927）》，《史林》2015 年第 4 期，第 135—146、221 页。
② 张志斌、杨莹、张小平、陈志杰：《我国西南地区风速变化及其影响因素》，《生态学报》2014 年第 2 期，第 471—481 页。
③ 李绍明：《西南民族研究的回顾与前瞻》，《贵州民族研究》2004 年第 3 期，第 50—55 页。

关系等角度而言，历史时期的西藏与云贵川桂渝都有着根本差异，所以本文所述之西南，指川滇黔桂渝数省区市，并不包括西藏，而湘西在许多方面与西南有着更多一致性，所以将其列入本文的讨论范围之内。

我们在讲"西南"时，已经有意无意地预设了其边缘地位，这当然有悖于"从西南出发"的认知，但笔者并不想强调西南的"中心性"或"西南中心观"，因为这暗含着将其他地区视为边缘之意。职此之故，笔者提出西南的"主体性"，意即生活在这片土地上的人群，有自己的深厚传统与行为方式，不是被动的接受者与被决定者，而是有着自身能动性的行动者。在这个意义上，每一个区域都有其主体性，西南并不特殊。历史研究的单位可以是民族，可以是国家，可以是地区，可以是阶级，但归根结底，研究的还是人。正是在这个意义上，业师刘志伟教授在论述区域史研究时，多次强调应以"人"为历史的主体，将人的行为作为历史解释的逻辑出发点。[①] 所谓历史的主体性，也应该是历史中的人的主体性。

如果我们强调历史的主体是人，就必须注意到有两种"人"。一种是缺乏主体性的人，即抽象的"人"。每个个体都充满着独特性与复杂性，通过简化，从无数个体中抽象出某种"本质"，忽略人的差异性与其他复杂面相，就得到了抽象的人。如经济学中的"经济人"，就是这种抽象的代表。历史学的学科性质，使得历史学者很少去进行类似"经济人"这样的高度抽象，但或借鉴社会科学的概念，或自己去进行简化，历史学中也有不少抽象程度较低的"人"。例如，我们会把人归属于某个阶级，这个"阶级的人"就是抽象的人，"民族""士绅""精英"等等，无不如此。又如，在区域史研究乃至日常生活中，我们

① 参见刘志伟《区域研究的人文主义取向》，即姜伯勤《石濂大汕与澳门禅史——清初岭南禅学史研究初编》一书序言，学林出版社，1999；刘志伟、孙歌《在历史中寻找中国：关于区域史研究认识论的对话》，香港：大家良友书局，2014，第15—16页；《区域史的魅力——刘志伟、赵世瑜、温春来教授北京沙龙文字整理稿》，《区域史研究》2019年第2辑，社会科学文献出版社，2020，第12—39页。

往往会认为某个区域的人有某种特点、精神气质与行为习惯，这也是对该区域之人的抽象化（因为该区域的人还有更多复杂面相，甚至很多人根本不是这样的，所以这是经过简化、忽略而得出的抽象）。对人进行抽象是研究人类社会的重要手段，社会科学的巨大成就也显示出其有效性。不过，当我们拘泥于抽象的人时，就会忽视个体的人的主体性与能动性，先将某个人或某群人归类、抽象为某种人，然后认为他们必定按某种原则行事，并以这种原则来解释他们的行为。这样的取向不考虑个体的情感与选择，掩盖了实际生活中的人的复杂性与多样性。

另一种人是具体的人。每一个现实中活生生的人，都是一个复杂而独特的个体，有自己不同的个性、成长经历、生存环境以及所面临的独特情景，他的思考与言行可能会不符合研究者抽象出的原则，或在表面符合之下掩饰着自己有悖于此原则的欲望与企图。因此，尽管通过对人的抽象，社会科学取得了巨大成就，但我们仍需要一些学科来关注活生生的人，重视他们的价值与尊严。具有强烈人文色彩的历史学，理应在这个方面有所建树，而且在几千年来的实践中也确实取得了相当大的成就。不过，桎梏于人的个体性，历史学必然陷入琐碎的差异与细节，如一叶障目，难以真正展开对人类社会的研究。所以，历史学特别是现代历史学必须在抽象与具体之间寻求一种平衡，在历史书写中利用、建构某种理论范畴或叙述框架时，最好能够与具体的人联系起来，关注、尊重他们的能动性，视他们为行动者，而不是仅仅把他们视为某个理论或框架的被动服从者。我们所讲的区域的主体性，正是在这个意义上而言的。而过去的西南近代史研究，主体性方面大都被忽视或体现得不够充分。

二　民国时期西南历史研究的兴起与取向

现代学术意义上的西南研究，兴起于 19 世纪末 20 世纪初，主要由人类学者、社会学者所推动，相关的成果非常丰富，① 不过，历史学在其中也扮演着重要角色。当时在西南研究中作为主力的一些人类学者，如凌纯声、芮逸夫、陶云逵、杨成志、江应樑等，就非常重视历史与史料，并有着较为深厚的史学功底，鲜明地体现出"南派"人类学的特点。② 历史学家介入西南研究并取得较大成就者，则有徐中舒、蒙文通、方国瑜等。彼时学者对西南历史的研究，虽然内容偏重于古代，但系由作者所处时代的问题所引发，与近代中国的国家转型有着直接而紧密的联系，显示出强烈的"近代史"色彩。

民国时期，中国正处于从传统王朝国家向现代民族国家转型的关键阶段。对西南历史的研究，构成了这一转型过程的一部分。彼时的历史学，担负着为中国大一统多民族国家的合理性进行论证与说明的重任。当学者对民族众多的西南开展历史研究时，自然就非常关注境内各民族与王朝国家之间数千年来的关系史，关于各民族的源流与变化也主要围绕这一关系来进行说明。此外，中国从王朝国家向现代民族国家转型的另一重要方面是国家政权的建设（State Building），体现在民族众多、传统"独特"、经济落后、英法帝国主义虎视眈眈的西南，就是要完善国家在当地的行政与管理机构，实现更为有效的治理，以促进地方的开发与进步，在为国家贡献更多财富的同时，增强对国家的向心力。这样，厘清历代王朝在西南的施政，总结其得失以为当代所镜鉴就成为许多学者的关怀。综上，不难发现，民族、边政成为民国西南历史研究的两大主题。当然，在许多学者的研究实践中，二者是相互渗透的，不能

---

① 参见王建民《中国民族学史》上卷，云南教育出版社，1997，第61—72页；龙晓燕、王文光《中国西南民族史研究的回顾与展望》，《思想战线》2003年第1期，第103—108页；李绍明《西南民族研究的回顾与前瞻》，《贵州民族研究》2004年第3期，第50—55页。

② 民国时期的中国人类学南北不同，北派以燕京大学为中心，受功能学派影响，注重社区研究；南派以中央研究院为中心，与历史学关系密切。参见黄淑娉、龚佩华《文化人类学理论方法研究》，广东高等教育出版社，1996，第420—426页；黄应国《光复后台湾地区人类学研究的发展》，《中央研究院民族学研究所集刊》第55期，1983年，第105—146页。

截然分开。

先来看民族。民国时期的西南民族史研究，服务于建立现代统一多民族国家的理想与现实，致力于对"中华民族"的论证与说明。西南境内有什么民族？他们的源流与演变如何？与中央王朝、汉人以及其他民族之间的关系怎样？这些问题成为核心关切，且其解答指向中华民族与中国大一统国家的形成与延续。其根本的研究方法与取向，我们或许可以比照"沿革地理"，用"沿革人群"述之。这一取向暗含着三个前提①：首先，相信民族是一个在历史长河中延续的实体；其次，相信存在民族的"原型"，被视为同一民族的不同支系间的差异是"原型"在时空中流变的结果；最后，相信族名与人群实体间有着对应关系。②基于以上前提，就可以利用汉文史籍中众多的族类名称以及文化特征等相关叙述，辅以少数民族自己的文献记载（如果有的话），有的再加上一些田野资料，循名责实，来阐释当代非汉民族的渊源与流变，说明他们与华夏发生关系的历史悠久且不曾中断。

边政也是民国西南历史研究一开始就关注的重点。因为内忧外患、时局艰危，学者们的目光自然聚焦在边疆开发、边政改进、边界划分等问题上。全面抗战爆发后，国民政府播迁重庆，中国进入国家存亡的关键时期，对边疆的关注蔚为潮流，学者们明确提出了"边政学"，创办了专门期刊《边政公论》。③而日本建立伪满政权，策动内蒙古"独立"，倡乱新疆种种行径，④以及暹罗改国名为泰并倒向日本，掀起"大泰族

---

① 这几个前提，已有学者论述过，表述与本文有所不同。参见王明珂《台湾地区近五十年来的中国西南民族史研究》，徐正光、黄应贵主编《人类学在台湾的发展：回顾与展望篇》，台北：中研院民族学研究所，1999，第281—317页；〔美〕斯蒂文·郝瑞《田野中的族群关系与民族认同——中国西南彝族社区考察研究》，巴莫阿依、曲木铁西译，广西人民出版社，2000，第69—73页。

② 这些前提，学者们一般不会直接表述出来，但我们可以从他们的研究中感受到。因为本文的重点在西南近代区域史研究，所以不再详细举例说明。

③ 汪洪亮：《民国时期的边政与边政学（1931—1948）》，人民出版社，2014。

④ 金则人：《第一期抗战的经验与教训》，中国社会科学院近代史研究所、中国抗日战争史学会编《抗日战争史料丛编》第56册，国家图书馆出版社，2014，第1—138页。

主义"并觊觎滇、桂地区，等等，激起中国政界与学界的警觉。出于强调民族差别会被外人利用从而激起分离主义的考虑，傅斯年、顾颉刚提出"中华民族是一个"的观点，与政府的想法不谋而合。① 在这种情况下，边政学在西北和西南均占据了上风，而民族学则受到一定抑制。② 西南的历史研究，也被许多学者自觉地赋予了边政色彩。如夏光南的《云南政治进展史》长文，论述了西汉以后云南的政治、文化、疆界演变情形与民族状况、经济现状等，"以为研究滇省掌故推行政治之工具"。③

　　民国时期的西南历史研究，内容主要集中在古代，今人所认为的近代时期，在很大程度上还是彼时学者们的"当代"，自然不是当时史学的重心所在。不过，西南近代史的研究也已经起步。首先，带着对现实问题的强烈关注，虽然许多论著以古代部分为核心，但也会涉及晚清，④ 民国部分则作为现状，以他人调查报告结合自己的考察所得加以叙述。⑤ 其次，出现了专门的论著，主要有两类。一类关注大事件特别是动乱以及与之相关的历史人物，如杨琼的《咸同滇乱录》，⑥ 白寿彝的《道光咸同滇乱传抄史料经眼录》，⑦ 何慧青的《云南杜文秀建国十八年之始末》⑧、

---

① 王传：《学术与政治："中华民族是一个"的讨论与西南边疆民族研究》，《中国边疆史地研究》2018 年第 6 期，第 168—177、216—217 页。

② 王利平、张原、汤芸问，李绍明答《20 世纪上半叶的中国边疆和边政研究——李绍明先生访谈录》，《西南民族大学学报》2009 年第 12 期，第 34—41 页。

③ 夏光南：《云南政治进展史》，连载于《云南半月刊》第 9 期，1931 年，第 12—53 页；第 10 期，1931 年，第 3—18 页；第 12 期，1931 年，第 40—167 页。

④ 如佘贻泽《清代之苗民问题》，《新亚细亚》第 12 卷第 2 期，1936 年，第 9—22 页。

⑤ 如陶云达《云南摆夷族在历史上及现代与政府之关系》，《边政公论》第 9、10 期，1942 年，第 9—16 页。又如前文所述夏光南之《云南政治进展史》，开始作者旨在研究汉至清代云南的政治与文化，但写到后来，晚清民国的内容愈来愈多，作者所处时代的经济状况占了很大篇幅。

⑥ 杨琼：《咸同滇乱录》，《正谊》第 1 卷第 1 期，1915 年，第 1—15 页。

⑦ 白寿彝：《道光咸同滇乱传抄史料经眼录》，《经世季刊》第 1 卷第 4 期，1941 年，第 55—73 页。

⑧ 何慧青：《云南杜文秀建国十八年之始末》，连载于《逸经》第 12—16 期，1936 年。

《护国之役云南起义秘史》，① 凌惕安的《咸同贵州军事史》，等等。②
这些论著一般旨在考辨、呈现史事的来龙去脉，问题意识与理论取向均
不显著。另一类带有强烈的现实关怀，旨在厘清现实问题的由来以助其
解决。这类成果主要集中于西南边疆研究，如华企云的《云南问题》
考察了英法觊觎云南之由来，以及因此发生的中英滇缅、中法滇越界务
方面的纠纷；③ 吴君愍的《广西边务沿革史》，对中越之间的往来关系
与重要边事均追溯其本末；④ 白眉初的《片马考》叙述了英国侵占片马
之经过。⑤ 这些研究构成了民国时期蔚为潮流的边政关怀的一部分。

　　除上述两类论著外，近代西南经济、社会、文化等方面亦有学者涉
及，但这些研究大都比较简单，学术性不如上述两类研究。此外还有不
少文章虽以"史"名之，但并非根据史料来论述，只是一种简单介绍。
总体而言，民国时期的西南区域近代史研究是比较苍白的。

　　民国时期的西南历史研究，并未致力于关注、理解所研究人群的
思想与行动，因而缺乏揭示研究对象主体性的意识。首先，不管是以
民族还是以边政为主题的论著，与传统时期基于"王朝中心观""汉
人中心观"的西南非汉人群书写均有着相通之处。从司马迁的《史
记·西南夷列传》开始，正史、方志乃至私家著述对西南人群的叙
述，主要就是围绕他们对王朝的朝贡、效忠、反叛和王朝在当地的教
化、施政、制度建设以及征伐等来展开。这样，当民国时期的学者带
着当代关怀进行西南历史研究时，虽然其问题与取向呼应着新的民族
国家建构，但在某种意义上还是对过去的延续，同时也不难找到所需
的史料。

① 何慧青：《护国之役云南起义秘史》，《逸经》第 21 期，1937 年。
② 凌惕安：《咸同贵州军事史》，台北：文海出版社，1967。
③ 华企云：《云南问题》，大东书局，1931。
④ 吴君愍：《广西边务沿革史》，出版信息不详，1938。
⑤ 白眉初：《片马考》，《地学杂志》1928 年第 1—2 期，第 161—181 页。

其次，这些研究往往自觉或不自觉、明显或不明显地预设了西南地区与西南人群落后的前提。这一前提与传统时期的认识是一脉相承的，甚至直接就沿用了过去的概念与话语，如"化内""化外""德化"等，而从西方引入的社会进化论思想也成为有力的学术工具，民族地区的相对落后与内地的相对进步，正好可以用处在进化链条上的不同阶段来进行解释。当时不论是学界还是政界，甚至西南非汉人群的精英们，都很自然地将西南与落后对应起来。① 这种高高在上的研究视角，不可能关注、尊重少数民族社会自身的运作逻辑。

三　1949 年以来西南近代史研究的取向变化

1949 年以后的西南区域史研究，与此前既存在着延续，也因应时代变迁而发生了变化。延续方面有三，首先，说明中华民族的合理性、促进非汉区域与人群进步的关怀与此前并无二致；其次，民族地区处于人类社会进化的较低阶段因而相对落后的认知在实质上得以延续，只是这一认知被放进了社会形态更替的宏大叙事中，即将民族地区归为原始社会或奴隶社会，而汉族则处于社会进化的更高阶段；最后，民族是一个在历史长河中延续的实体的观念，以及"沿革人群"的方法等，完全得到继承。

变化方面也有三，首先，学者们以唯物史观为指导，以社会形态更替构建起叙述框架，对生产关系、社会性质、阶级斗争高度重视。其次，中华人民共和国政府制定了民族区域自治等解决民族问题的基本政策，这一政策与此前国民政府的同化倾向存在显著差别，遂使民族识别

---

① 如刘文辉主政西康时明确提出了针对凉山"夷人"的"三化"（德化、同化、进化）政策，参见刘文辉《建设新西康十讲》，建康书局，1943，第133—166 页。有的学者称苗族"喜则人，怒则兽。去其野蛮，移风易俗，则我汉人之责也"。殷顺泌：《苗族考略》，成都《史学杂志》第 1 期，1929 年，第 133—141 页。

以及通过历史书写确认各民族的身份与地位成为重要的政治与学术任务。1958 年，国家民委开始组织编写包括各民族简史在内的民族问题三种丛书，这一工作因"文革"的冲击而中止，后于 1979 年重启，并扩展为五种丛书，到 1991 年，55 个少数民族都有了自己的简史。① 最后，"同化""用夏变夷""化外""德化"等歧视性话语被弃用。

西南近代史研究较为薄弱的状况，在新中国的前三十年仍未得到实质性改变。1949 年之后的约十五年间，在西南历史研究中古代史仍然是主流，学者们为求政治保险和容易出版，通常也更愿意研究古代史，② 近代史虽也有论著出现，但内容单一、视野狭隘，主要集中于民族斗争史。不过，20 世纪 50 年代初至 60 年代前期，为实施民族政策与配合民族识别工作，大批学者在西南地区进行调查，得到了许多珍贵的一手资料。③ 这些调查报告的内容，大量涉及近代时期，提供了研究近代西南的重要史料。此后经历了"文革"十年的停滞，80 年代之后，西南近代史研究真正兴起，至今方兴未艾。

（一）革命话语与现代化话语

从问题意识、理论关怀以及研究方法与取向上看，西南近代史研究均受到主流学术话语的制约，与全国近代史研究保持着较高一致性。20世纪 80 年代之前，主要基于革命话语开展研究，此后现代化话语的影响日渐加强。革命史范式形成于 20 世纪三四十年代，1949 年后进一步发展，在中国近代史研究中的影响无出其右。④ 受此影响，1949 年后的

---

① 参见汪受宽《中国少数民族史学史分期》，《史学史研究》2018 年第 2 期，第 70—79 页；《〈中国少数民族简史丛书〉编辑出版情况述略》，《史学史研究》1982 年第 2 期，第 71—72 页。

② 参见杜荣坤《中国民族史学的现状和展望》，《民族研究》1989 年第 1 期，第 46—55 页。

③ 参见龙晓燕、王文光《中国西南民族史研究的回顾与展望》，《思想战线》2003 年第 1 期，第 103—108 页。

④ 参见崔志海《中国近代史研究范式与方法再检讨》，《历史研究》2020 年第 3 期，第 201—218、224 页。

西南近代史研究，很长一段时期内强调阶级斗争是社会发展的直接动力，主要围绕着各族人民反帝反封建的主线展开。[1] 贵州苗民起义与白莲教起义、咸同年间的云南回民起义、广西左右江壮汉各族人民的反清斗争、四川的义和团与保路运动、反洋教运动、马嘉理事件、辛亥革命在西南、红军长征等，吸引了历史学者的兴趣，这些历史事件的性质成为关注的焦点。革命史范式在 20 世纪 80 年代之后经过了重大修正和改进，[2] 虽然不再是唯一的研究取向，但仍然在西南近代史的研究中发挥着重要作用。

现代化范式也形成于 20 世纪三四十年代，其背景是要为当时的南京国民政府探寻发展道路。新中国成立后，这一范式被视为资产阶级唯心史学而遭受批判，到 80 年代之后才重回中国近代史研究，形成了生产力（经济发展与工业化等）、民主政治进程、社会进步、国际性整合等关注重点。[3] 现代化范式将研究的重心从革命史范式的政治史拉回到经济史，将革命史范式的五阶段论或目的论，代之以现代化的目的论和进化论，其主要内容是民族化、工业化、民主化"三化"，或加上"理性化""思想启蒙"成为"四化"。[4]

现代化范式在西南近代史研究中的体现，是 20 世纪 80 年代后商业、市镇、工业化、城市近代化、金融、对外贸易等研究领域的兴起。例如，在 1985 年 9 月于重庆召开的"抗日战争时期西南经济研究学术研讨会"上，与会学者还一致认为，国内经济史学界对于抗战时期西

---

① 参见潘先林《20 世纪 50 年代以来中国近代民族史研究述要》，《学术探索》2007 年第 4 期，第 95—103 页。

② 崔志海：《中国近代史研究范式与方法再检讨》，《历史研究》2020 年第 3 期，第 201—218、224 页。

③ 崔志海：《中国近代史研究范式与方法再检讨》，《历史研究》2020 年第 3 期，第 201—218、224 页。

④ 夏明方：《中国近代历史研究方法的新陈代谢》，《近代史研究》2010 年第 2 期，第 14—21 页。

南后方经济的研究基本上是空白，① 但此后，这一状况迅速得到改善。到现在，关于这一时期西南的工业化、矿业生产、商业发展、农业开发、科技成就、交通建设、金融与资本、城市近代化、国民政府建设西南的成就、华侨对西南的开发等，都涌现出了不少研究成果。受现代化范式影响的西南区域史著作，有王笛的《跨出封闭的世界——长江上游区域社会研究（1644—1911）》②、陈征平的《云南早期工业化进程研究（1840 年—1949 年）》③ 等。

现代化话语影响下的西南近代史论著，许多已经淡化了革命史色彩。但在不少研究者的笔下，革命话语的影响仍然在延续，并体现出两种话语杂糅的面貌。如何看待帝国主义与现代化的关系，在他们看来是必须处理的重要问题。其基本思路则是认为帝国主义在客观上有助于西南的现代化，但其侵略本质也是西南现代化的阻碍。④

现代化范式不但开辟了一些新的研究领域，而且对过去已有研究的诸多历史事实也提出了新的理解。如四川保路运动，有学者认为是在帝国主义和中华民族的矛盾、封建主义与人民大众的矛盾急遽尖锐化的基础上展开的，是一场反对帝国主义、封建主义的复杂斗争，⑤ 后来则认为这是一场反帝爱国的政治运动，同时也是一场早期现代化运动。⑥

---

① 重庆市社会科学研究所：《抗日战争时期西南经济研究学术讨论会纪要》，《中国经济史研究》1986 年第 1 期，第 27—28 页。
② 王笛：《跨出封闭的世界——长江上游区域社会研究（1644—1911）》，中华书局，1993。
③ 陈征平：《云南早期工业化进程研究（1840 年—1949 年）》，民族出版社，2002。
④ 可参见林顿《关于近代四川资本主义初步发展的几个问题》，《四川大学学报》1984 年第 3 期，第 87—100 页；胡克敏《贵州军阀统治时期的商业概况》，《贵阳师院学报》1982 年第 3 期，第 39—46 页；隗瀛涛、王笛《西方宗教势力在长江上游地区的拓展》，《历史研究》1991 年第 3 期，第 105—119 页；等等。
⑤ 隗瀛涛：《辛亥四川保路运动》，《历史教学》1961 年 12 月，第 21—27 页。
⑥ 隗瀛涛：《四川保路运动是一场早期现代化运动》，《文史杂志》2001 年第 6 期，第 4—9 页。

（二）　两个富于西南地域特色而又长期被忽视的研究领域

边疆与民族是西南地域研究中非常引人瞩目的两大领域，按理应是西南近代区域史关注的重要话题，然而，革命话语与近代化话语的研究视角，在 1949 年后的近半个世纪，很大程度上忽视了这两个重要领域。

西南多民族聚集的特点，要怎么认识与处理？这是西南史学研究必须解决的重大问题。前文已提到，现代学术意义上的西南民族史研究，从 20 世纪 20 年代产生之日起，就服务于建构统一多民族国家的理想与现实，致力于对"中华民族"的论证与说明。这一最基本的关怀，1949 年后仍然在延续，各个少数民族简史的编写，正是这种关怀的体现。而近代民族史研究，对这一大问题的解答又有着特别的重要性。按照费孝通的观点，中华民族作为一个自在的民族实体已有几千年的历史，在此过程中，许多分散、孤立存在的民族单位，经过接触、混杂和交融，同时也有分裂与消亡，形成一个你来我去、我来你去而又各具个性的多元统一体。到了近代，这个自在的民族实体在共同抵抗西方列强的压力下形成了一个休戚与共的、自觉的民族实体。① 不管对费先生的观点如何评价，近代是中华民族认同发展的关键时期，这是中外学界都没有异议的共识。

费孝通关于中华民族成为"自觉实体"的表述，指出从意识层面研究中华民族的重要性，这几乎也是当时的学术空白。1949 年后的西南近代民族史研究，在革命话语的影响下，集中于各族人民团结反帝反封建的斗争，很少涉及中华民族的形成与凝聚问题，更谈不上研究各民族的身份意识。费孝通 1988 年在香港发表影响深远的《中华民族的多元一体格局》演讲之后，也未立即在西南近代民族史研究中引起反响，在西南近代民族史本来就不丰富的研究成果中，多数主题仍然延续着革

---

① 费孝通：《中华民族的多元一体格局》，《北京大学学报》1989 年第 4 期，第 1—19 页。

命话语。20 世纪 90 年代，人类学者张兆和（Cheung Siu-woo）开始研究民国时期苗族知识分子的身份建构及其与当时国家主流民族话语的关系。进入 21 世纪，西南近代民族史学界才真正开始重视少数民族身份认同与中华民族自觉的问题，① 而实证性的研究成果大约要到 2010 年之后才开始出现。②

西南的另一大地域特色是边疆。民国时期，边政就已经是西南研究的一大主题，不过，我们今天眼中的近代边政问题，在当时还主要是政界、学界致力处理的现实问题，彼时研究西南的历史学者虽然也关注边政，但聚焦于古代。1949 年之后，西南近代史研究长期以革命话语与现代化话语为指引，对边政问题并不重视。到 2010 年，有学者在一篇学术史综述中，仍感叹"关于国民政府对西南边疆治理，相关论著不多，资料整理的力度也有待加大"。③ 大体而言，进入 21 世纪以后，西南近代边政史才逐渐引起较多学者的关注。目前，在国民政府对西南边疆的调查④、政权建设⑤、国家治理⑥、社会治理⑦等方面都有了一些重

---

① 王文光、龙晓燕：《中国西南民族关系研究散论》，《思想战线》2001 年第 2 期，第 34—37 页；彭武麟：《关于中国近代民族关系史研究的几点思考》，《民族研究》2004 年第 2 期，第 72—77 页。

② 可参见温春来《夷族意识、夷务实践与彝族文化》，此文为《岭光电文集》（香港：香港科技大学华南研究中心，2010）之导言；王文光、朱映占《承认与认同：民国西南少数民族的身份建构》，《广西民族大学学报》2012 年第 1 期，第 84—92 页；伊利贵《民国时期西南少数民族精英的身份叙事与主体塑造——基于话语权力视角的分析》，《中央民族大学学报》2016 年第 2 期，第 101—109 页；何一民、黄沛骊《抗战时期国家与中华民族认同之构建及影响》，《四川大学学报》2016 年第 3 期，第 14—22 页；陈征平《近代西南边疆民族地区内地化进程研究》，人民出版社，2016；温春来《身份、国家与记忆：西南经验》，北京师范大学出版社，2018 年初版，2019 年修订版；等等。

③ 段金生：《30 年来南京国民政府边政研究综述》，《中国边疆史地研究》2010 年第 3 期，第 138—147 页。

④ 马玉华：《国民政府对西南少数民族调查之研究（1929—1948）》，云南人民出版社，2006。

⑤ 李燕：《设治局：民国云南边疆建设的新举措》，云南大学出版社，2013；余俊：《民国时期广西地方自治实施研究》，人民出版社，2015。

⑥ 段金生：《南京国民政府对西南边疆的治理研究》，社会科学文献出版社，2013；周智生：《晚清民国时期滇藏川毗连地区的治理开发》，社会科学文献出版社，2014。

⑦ 黎瑛：《民国时期广西民族地区社会控制（1927—1949）》，社会科学文献出版社，2015。

要成果，学者在民国时期边政的总体梳理以及边政学学术史的梳理中，也较多涉及西南区域。[①]

（三）主体的缺位

不管是革命话语还是现代化话语，都提供了一种独特的视角，通过这些视角，我们不但可以观察到西南历史的不同且都非常重要的面相，而且还能够为这些面相提供一种解释，使得知其然而知其所以然成为可能。不过，在某种理论范式下开展研究，学者在享有其观察视角与独到解释力之便的同时，稍不注意，就会忽视研究对象的主体性。

1949 年后，不管是革命话语还是现代化话语指引下的西南近代区域史研究，都太过拘泥于自身的理论逻辑与叙事结构，将西南置于某个既定的宏大叙事框架之内，忽视了研究对象的主体性。要么看不见人的行动，要么用脸谱化的、单调的、抽象的人去掩盖现实中活生生的人。对研究对象，不是从主位的角度去理解，而是从客位的立场去解释。这样的解释，表面上看是用某种理论对西南历史进行说明，实质是将西南历史视为某个理论的例证。

我们看到，在革命话语的影响下，对西南多样化的行动者大体上只注意其阶级面相。这是对主体的第一层简化。第二层简化是，旨在体现地方与全国的一致性，而不是呈现地方自身的逻辑。如 1985 年出版的《四川近代史》，虽然也承认四川的半殖民地半封建化过程具有内地特色，但仍认为四川近代史和全国近代史有着共同的历史发展规律与基本线索，开篇即称"从 1840 年鸦片战争到 1919 年'五四'运动的四川地方史，是资本-帝国主义勾结中国封建势力把四川变为半殖民地半封建社会的历史；也是四川人民奋起反对帝国主义、封建主义的旧民主主义革命史"，时限上与当时对中国近代史的主流划分完全一致，整本书

---

① 汪洪亮：《民国时期的边政与边政学（1931—1948）》。

也是围绕着鸦片战争、太平天国运动、甲午战争、义和团运动、辛亥革命、军阀割据、新文化运动的主线来展开。① 《云南近代史》与《贵州近代史》也遵循了类似的思路，但时间下限为 1949 年，相应也就增加了五四运动、抗日战争、国民党的反动统治、共产党领导的革命活动等内容。② 将中国近代史的下限从 1919 年延至 1949 年，是 20 世纪 80 年代后革命史范式的一个改进，③ 云南、贵州的这两部近代史，显然受此影响。两重简化所书写的区域近代史，其中固然不乏本地特色的内容，但总体而言是用一个既定的宏大叙事框架剪裁地方性史料。其实，区域史的节奏并不一定等同于全国史的节奏，当西方对珠江三角洲、上海等沿海地区已经产生深远影响的时候，内地的许多地区可能尚未感受到西方的存在，还在延续着过去的生活方式与传统。正如有学者指出的，直至晚清，西方对成都的冲击都不明显，1899 年的成都几乎看不到欧洲的影响。④

现代化话语影响下的西南近代史书写同样导致了主体的缺位。首先，正如有学者指出的，现代化理论基本上是以欧美经验，尤其是美国的经验发展起来的，而把非西方国家的现代化过程视为对西方道路的仿效，存在根深蒂固的"西方中心主义"色彩，由此带来结论先行的偏见。⑤ 这样的视角，自然会遮蔽西南区域行动者的诸多重要面相。其次，现代化话语是一种高高在上的视角，学者根据某些标准，判定某些东西是进步的、现代的，某些东西是落后的、传统的，以此来讨论区域

① 隗瀛涛等：《四川近代史》，四川省社会科学院出版社，1985，第 1 页。
② 云南近代史编写组编《云南近代史》，云南人民出版社，1993；周春元、何长凤、张祥光主编《贵州近代史》，贵州人民出版社，1987。
③ 崔志海：《中国近代史研究范式与方法再检讨》，《历史研究》2020 年第 3 期，第 201—218、224 页。
④ 王笛：《街头文化：成都公共空间、下层民众与地方政治，1870—1930》，中国人民大学出版社，2006，第 7 页。
⑤ 马敏：《商会史研究与新史学的范式转换》，《华中师范大学学报》2003 年第 5 期，第 9—20 页。

社会怎样从传统向现代过渡以及其中的种种障碍。对那些被视为"传统"的现象和"现代化"进程不明显的地区与人群，则予以忽视。

革命话语与现代化话语都持一种价值评判取向，前者表现得更为直接与强烈，但后者在实质上也大同小异。"现代"一词，本身就暗含着进步之义，与此相对者自然被视为落后。王笛后来在评价他的《跨出封闭的世界——长江上游区域社会研究（1644—1911）》一书时也承认，尽管当时他并不认为传统中国社会是停滞的，但仍然"把传统的丧失和现代因素的出现都视为社会进步的必然结果，并给予这种发展积极评价"。叙述上，也接受了精英的"文化霸权"和"话语"，对那些"落后"的信仰与民俗进行批判。①

西南近代区域史研究中的主体缺失问题，在民族史研究中体现得非常明显，这与全国的近代民族史书写情况是一致的。有学者指出，民族史学界在1981年后大致形成了一个系统体系，将56个民族分成处于封建社会（包括封建领主制阶段）的民族、保留蓄奴制和奴隶占有制的民族、保留某些原始公社制度残余的民族三类，其中处于封建社会的民族在近代以来逐渐沦为半殖民地半封建社会。后来全国各区域的近代民族史书写几乎都沿袭了这一体系，聚焦于各民族人民反帝反封建斗争的革命史、党史、中华人民共和国成立前各民族的经济与社会形态等领域。在民族通史方面，大都写到清初即止，即使延伸到近代，也较少能摆脱民族革命运动史单一模式的限制。近代史学界则长期忽视民族研究，相关成果非常少，即便有较多讨论的近代国家转型与民族主义问题，也很少有人从少数民族的视角加以论述。②

边政问题在近十年来的西南近代区域史研究中得到较多注意，成绩较为突出，但目前这些研究大多致力于中央政府与地方政府的施政，与

---

① 王笛：《街头文化：成都公共空间、下层民众与地方政治，1870—1930》，第10页。
② 潘先林：《20世纪50年代以来中国近代民族史研究述要》《学术探索》2007年第4期，第95—103页。

之相关的个体或群体的因应则关注得尚不够充分。

近十余年来，西南近代区域史研究已出现多元化的趋势，一些论著已经注意到具体的人的行动。不过，即便在这类研究中，公式化情形仍然存在，没有注意到在同一愿景之下行动的不同个体的复杂性。有的研究也论述了一些历史当事人的言行，但并未结合他们的身份、经历、所面临的具体情景来分析他们为何如此，而只是置于某种理论话语（如民族意识、国家主权意识觉醒）中来解释。我们应充分认识到行动者的具体性与多样性，而不是将他们抽象化为某种简单的类别。例如，民国时期西南非汉人群尤其是精英分子中普遍表现出"中华民族"意识与国家意识，这与他们的生活经验、教育经历、处境追求等密切相关，因此他们的这些意识不但同内地的许多官员、知识分子间存在差异，甚至同一族群内且都有着国家意识的不同个体，对自身身份及其与中华民族关系的表述也有所不同。在这个意义上，笔者认为"均质化""内地化"一类的概念，忽视了行动者的主体性。

无论是在民国时期还是 1949 年后，都有西南非汉民族出身的学者研究本族历史。不过，虽然他们对本族的命运与遭遇有着切身感受，但亦难以摆脱主流的学术话语、研究取向与叙事模式的桎梏，因而难以呈现自身的主体性。例如在进化论思想非常有市场的民国时期，许多非汉民族知识分子也认为"同化"等同于"进化"，正如彝族土司岭光电所云："边民同化以后，固然以边民方面来说，已进步不少。"① 他们撰写本族史时所持的立场，与汉人学者也没有根本差异。② 一些本族学者甚至沿用了汉文文献中那些带犬字旁的侮辱性族称，如"猓猓""猓夷"等。③

---

① 岭光电：《教育与三化政策》，《新康报》1944 年 12 月 15 日，第 4 版。
② 岭光电：《西南夷族史》，《新夷族》第 1 卷第 1 期，1936 年；梁聚五：《苗夷民族在国史上活跃的展望》，《贵州民意》第 5 卷第 3 期，1949 年，第 20—28 页；高玉柱：《夷苗民族概况》，《新夷族》第 1 卷第 2 期，1937 年，第 16—22 页。
③ 曲木藏尧：《西南夷族考察记》，拔提书店，1933，第 3—4 页。

四　西南的主体性

21 世纪以来，不少研究者已经有意识地突破革命话语与现代化话语，并力图在理论上、方法上探讨推进近代史研究的可能方向，提出了"新革命范式"①、"新社会史取向的总体史"②、在时的和开放的中国近代史③等思路。在西南近代区域史领域，许多论著同样淡化了宏大叙事、规律性、目的论、进步性、价值批判的色彩，体现出对普通民众、小事件、多元化的追求。而新材料的涌现及史料获得的便利，使得各种历史书写都不难找到史料支撑。在这些作品中，许多研究旨在考辨、重建历史事实，看不出明显的问题意识与理论关怀，这样"填补（史实）空白"式的研究当然有其价值，不过取向与方法都说不上新颖，也无法呈现超越研究对象本身的意义；而有的研究开始有意识地关注研究对象的主体性，并有着清晰的问题意识，是值得注意的新动向。

（一）对行动者的关注

西南近代史研究中，较早视研究对象为行动者并积极予以理解和尊重的是人类学者张兆和。他于 1995 年发表的一篇论文，通过对贵州中部、西北部的"花苗"与黔东南"黑苗"不同传统的揭示，解释了近代西方传教士在这两类人群中的传教活动何以会产生截然不同的效果。④

---

① 夏明方：《中国近代历史研究方法的新陈代谢》，《近代史研究》2010 年第 2 期，第 14—21 页。
② 马敏：《商会史研究与新史学的范式转换》，《华中师范大学学报》2003 年第 5 期，第 9—20 页。
③ 〔美〕李怀印：《重构近代中国——中国历史写作中的想象与真实》，岁有生、王传奇译，中华书局，2013，第 274—283 页。
④ Cheung Siu-woo, "Millenarianism, Christian Movements, and Ethnic Change among the Miao in Southwest China," in Steevan Harrell ed., *Cultural Encounters on China's Ethnic Frontiers*, University of Washington Press, 1995, pp. 217-247.

2003 年，他又以"苗族"为例，分析在近代中国民族国家建构的过程中，不同的少数民族知识分子如何因应新的政治、文化环境，积极利用地域、文化、历史以及中国传统的族类标签，并夹着自己在特定地区、全国甚至跨国语境中的个人生活体验，来想象与定义一个在范围上超越了自己所属群体的"苗族"，力图使"苗族"的少数民族地位在政府的民族建构计划中获得认可。这些行动进一步形塑了他们因应中华人民共和国民族识别政策的方式。我们看到，非汉人群并未消极等待、被动接受他们的历史命运。[1]

在历史学界，对西南近代人群主体性的关注，呈现出两种取向。一是新社会文化史，王笛的研究可以作为代表。与早期的《跨出封闭的世界——长江上游区域社会研究（1644—1911）》不同，王笛后来的论著，基于民众的视角，采用叙事（narrative）的方法，带着问题意识对一些具体社会空间的各种日常图景进行深入描述，以揭示大的社会政治文化变迁，如《街头文化：成都公共空间、下层民众与地方政治，1870—1930》与《茶馆：成都的公共生活和微观世界（1900—1950）》[2]。《茶馆：成都的公共生活和微观世界（1900—1950）》关注的问题是国家文化和地方文化的冲突以及国家如何介入地方文化。茶馆是清末民国成都社会的缩影，它不只是一个休闲娱乐、闲聊放松的空间，还是三教九流各色人物的活动舞台，是交流与传播各种信息，讨论各种生意等正经事，调解经济与民事纠纷，处理社会公共事务，为说书人、理发匠、小贩、挑夫等提供就业机会的场所，秘密会社在这里活动，宣传演讲与动员在这里发生，而官方也在这里搜集情报乃至输入政治符号。在成都，以茶馆为代表的地方文化，在国家文化的打击下顽强生存下来。国家权

---

① Cheung Siu-woo, "Miao Identities, Indigenism and the Politics of Appropriation in Southwest China during the Republican Period," *Asian Ethnicity*, Volume 4, Number 1, February 2003, pp. 85-114.

② 王笛:《茶馆:成都的公共生活和微观世界（1900—1950）》，社会科学文献出版社，2010。

力显示出强劲一面，但在其深入地方的过程中，以茶馆为代表的地方文化，竭力对抗现代化所推行的国家文化的同一模式。

另一个是历史人类学。同几乎所有在国际上有影响的人文社会科学研究流派一样，历史人类学最初主要是西方学者提出来并予以实践的，但西方学者对何谓历史人类学的见解并不一致，大致上可分为从历史学的角度予以说明者和从人类学的角度来说明者两大类，而每一大类内部又存在不同的看法。目前，历史人类学在中国也成为热门话题，出现了不少自称或被称为具有历史人类学风格的论著。其中，有的作品是按照外国学者的某种理论赋予自己历史人类学的性质，有的研究则不同于西方学术界任何历史学家或人类学家所定义的历史人类学。下文围绕西南近代史研究的主题，对此进行简要说明。

王明珂是中国历史人类学方面的代表性学者之一。他对历史人类学的理解基于西佛曼（Marilyn Silverman）与格里福（P. H. Gulliver）的观点，聚焦于"过去如何造成现在"与"过去之建构如何被用以诠释现在"两大主题。相应的，他的《羌在汉藏之间：一个华夏边缘的历史人类学研究》一书，将川西北岷江上游羌族作为研究对象，主要考察"什么样的历史造成当今的羌族"以及"什么'历史'被不同的群体建构，来诠释、理解当今羌族"，并探讨对羌的"历史"建构与再建构，如何造成并改变历史上的"羌人"与"华夏"。这一取向决定了作者旨在呈现、揭示岷江上游人群在历史中的社会情景与社会变迁。该书的第一部分"社会篇"，是以"认同与区分"为主题的当代岷江上游羌族的民族志。第二部分"历史篇"，主要通过梳理"羌族史"的学术史来呈现"羌族"的建构过程。这一部分内容，其实并非当代岷江上游羌族人群的历史，甚至可以说二者之间是不相关的，仅在当代岷江上游的这些羌族人群受到这些"羌族史"影响的意义上，二者之间才是有关联的。第三部分"文化篇"，考察古代、近代关于羌人文化的书写，以及当代岷江上游羌人自己的"羌族文化"建构及其所表达的羌族认同。① 总体而言，该书虽然涉及古代、近代与当代，但着眼点其实是在当代，而且也不是呈现某个区域人群的历史演变，而是揭示他们如何受到历史书写的影响以及怎样参与到新的历史创造中。

40 多年来，中山大学、厦门大学、香港中文大学、香港科技大学和耶鲁大学等海内外学术机构的历史学者、人类学者长期交流合作，将中国自身学术传统（主要是以梁方仲与傅衣凌为代表的中国社会经济史传统）与国际学术前沿融会，由此所形成的研究风格，被视为中国历史人类学的主要代表之一，并被贴上了"华南学派"的标签。大约20 年前，"华南学派"的一些学者开启了对西南的研究，他们关注的问题是：西南广阔地域上生活着的不同人群，如何能动地进入传统中国的大一统秩序；从中体现出怎样的国家整合模式与地方社会建构模式。近十多年来，这些学者将研究目光延伸至近代，考察西南的非汉人群因应、参与中国从王朝国家向现代民族国家转型的过程，以及在此过程中他们如何表达自己的身份及其与中华民族的关联，进而探讨这一过程与新中国民族识别之关系。还有的学者将西南某些地域与东南亚贯通，讨论"边界"建构、跨文化物资交流等问题。带着上述问题意识，学者们结合各种传统史料、民间文献、口述资料、仪式活动、自然与人文环境等，践行在"田野中解读文献"的方法，揭示某个西南地域人群的历史变迁，进而提出一些理解更广阔地域以及更宏大历史的范畴与模式。②

---

① 王明珂：《羌在汉藏之间：一个华夏边缘的历史人类学研究》，台北：联经出版事业股份有限公司，2003。

② 具体的研究成果可参见温春来、谢晓辉、唐晓涛、陈贤波、杜树海、任建敏、卢树鑫、屈斌、孙剑伟、刘建莉、王雪莹、李培娟、王洪等历史学者的已刊论著和博士学位论文。张兆和、张应强、马健雄等几位人类学学者的成果也很重要，这几位学者都有较好的史学功底，其中张兆和在 20 世纪 90 年代就开始了近代苗族历史的研究。

（二）综合主位与客位的区域观

在既有学术成果的基础上，现在是有意识地反思西南近代区域史研究中主体性问题的时候了，下文拟对此提出一些初步的思考。

敏锐的读者一定会发现，根据上文对主体性的阐述，"西南的主体性"其实是一个难以自洽的概念。区域的主体性，指的是区域中的人的主体性。西南地域辽阔，生态多样，生活着众多不同的人群，他们之间的差异纷繁复杂，在这个意义上，并不存在一个所有行动者共通的"西南主体性"。所谓的"区域主体性"，其实是研究者把该区域中纷繁复杂的个体进行简化与抽象的结果。就此而言，这样的区域主体性，本身就是反主体性的。不过，桎梏于无数的个体必将陷入一团混沌，所以研究者必须基于一定的视角进行取舍、简化、抽象，由此得到对某个区域社会较为宏观性与整体性的认识。这样的认识不会也不应该是定于一尊的，研究者从不同的视角进行简化与抽象，会得到不同的区域范围，总结出不同的区域特点。

我们对西南的界定，通常是从客位的立场出发并基于一些客观的标准，例如政区、地理等，这些划分都有其合理之处，但同时又都是武断的。哪几个政区可以放在一起成为"西南"，哪些地理界线之内就是"西南"，见仁见智，众说纷纭。自"西南"这一概念产生以来，一直未有统一认识，可见貌似"客观"的标准，其实充满着主观性。除政区、地理之外，我们或许还可以从以下几种方式去建构区域的"统一性"。一种是把区域内的不同部分看成是均质的，因而代表了某种类型的社会。但西南并非如此，即便我们把目光缩小到两千多年来一直被视为"西南"范围的川、滇、黔地区，也可以发现地理、人群、经济、习俗、认同等方面的巨大差异，很难将其均质化。一种是承认区域的不同部分虽然具有异质性，但它们相互联系、相互依赖，因而具有某种统一性，例如由经济上的内在联系而形成一个大范围的共同体。施坚雅就是按此原则将 19 世纪的农业中国分为了九个区域，不过，即便是施氏的划分，云贵与四川也被放在了不同区域，① 同我们习以为常的西南范围并不吻合。还有一种是认为不同部分虽然具有异质性，也不相互联系、相互依赖，但它们构成了某一个发展趋势中的不同环节，就此而言具备了"统一性"，例如将不同人群分别视为处于原始社会、奴隶社会、封建社会等阶段。这实质上是一种把空间差异时间化的线性史观，理论演绎的色彩过于强烈。就事实本身而论，我们实难把西南的不同部分置于某种具有内在一致性的整体序列中。

总而言之，从各种客位视角去认识西南都有其合理性，但也都面临难以自洽的困难。更为重要的是，行动者并不会被这些外在的客位标准所束缚，他们的思想与行动往往会超越这些标准，针对不同的场景，他们的区域观念甚至可能是多重且弹性可变的。黄国信在研究清代湘粤赣界邻地区食盐专卖时发现，区域根据时空、人群、场合的差异而产生动态的变化。在同一个地区，百姓通过市场、食盐购买、聚居、血缘、信仰、婚姻等在自己心中形成不同的、因应不同场景的区域，不同层次的官员、不同层次的绅士心中同样有着多样化的区域观念。② 程美宝的研究也表明，今天已经习以为常的一些区域概念，如"广东文化"，并非一个在历史中长期延续的实体性存在，而是民国时期才被创造出来。这类范畴，顺应"国家文化"的定义变化而发生改变，同时也是在该地域范畴中活动的人群角力的结果，不同的主体会为其添加不同的内容，赋予其不同的意义。③

如果我们考虑人的主体性，无论根据何种客位标准划分出来的西

---

① 王旭等译《中国封建社会晚期城市研究——施坚雅模式》，吉林教育出版社，1991，第 54—94 页。
② 黄国信：《区与界：清代湘粤赣界邻地区食盐专卖研究》，生活·读书·新知三联书店，2006，第 303—307 页。
③ 程美宝：《地域文化与国家认同：晚清以来"广东文化"观的形成》，生活·读书·新知三联书店，2006，第 299—317 页。

南，与众多行动者实际的生活经验之间都会存在扞格与差异。但如果只基于主位的视角，我们就会被无数的个性与差异所淹没，难以对群体与社会进行研究。因此，从实践的角度，我们提倡一种综合主位与客位的区域观，认为区域就是研究者在行动者的思想与活动中，基于自己的研究层面和问题所界定的一个有意义的范围。一是人的活动，二是研究者的视角，二者交集，就形成了区域史研究意义上的区域。从不同的问题意识出发，这个有意义的范围存在差异，它可以是一个村落，可以是一个省区市，可以是一个国家，可以是横跨两个或多个国家的一片地域，也可以是若干国家和地区，它并不必然是一个与国家相对的单位。[①] 例如，笔者在研究中曾经把贵州西北部地区视为一个区域，因为黔西北的彝族人曾同时建立了两个性质相似的地方性政权，从元至清，这两个地方性政权的首领及其所统治的人群逐渐整合进了大一统的王朝秩序，政治结构、经济开发、身份认同都发生了深刻变迁，过去作为"异域"的黔西北由此逐渐被视为国家的"旧疆"。[②] 不过，如果把视野放宽一些，可以发现，黔西北之外的滇东北、川南、黔西南、黔中等地区，也曾经是诸多彝族君长国统治之地，这些君长国上层之间有着同宗共祖的观念，相互通婚，甚至可以相互继承王位。就此而言，黔西北与这些地区也完全可以被视为一个区域。进而言之，在西汉时期，司马迁就注意到西南有两类不同的人群，一类建有自己的地方性政权，一类是"毋君长"的，这两种基本的社会形态在历史之河中长期绵延。[③] 因此，我们可以依据"西南王权传统"建构一个涵盖更广阔地区的区域吗？只要研究能力能达到，当然是可以的。

这样的区域史，有着鲜明的问题意识，并且自觉地将所研究人群置

---

① 《发刊词》，《区域史研究》创刊号，社会科学文献出版社，2019，第 i 页。
② 温春来：《从"异域"到"旧疆"：宋至清贵州西北部地区的制度、开发与认同》，生活·读书·新知三联书店，2008。
③ 温春来：《身份、国家与记忆：西南经验》，北京师范大学出版社，2019 年修订版，第287—304、353—359 页。

于大的历史脉络中来呈现与理解，与就地方论地方的"地方史"拉开了距离。秉持着这样的区域史观，研究者必须清醒地意识到基于某种学术视角的区域叙事只是一种理解历史的方式，或是对历史的某种简化，而非复杂的历史本身，并注意呈现行动者的能动性，而不是将他们视为某个理论或框架的被动服从者，区域的主体性在这个意义上得以呈现。

（三）呈现主体性的一些途径

这样一种主客位交织的区域史视角，如何呈现行动者的主体性呢？一些研究成果其实已经为我们指出了若干可能方向。

1. 宏大叙事中的行动者

如果我们不满足于填补史实空白式的就事论事，就难免会面临如何处理宏大叙事的问题。在笔者看来，如能意识到行动者的能动性，宏大叙事未必会导致历史研究的公式化与僵硬化。例如，关于西南地区进入王朝大一统秩序的历程，史家或视之为一种"开化"过程，或以"殖民"话语述之。[①] 然而，生活在这片土地上的那些活生生的个体，并不知道何谓"开化"，何谓"殖民"，他们只是在具体的情景中审时度势进行抉择。笔者曾指出，一个看似统一的周边族类的部落或政权，其内部往往充斥各种不同的利益团体，呈现出内部竞争的状态。当与中央王朝发生接触之后，某些团体或其领袖人物可能会积极因应新的政治情势，主动借助王朝的力量介入本部落或政权的事务。在此过程中，他们和中央王朝各自或多或少得到了自己所需要的东西，一些新制度或新秩序甚至可能就此产生。[②] 又如在清代台湾，岸里社"熟番"于康熙年间响应政府鼓励垦荒的政策，取得了大甲溪南垦地的权利，但在 18 世纪

---

① 李林：《"开化"与"殖民"两套诠释话语的论争与困境——兼与 John E. Herman 教授商榷》，《中央研究院近代史研究所集刊》第 80 期，2013 年，第 151—170 页。
② 温春来：《从"异域"到"旧疆"：宋至清贵州西北部地区的制度、开发与认同》，第 314—316 页。

末，因为部落内部的权力斗争以及外部汉人的农垦压力，各关系人通过各种办法竞相把地权来源追溯到帝制时代最能象征合法、正统权力来源的皇帝身上，使得一个边远地区成为充满帝国象征与符合帝国规范的地域。[①] 这些都是一个个行动者的主动行为，作为"开化"或"殖民"实施者的国家，甚至根本就没有直接出场。可见，我们完全可以在宏大叙事中呈现主体的行动，或者在主体的行动中回应、丰富、完善乃至挑战某种宏大叙事。

2. 大历史中的地方脉络

虽然区域是基于行动者活动与研究者视域的一个有意义的范围，其地域可大可小，但在实践中，许多区域确实是从国家内部划分的，西南就是如此。这就牵涉到区域史与国家史的关系问题。笔者认为，西南、华北、江南之类的区域史固然是国家史的组成部分，但它也有自己的自主性和节律，未必总是追随整个国家历史的节奏。区域史研究的价值之一，应该是能够在自身的脉络中审视大历史，获得一种新解。如唐晓涛的研究表明，在明清国家正统文化秩序确立的过程中，广西浔州府形成了以一个个围绕某个神明信仰组织起来的排他性的村落联盟组织，洪秀全、冯云山等诸多外来流民以及本地的"猺""獞""狼"等人群因被视为"异类"而遭受排挤，于是洪秀全等将基督教与浔州府的神明信仰仪式（如灵验、附体等）结合起来，创立拜上帝会，在被排挤的边缘化人群中传播，由此在浔州府获得了自己的"地盘"，这实质上就是围绕神明信仰建立势力范围的"浔州模式"。但与过去"浔州模式"中的神明有自己的边界不同，洪秀全等人通过基督教的一神论，宣布其他神明为非法并予以捣毁，借此不断扩张拜上帝会的势力范围。[②] 这样的研

---

① 参见李文良《清代台湾岸里社熟番的地权主张——以大甲溪南垦地为例》，《历史人类学学刊》第 3 卷第 1 期，2005 年，第 1—27 页。

② 唐晓涛：《神明的正统性与社、庙组织的地域性——拜上帝会毁庙事件的社会史考察》，《近代史研究》2011 年第 3 期，第 4—26 页。

究，言之成理而又令人耳目一新。

3. 超越为了研究方便而划定的时空

为了研究与理解的方便，我们不得不对历史进行分期并划定地域范围，但历史中的行动者并不知道后来者所界定的时空，更不会受此限制，因此，应将时空划分视为一种分析工具而非历史本身。研究者如果不明此点，桎梏于分期或地域而不敢越雷池半步，就可能会影响对历史的理解。

以谢晓辉对湘军的研究为例，晚清湘军的主体之一是湘西的镇筸军，明清时期，湘西在国家、土司与苗民的互动中形成了深厚的军事化传统。18 世纪末乾嘉苗民起事大体平定后，面对伏莽未靖的湘西苗疆，主理善后事宜的傅鼐打着"乡民结屯自保"这一符合古典教义的旗号，突破了当时的军事制度，并通过清理屯田获得的经费，供养了一支长期存在、忠于自己、可以离乡征伐的全脱产、职业性的地方武装，这不但成为半个世纪后曾国藩练兵的先声与成例，也间接为其提供了兵源。① 又如卢树鑫的研究表明，清雍正年间开辟黔东南苗疆之后所设立的"土弁"制度，是咸同年间"苗乱"的诱因之一，而"苗乱"过程中土弁势力的衰微，说明与内地州县不同，咸同兵燹后清政府对黔东南苗疆地方社会的治理与控制反而呈现出日益强化之势。② 任建敏的研究也揭示了太平天国起事后，两广地区的诸多"大盗巨匪"、团练与清中叶以降当地的"堂会"之关系。③ 这些例子说明，近代中国的许多事件与现象，必须置于更长时期的历史中才能得到更好的把握与理解。

---

① 谢晓辉：《傅鼐练兵成法与镇筸兵勇的兴起：清代地方军事制度变革之肇始》，《近代史研究》2020 年第 1 期，第 4—17 页。
② 卢树鑫：《再造"土司"：清代贵州"新疆六厅"的土弁与苗疆治理》，《近代史研究》2020 年第 1 期，第 18—33 页。
③ 任建敏：《咸同年间广西浔州的"堂匪"、团练与地方权力结构的变动》，《近代史研究》2020 年第 1 期，第 34—47 页。

在空间上，研究者同样不能故步自封。考古学界早就呼吁把西南作为一个更大的文化区的一部分来对待，同东南亚、南亚次大陆联系起来，而不是把现代的国界当作古代文化的疆界。[①] 西南近代区域史研究，同样可以与东南亚以及中国内地相联系。近年来，有外国学者揭示了晚清、民国时期四川凉山暴力活动的加剧与太平天国运动、日本侵华战争的关系，这说明表面上封闭且僻处西南一隅的凉山并不孤立于外面的世界。不过，当其试图将凉山暴力活动置于世界史中来考察时，却显得异常苍白，因为他只是简单比较凉山与北美五大湖地区（Great Lakes）暴力活动的异同，并未揭示这一比较的学理意义。[②] 局限于呈现异同的比较是没有价值的，因为任何两个事物（例如古代中国西南山区的一个农民与当代美国总统）都有相似、相异之处，如果没有问题与学理贯穿其中，就只能是一种毫无意义的为比较而比较。

4. 文献与田野相结合

当我们试图去呈现区域的主体性时，难免会遇到史料方面的限制。因此，有必要扩大史料的范围，除尽力搜集各种传统史料外，也应重视族谱、碑刻、契约、宗教文书等民间文献。此外，通过田野调查所获得的口述、仪式、习俗、地理生态、人文环境等非文字材料，往往具有文字材料无法替代的价值。例如唐晓涛对浔州府以神明信仰为中心的村落联盟社会的分析，就是基于她在当地所进行的田野调查。田野调查不但有助于发现地方的传统，而且在田野经历的刺激下，研究者会对某些文字材料变得更加敏感，就有可能从蛛丝马迹的记载中发现意义。例如谢晓辉通过对湘西"动鬼致祸"、"偿骨价"以及"血系子孙共同拥有"土地等苗俗的揭示，重新解释了 18 世纪

---

① 童恩正：《中国西南民族考古论文集》，文物出版社，1990，第 16 页；张光直为此书所作之序。

② Joseph Lawson, *A Frontier Made Lawless: Violence in Upland Southwest China, 1800-1956*, UBC Press, 2017.

末至 19 世纪的苗疆动乱。①

5. 追求同一愿景的行动者间的差异

研究者不得不对复杂的研究对象进行简化与抽象，但应时时反思由此带来的对主体性的遮蔽，并尽可能揭示不同主体的能动性。通过这样的方式，把某种宏大的关怀与叙事同多元化的主体联系起来。例如，两千多年的正史书写系统中，西南地区的人群作为非汉族类一直拥有自己的一席之地，但进入民国后，在汉、满、蒙、回、藏"五族共和"的框架下，却陷入既非汉人也非少数民族的尴尬境地，也因此享受不到一些应有的权利。这深深刺痛着当时西南非汉人群的精英们，他们持续不断地通过著述、演讲、请愿、结社等方式，力图让政府承认他们的"夷族"或"夷苗民族"身份。从历史研究与历史书写的角度，这构成了近代中国从王朝国家向民族国家转型的过程中，少数民族能动地融入现代国家的叙事。但如果我们只满足于此，就会掩盖众多非汉人群精英间的差异，所呈现的历史就会显得枯燥与单调。事实上，同样是为追求"夷族"的民族地位而奋斗，拥有土司、立法委员、国军将领等身份的岭光电，致力于从一个地域的实际变革入手来改变彝族的状况，对彝汉通婚持消极态度，主张保留传统的彝文并反对拼音化的新彝文；身为"白夷"、国大代表、华西大学学生的李仕安，则极力主张彝汉通婚、黑彝白彝通婚并肯定新彝文；而作为云南省政府主席的龙云，受主流民族政策的束缚，面临着"土司政治"的讥讽，不敢公开宣扬自己的"夷族"身份，只是私底下与同族精英之间相互关照。尤为有趣的是，父辈已被改土归流的高玉柱女士，在语言、服饰、教育等方面已完全汉化，其家族在 1949 年后被识别为汉的情况下，在 20 世纪 30 年代，却极力强调自己的"夷族"身份乃至伪造自己的"夷族"文化特征，并

---

① 谢晓辉：《当直接统治遭遇边疆风俗：十八到十九世纪湖南苗疆的令典、苗俗与"乱苗"》，《中央研究院近代史研究所集刊》第 104 期，2019 年，第 1—36 页。

在各种机缘巧合中成为西南非汉人群的代表。不同的行动者，在西南非汉人群走向民族国家的过程中呈现出不同的面相，犹如围绕某个主旋律组织起来的多个声部，构成了一曲波澜壮阔的交响乐，远较单声部的历史书写更动听。①

结　语

回望近百年来的西南近代史研究，我们希望能带着大的问题与关怀，将主体的日常生活经验与宏大的历史过程相结合，写出一部部鲜活、多元而又超越主体狭隘经验的历史。我们也深刻意识到，历史研究中很难有统一范式。不同的研究取向，可以揭示复杂历史现象的不同层面，并从不同的视角予以阐释。它们都有自己的洞见与盲视之处，不存在优劣之分，甚至也很难判断其解释力的强弱，这与库恩（Thomas Samuel Kuhn）所言的那种自然科学的范式（paradigm）是完全不同的。在库恩看来，新范式并不比旧范式更具真理的性质，但能提供一种对广泛经验现象的更简明、更准确的解释，从而革命性地淘汰旧范式。但在历史研究中，很难存在某种话语和取向定于一尊的局面，在理论与实践上，不同取向也可以进行糅合，② 而不是像库恩所言的那种范式间非此即彼的格式塔转换。库恩特别强调范式之间是不可通约（incommensurable）的，就像牛顿的经典力学范式无法包容亚里士多德的范式，也无法兼容于爱因斯坦的范式。正是在上述意义上，我们其实很难用"范式"这

① 温春来：《身份、国家与记忆：西南经验》。
② 左玉河指出，很多学者主张近代史研究中的革命史范式与现代化范式相互包容，在实践上他们也在努力把对方作为自身理论体系的一个组成部分，试图用己方范式包纳对方范式。也有学者认为革命史范式和现代化范式不可替代，也很难相容兼采，主张两者并存共立。参见左玉河《中国近代史研究的范式之争与超越之路》，《史学月刊》2014年第6期，第55—71页。两种范式包容，在库恩的范式论中是不可想象的。两种范式并立，则不是库恩意义上的那种范式，而是前范式时期的科学。

一概念来描述历史研究。历史学中各种流派并存，且各有优劣的局面，更接近于库恩所说的前范式时期，而不是整个学术共同体都整齐划一地受某种范式影响的"常规科学"时期。[①] 职此之故，我们在前瞻区域史研究的未来道路时，并不敢自诩较既有的各种研究取向更为优越，只是试图去关注复杂历史现象中尚未被注意或只是自发注意而未上升到自觉注意层面的面相。

必须指出，本文对近代西南历史研究的梳理旨在呈现相关学术史的主线而非全貌，因过于简略而遗漏重要论著在所难免。此外，他评与自视之间的不协调普遍存在于学术史梳理与学术评论中，因此笔者不敢企望能得到被评论者的共鸣。本文的评论，同样也面临着被评论的结果，对此，笔者持非常欢迎的态度。

---

① 〔美〕托马斯·库恩：《科学革命的结构》，金吾伦、胡新和译，北京大学出版社，2003。

雍正麻城杨氏案的文本嬗变[*]

卜永坚[**]

摘　要　本文探讨麻城杨氏失踪案从司法文献演变为笔记、戏曲、方志、族谱的过程。雍正年间，湖北黄州府麻城县杨氏失踪，娘家杨姓指杨氏被丈夫涂如松杀害，引起大案，迁延六年后，真相大白：原来杨氏尚在人间，只是被自己族人藏匿。审理此案、深受其害的知县汤应求，将该案公牍编成《自警录》，但篇幅过长，流传不广。反而袁枚《书麻城狱》成为该案更广为人知的版本，在这个渗入果报灵异情节的版本内，杨氏堂哥杨同范是歹角。后来麻城县杨氏宗族的一支编纂族谱，为杨同范翻案，驳斥袁枚的版本，谓杨氏哥哥杨五荣才是罪魁祸首，杨同范是先被杨五荣蒙蔽、后被杨五荣诬陷的受害者。

关键词　麻城县　杨氏　《自警录》　《书麻城狱》　杨同范

明清时期，把时事改编为戏曲、小说成为资讯传播的重要渠道，且出版速度快，影响深远，已经是史家共识。[①]　而司法文本"变种"为文

---

*　本文为香港特别行政区大学教育资助委员会研究资助局2019/20年度优配研究金项目(#2110345 #CUHK14622519)"妇人杨氏之'复生'：十八世纪中国的法律与社会"的研究成果。

**　卜永坚，香港中文大学历史系副教授。

①　例如明末权倾朝野的宦官魏忠贤自缢于天启七年十一月，翌年，崇祯元年（1628），就有《魏忠贤小说斥奸书》面世，最早的序言竟是崇祯元年五月，见吴越草莽臣《魏忠贤小说斥奸书》，《古本小说集成》第1辑第23册，上海古籍出版社，1990，据崇祯元年序刊本影印。明末和清朝出版业蓬勃发展，小说、戏曲讥刺魏忠贤恶行者、歌颂1726年自首牺牲以保全苏州暴动士民之五位义士者，数量颇多，出版亦快，参见〔日〕岸本美绪《明清交替と江南社会》，东京大学出版会，1999，第115—132页。

学、戏曲、小说、笔记、诗词等的现象，也早为法制史研究者所留意，累积丰富之研究成果。① 每宗案件都有独特的文本嬗变过程，雍正年间湖北黄州府麻城县杨氏失踪案的文本嬗变过程，尤其值得仔细梳理。②

雍正八年（1730）初，麻城县妇人杨氏失踪，引起丈夫涂如松家族和杨氏家族之间的诉讼，杨姓称杨氏遭丈夫涂如松杀害，涂姓强烈否认，称杨氏被拐逃。翌年，县内赵家河沙滩发现一具尸体，杨姓宣称就是杨氏，验尸后，判定为男性尸体，知县汤应求否决杨姓指控。汤应求随即调职，接手该案的高人杰等几任州县官就尸体的性别与身份发生争议。几经驳案、验尸之后，雍正十二年（1734），该案以涂如松杀害杨氏、涂姓委托生员蔡灿贿赂汤应求掩饰真相作结，涂如松、蔡灿、汤应求均被判死刑。不料，死刑即将执行之际，雍正十三年（1735）七月，现任麻城县知县陈鼎居然在杨氏哥哥杨五荣家中发现杨氏。原来杨姓在杨氏堂哥、生员杨同范的策划下，一面窝藏杨氏，一面指控涂姓杀害杨氏。乾隆二年（1737），该案终于结案，杨同范、杨五荣被判处死刑，涂如松、蔡灿、汤应求恢复清白，审理失误的官员相应受到惩处。

麻城杨氏失踪案历时七年，其间多人遭受监禁刑讯，因而致死者八人，知县汤应求也惨遭刑讯逼供，几乎送命；又牵涉验尸、掘坟检

---

① 参见徐忠明、杜金《传播与阅读：明清法律知识史》，北京大学出版社，2012。笔者也曾撰文探讨一案例：嘉庆十三年，新科进士李毓昌奉命到江苏淮安府调查当地衙门赈济水灾灾民的工作，当地官员邀约合谋贪污，李毓昌峻拒，被当地官员毒杀。此案虽迅速破解，但在戏曲、弹词、笔记中的文本变化则与时并进。见拙著《十九世纪初李毓昌案的"理性"与"迷信"》，《明清史评论》第 3 辑，中华书局，2020，第 104—140 页。

② 关于麻城杨氏失踪案的近期研究，参见史志强《冤案何以产生：清代的司法档案与审转制度》，《清史研究》2021 年第 1 期，第 52—65 页；笔者根据汤应求《自警录》重构该案的梗概，也简略交代了汤应求的生平事迹，见拙著《18 世纪湖北麻城案之研究》，《田野与文献：华南研究资料中心通讯》第 95 期，2019 年，第 1—12 页，https：//schina-publication. hkust. edu. hk/zh/node/2846。另外，笔者亦曾与暨南大学古籍所博士后黄雅雯制作《自警录》数字本，上传于香港中文大学历史系网上学习及知识转移网站，https：//www. history. cuhk. edu. hk/sc/elkt/zijinglu。

验等程序，最后因杨氏重出人间而翻案，可谓曲折离奇。因此，该案从官府公牍"变种"为私人著述、笔记、戏曲等，还流传于部分史志、谱牒之中。以下，本文详细考察这个文本嬗变的过程。

一　从《自警录》到《书麻城狱》

麻城杨氏失踪案结案于乾隆二年七月，汤应求获得平反，之后的宦途谈不上春风得意，在汉阳府孝感县署理一年，又被调到鄂西苗疆地面施南府利川县担任知县，乾隆十一年，升任凤阳府同知，病逝于乾隆十八年，之后还被湖广总督衙门追缴 900 多两的公帑。[①] 这期间汤应求做了一件大事：把该案相关公牍编纂成接近九万字的《自警录》，作为自己含冤受屈的实录，也作为对于审案失误的各级官员的鞭挞。可惜，此书篇幅太长，内容晦涩，并不能很好地反映汤应求的原意。嘉庆《广西通志》记载该书二卷，但真正流传至今的，反而是道光四年朱枟辑校、八年阳耀祖刊行的四卷本《自警录》，这时距离该案结束已近 90 年。后世对于麻城杨氏失踪案的记忆，更多是来自袁枚《书麻城狱》一文。

袁枚《书麻城狱》篇幅甚短，只 1138 字，掺入灵异果报情节，再加上袁枚这位"通天神狐"的生花妙笔，刻画生动，角色鲜明，悲惨处、恐怖处、悬念处、光明结局处，处处扣人心弦。[②] 所以，谈到麻城杨氏失踪案，大部分人只知袁枚《书麻城狱》而不知汤应求《自警录》。就笔者极为有限的搜索，1851 年《虞初续志》、1878 年《折狱龟鉴补》、1915 年署名俞樾《精选随园文钞》、1917 年《折狱奇闻》、

---

① 卜永坚：《18 世纪湖北麻城案之研究》，《田野与文献：华南研究资料中心通讯》第 95 期，2019 年，第 7—8 页。

② 袁枚：《书麻城狱》，载氏著《小仓山房文集》卷 9，第 4a—6b 页，《续修四库全书》第 1432 册，上海古籍出版社，1995，据乾隆年间刻增修本影印，总第 89—90 页。

1917 年《清稗类钞》等都转载该文。① 那么，袁枚《书麻城狱》撰写于何时？

袁枚才高八斗，寿享遐龄，著述极为丰富，对刊刻文字也十分热心。郑幸指出，袁枚的刻书活动分为三阶段，第一阶段为乾隆十三年定居随园以前，第二阶段为定居随园至嘉庆二年逝世，第三阶段为嘉庆二年后。第一阶段只刊刻三种：由门人秦大士刊行袁枚制艺《袁太史稿》一种，门人谈羽仪刊行袁枚早年诗文《双柳轩诗集》《双柳轩文集》二种，时间大约在乾隆十一年。第三阶段是袁枚亲友和书贾的刊刻。因此，只有第二阶段是袁枚亲力亲为。② 这一阶段的主要出版成果是《小仓山房诗集》《小仓山房文集》《随园全集》等。

笔者原本对《双柳轩文集》寄予厚望，因为该书的刊行年份大约在乾隆十一年，时麻城案尚有舆论上的余温，而且袁枚于乾隆七年五月离京南下，至乾隆十三年秋辞官，六年间历任溧水、江浦、沭阳、江宁四县知县，③ 对于知县政务有亲身经验。再加上他在京师期间受知于为麻城案翻案的户部尚书史贻直，如果说袁枚从史贻直处探听得麻城案细节，结合从其他各种渠道得到的信息，再联系他六年间四任知县的亲身经历，写下《书麻城狱》并收入《双柳轩文集》未尝不是顺理成章的事。但是，《双柳轩文集》凡二十二篇文章，并无《书

---

① 郑澍若辑《虞初续志》卷 10，第 25a—29a 页，《续修四库全书》第 1783 册，据中国艺术研究院戏曲研究所藏清咸丰元年（1851）小琅嬛山馆刻本影印，总第 547—549 页；胡文炳《折狱龟鉴补》卷 2，第 75a—78a 页，《续修四库全书》第 973 册，据天津图书馆藏清光绪四年（1878）兰石斋刻本影印，总第 86—87 页；署俞樾选《精选随园文钞》，中华图书馆，1915，香港中文大学图书馆特藏部藏，编号 PL2735. A5 A6 1915；葛建初《折狱奇闻》卷 2，上海会文堂书局，1917，第 8a—8b 页；徐珂辑《清稗类钞》，中华书局，1984，第 1045 页。《清稗类钞》现存最早版本似为 1917 年上海商务印书馆本。
② 郑幸：《随园刻书考略》，《中国典籍与文化》2015 年第 3 期，第 120 页。
③ 郑幸：《袁枚年谱新编》，上海古籍出版社，2011，第 119—186 页。关于谈羽仪刊行《双柳轩诗集》《双柳轩文集》，见第 167 页。

麻城狱》。① 收录《书麻城狱》的，是袁枚《小仓山房文集》卷九。

　　于是，问题变成袁枚《小仓山房文集》刊行于何时？答案并没有想象中那么简单。乾隆四十年乙未（1775），袁枚六十岁，刊行《小仓山房全集》，其中包括《小仓山房文集》二十四卷、《小仓山房诗集》二十卷、《小仓山房外集》六卷，共五十卷。② 此后陆续扩充卷帙，以《随园全集》《随园三十种》等名字刊刻，文集增至三十五卷、诗集增至三十八卷补遗二卷、外集增至八卷。③ 这是就全集之刊刻而言。其实早在乾隆乙未《小仓山房全集》刊刻之前，袁枚已有单刻作品行世，除上文指出的《双柳轩诗集》《双柳轩文集》外，乾隆三十四年己丑（1769），蒋士铨就撰写歌行体《题随园骈体文》，作为《小仓山房外集》的序言。此外，更不用说，袁枚游历四方，宴会频繁，唱酬既多，随时把最新诗文寄赠友人，因此，不仅收入《书麻城狱》的《小仓山房文集》可能早在乾隆乙未前已有单刻本行世，《书麻城狱》本身可能早由袁枚以书信文字形式流传于师友门生之间。不过，在找到确切文献证据之前，还是应该以乾隆四十年乙未（1775）为《书麻城狱》面世

---

①　袁枚后来说，对于《双柳轩文集》《双柳轩诗集》，自己"悔其少作，将板焚毁"，因而这两本早年著作不为人知，见郑幸《袁枚年谱新编》，第 167 页。幸好上海图书馆、杭州图书馆仍有藏本。陈正宏早已发表长文比较上海图书馆藏《双柳轩文集》《双柳轩诗集》与《小仓山房文集》《小仓山房诗集》之异同，见陈正宏《〈袁枚全集〉校补》，复旦大学中国古代文学研究中心编《中国文学研究》第 3 辑，江西教育出版社，2000，第 276—384 页。陈正宏据以查出袁枚删改早年著作的痕迹，见氏著《从单刻到全集：被粉饰的才子文本——〈双柳轩诗文集〉、〈袁枚全集〉校读札记》，《中山大学学报》2008 年第 1 期，第 9—16 页。王英志也把杭州图书馆藏《双柳轩文集》《双柳轩诗集》全书标点排印，见王英志编纂校点《袁枚全集新编》第 16 册，浙江古籍出版社，2015，《双柳轩文集》位于第 1—53 页（每册页码不连贯，因该册所收袁枚各种著作而重编）。

②　郑幸《袁枚年谱新编》（第 421 页）："又前引子才诗有'编成六十卷书开'，而实际刊刻者仅《小仓山房文集》二十四卷、《小仓山房诗集》二十卷、《小仓山房外集》六卷，凡五十四卷。"按：以此计算，总卷数当为五十卷。

③　周本淳：《前言》，袁枚：《小仓山房诗文集》，周本淳标校，上海古籍出版社，1988，第 13 页；王英志：《前言》，王英志主编《袁枚全集》第 1 册，江苏古籍出版社，1993，第 11—12 页。

的时间。①

二 袁枚《书麻城狱》与真实案情的异同

就麻城杨氏失踪案而言，袁枚《书麻城狱》影响力太大了，以至于道光四年朱枟辑校、八年阳耀祖刊行《自警录》时，也把袁枚《书麻城狱》收入书中。但是，袁枚《书麻城狱》与《自警录》记载的真实案情有显著不同。笔者首先交代一些细节方面的异同，方法是摘抄《书麻城狱》原文，然后指出它们与《自警录》的差别。

（1）《书麻城狱》："麻城涂如松，娶杨氏，不相中，归辄不返。如松嗛之而未发也。"袁枚说杨氏与涂如松关系欠佳，经常归宁娘家，迟迟

---

① 有关《小仓山房诗文集》的刊行过程，简直可写长篇论文。周本淳、王英志整理袁枚著述的前言和郑幸编撰之袁枚年谱，已经有所发覆，俱见前面注释。笔者补充如下，收进《续修四库全书》第 1431—1432 册的《小仓山房全集》，为上海图书馆藏本之影印本，其中三十五卷本《小仓山房文集》，其封面、序言等处，均无确切年份，只《小仓山房外集》蒋士铨歌行体《题随园骈体文》署"乾隆己丑落灯夕，馆后学蒋士铨题"，是为乾隆三十四年己丑（1769），见《续修四库全书》第 1432 册，总第 434 页。而香港中文大学图书馆特藏部所收袁枚各种著述中，也有《小仓山房诗文集》一部，港中大图书馆特藏部目录记载书名为《小仓山房诗集（三十三卷，补遗二卷，文集三十卷，外集七卷）》，编号 PL2735. A5 1769，凡四函二十册，白口，单鱼尾，左右双边，半叶 11 行，行 21 字；前十册为诗集，后十册为文集。与《续修四库全书》影印的上海图书馆藏本比较，港中大这本《小仓山房诗文集》有几点值得注意。（1）诗集目录页并无第 31、32 卷，至第 30 卷为止，但第 9—10 册有第 31、32、33 卷，补遗 2 卷，是为有文无目。（2）文集目录有第 31 卷，但第 18 册只有第 30 卷，是为有目无文。（3）第 4 册诗集第 15 卷《随园二十四咏》第 27a—28b 页、第 12 册文集第 6 卷《赠编修蒋公适园传》第 18a—18b 页、第 18 册文集第 29 卷《重修中和道院碑记》第 10a—10b 页，缺文字而有空白页。（4）除了特藏部目录提及的文集首页上的"子晋""徐长康"印之外，该书还有"惠亭和记"朱文长印，又往往有长方朱文、蓝文半印。"惠亭和记"似乎是清代书贾之商标，现藏德国巴伐利亚国家图书馆的何焯《分类字锦》，也有此印，见 https：//bildsuche. digitale-sammlungen. de/index. html？c＝viewer&bandnummer＝bsb00089417&pimage＝583&suchbegriff＝&l＝en。香港中文大学自学中心巢ự立仁博士指出，港中大图书馆特藏部编号 PL2735. A5 1769 的这套《小仓山房诗文集》，其"惠亭和记"朱文长印往往有钤印于极为接近书脊之处者，应该是在书页拆开的状态下钤印，再考虑到偶有空白页这一点，很有可能是"惠亭和记"书贾将此书重新装订，至于偶尔用半印钤印，可能是书贾防止盗卖的措施。

不回夫家，涂如松憋着气，没有发作。但是，《自警录》并没有相似记载。

（2）《书麻城狱》："亡何，涂母病，杨又归，如松欲殴之。杨亡，不知所往。两家讼于官。杨弟五荣，疑如松杀之。"袁枚说涂如松母亲病倒，杨氏非但没有照顾，反而又回娘家，涂如松气得想殴打杨氏。杨氏就逃离夫家，失踪了。但是，根据《自警录》，杨氏归宁是在雍正八年正月十三日，返回夫家是在同月二十四日，并没有说杨氏故意在涂如松母亲病倒后返回娘家。综合以上两点，可知袁枚版本中，杨氏形象更加负面，但《自警录》并没有相似记载。如果结合冯大婶婶罗氏也归宁娘家这一点，已婚妇人于农历新年期间归宁娘家是18世纪麻城一带的风俗，杨氏归宁娘家，并无不妥。又，袁枚说杨五荣是杨氏弟弟，据《自警录》，杨五荣是杨氏哥哥。可见袁枚记载失误。

（3）《书麻城狱》：杨氏平日与冯大通奸，逃离夫家后，"匿（冯）大家月余，（冯）大母虑祸，欲告官"。据《自警录》，冯大不是把杨氏窝藏在自己家里，而是窝藏在自己姊姊罗氏家中，因为罗氏正好也归宁娘家。罗氏从娘家返回，发现杨氏，打算告官。可见袁枚记载失误。

（4）《书麻城狱》：冯大将杨氏下落告知杨五荣，杨五荣通知族内拥有生员身份的堂兄弟杨同范，"同范利其（杨氏）色，曰：'我生员也，藏之，谁敢篡取者。'遂藏杨氏复壁中，而讼如松如故"。袁枚说杨同范因贪图杨氏美色遂窝藏杨氏，继续控告涂如松杀妻埋尸，把杨同范说得十分阴险邪恶。但《自警录》只说杨同范匿藏杨氏、控告涂如松杀妻，没有说杨同范是贪图杨氏美色。

（5）《书麻城狱》："逾年，乡民黄某塂其僮河，滩浅，为犬爬嗽。"袁枚说乡民黄某的仆人死亡，黄某把他埋在河滩。乡民黄某就是《自警录》里面的举人董脩五，黄某的仆人就是卢斋公。"董脩五"讹误为"黄某"，可见袁枚的信息来源可能是文字而非口述，因为"董""黄"二字形近音不近。

（6）《书麻城狱》："刑书李献宗。"据《自警录》，应该是"李宪宗"。可见袁枚记载失误。

（7）《书麻城狱》："高掠如松等，两踝骨见，犹无辞。乃烙铁索，使踞，肉烟起，焦灼有声，虽应求不免，皆不胜其毒，皆诬服。"袁枚把高人杰严刑"锻炼"涂如松的残酷过程描述得如此之细。①《自警录》则只提及李宪宗等人遭受夹讯、棍敲的日期和次数。

（8）《书麻城狱》："如松瞀乱，妄指认抵拦。初掘一冢，得朽木数十片，再掘，并木无有，或长髯巨靴，不知是何男子。最后得尸，足弓鞋，官吏大喜，再视，髑髅上鬖鬖白发，又惊弃之。麻城无主之墓，发露者以百数。"袁枚说高人杰严刑拷打涂如松、李献（宪）宗等，逼他们交出杨氏头发、脚骨、血衣。涂如松遭受严刑，只好胡乱作供。根据涂如松口供，衙役先后挖掘多座无主坟墓。并描述这些不幸遭到挖掘暴露的遗体特征，如"长髯巨靴""髑髅上鬖鬖白发"，场面之恐怖，确实扣人心弦。但《自警录》并没有如此生动的描述，只说"枭掘者六冢"，② 大抵是指赵家河沙滩掩埋卢斋公之棺材、麻城县七里冈韩择吉坟墓、麻城县刘有三坟墓、黄冈县牛车河某男子坟墓、陈文已故兄长陈四儿坟墓，以及可能是蔡灿已故仆人刘来寿的坟墓，合共六坟。可见袁枚记载夸张失实。

（9）《书麻城狱》："李献宗妻刌臂血，染一裤一裙，斧其亡儿棺，取脚指骨。"袁枚说是李献（宪）宗妻子用自己的血来伪造杨氏血衣，并从自己已故儿子尸体上截取脚骨。据《自警录》，截取自己已故儿子尸体脚骨的是陈文母亲。可见袁枚记载失误。

（10）《书麻城狱》："总督迈柱竟以如松杀妻、官吏受赃，拟斩绞奏……总督故迈柱，闻之（陈鼎抓获杨氏）以为大愚，色忿然，无所发

---

① 这一段也许就是袁枚《书麻城狱》最刺激读者官能、引起读者同情之处。关于刑讯过程在明清文本内的描述，参见徐忠明、杜金《明清刑讯的文学想象：一个新文化史的考察》，徐忠明、杜金：《传播与阅读：明清法律知识史》，第 338—407 页。

② 《自警录》卷首《麻城县大狱纪略》，第 14b 页。本文引述者为香港中文大学历史系网上学习及知识转移网站数字本，下同。

怒，姑令拘杨氏。……迈柱不得已，奏案有他故，请缓决。杨同范揣知总督意护前，乃诱杨氏具状，称身本娼，非如松妻，且自伏窝娼罪。迈复据情奏。天子召吴、迈两人俱内用，特简户部尚书史贻直督湖广……"袁枚说迈柱支持高人杰，得知陈鼎抓获杨氏后十分生气。杨同范揣摩迈柱心意，考虑到陈鼎以搜索娼妓名义冲进杨同范家抓获杨氏，就将计就计，授意杨氏告状，说自己确实是娼妓而非杨氏，杨同范也承认自己窝藏娼妓罪名。迈柱竟然以此上奏，意图继续掩饰真相。幸好高宗把迈柱和吴应棻都调入京师，改委史贻直亲赴武昌审理该案，才终于翻案。袁枚以上的描述，把迈柱刚愎、护短的形象描绘得淋漓尽致，但《自警录》对于迈柱的处理则暧昧含糊得多，这倒不难解释。笔者相信，假使汤应求读到袁枚《书麻城狱》，会从心底里赞成袁枚的版本，也会击节赞赏袁才子的"燕许大手笔"。但是，麻城杨氏案审理期间，汤应求不过是个署理知县，迈柱则不仅是湖广总督，也是满洲贵胄，在清朝官场上，论尊卑贵贱，二人判若云泥。因此，汤应求不能不有所顾忌，他在《自警录》卷首《麻城县大狱纪略》罗列大量涉及该案的人物时，低至保长、仵作，高至巡抚、总督，都是指名道姓，直陈功过，偏偏全然不提迈柱，这当然是有心之"失"，读者绝对不难发现这一"耀眼的缺失"，绝对不难明白汤应求对于迈柱的谴责。

总之，袁枚版本文笔生动，叙述紧凑，角色分明，情节离奇，篇幅又短，因此虽有事实上的错误，但可读性远远超过《自警录》。再加上袁枚的社会地位崇高，收录《书麻城狱》的袁枚文集《小仓山房文集》流传广泛，所以，袁枚《书麻城狱》成为麻城杨氏案最为人知的版本，以至于道光四年朱枟辑校、八年阳耀祖刊行《自警录》时，也觉得有必要收进袁枚该文，作为该案的重要参照。

然而，以上比较袁枚《书麻城狱》和汤应求《自警录》的十点异同，还没有触及袁枚版本的核心内容。袁枚版本的核心内容是什么？是把一宗案件变成一个灵异果报故事，变成李荣亡魂复仇记。这才是袁枚

《书麻城狱》和汤应求《自警录》的最大分别。

汤应求在审理杨氏案期间向城隍呈递诉状，控诉高人杰、李作室诬陷自己，宣告自己无辜，诅咒高、李受神明惩罚。① 这是《自警录》唯一明显涉及超自然力量之处，而且城隍本来就是朝廷祀典认可的正统神明，非"怪力乱神"可比。但是，在袁枚《书麻城狱》中，冤案平反的关键是仵作李荣的亡魂的报复和指引：高人杰严刑拷打涂如松、李荣等，导致"李荣死杖下"，可见李荣是被高人杰迫害冤死之人，但是，没有杨同范设局诬告，也就不会有高人杰的严刑"锻炼"，所以李荣的冤家是杨同范。后来，"（杨）同范邻姬早起，见李荣血模糊，奔同范家"。杨同范邻居老妇人看到血肉模糊的李荣闯进杨同范家，白日见鬼，害怕至极。"方惊疑，同范婢突至，曰：'娘子未至期，遽产，非姬莫助举儿者。'"这位老妇人看见李荣冤魂闯进杨同范家不久，杨同范婢女就来求助，说杨同范夫人忽然要临盆生产了，请求老妇人助产。"姬奋臂往。儿颈拗，胞不得下，须多人掐腰乃下。妻窘，呼：'三姑救我！'杨氏闯然从壁间出，见姬大悔，欲避而面已露。"老妇人答应杨同范婢女的请求，立刻到杨同范家助产，可是婴儿颈项扭曲，需要有人按住杨同范夫人的腰，老妇人才能把婴儿拔出。情况危险而紧迫，杨同范夫人只好高呼："三姑救我！"三姑就是窝藏在杨同范家的杨氏。杨氏听到杨同范夫人叫喊求救，便匆忙从复壁内走出来，与正在助产的老妇人碰个正着，从而暴露行踪。杨氏"乃跪姬前，戒勿泄。同范自外入，手十金纳姬袖，手摇不止"。杨氏向老妇人下跪，请求老妇人保守秘密。杨同范也从外走进产房，把十两银子塞进老妇人衣袖内，并不断摇手，示意老妇人不要泄密。"姬出，语其子曰：'天乎！犹有鬼神，吾不可以不雪此冤矣！'即嘱其子持金诉县。"老妇人助产完毕，离开杨家，认为杨同范夫人生产过程中有李荣鬼魂从中作梗，不敢欺骗鬼神，就命令儿

① 《自警录》卷 2，第 13b—15b 页。

子带杨同范贿银到县衙举报，知县陈鼎从而破案。

袁枚《书麻城狱》中的这一果报情节，《自警录》中当然没有。在《自警录》中，发现杨氏、平反冤案的主角，是麻城县知县陈鼎；而在《书麻城狱》中，暴露杨氏行踪、平反冤案的主角，是李荣的亡魂，陈鼎反而成配角。李荣的亡魂一步一步逼杨氏现身，令老妇人看见，老妇人意识到这一切都是李荣鬼魂的引导和设计，也就不敢收受杨同范贿银，转而举报，从而实现了李荣亡魂的复仇大计。

或问：李荣之冤死，虽肇因于杨同范之设局，但成于高人杰之严刑，为何李荣向杨同范报复而不向高人杰报复？冥报故事虽涉及超自然力量，但毕竟是活在具体历史脉络中的人发明和传承的，因此，以人间的理性斟酌而商榷之，绝非痴人说梦，从历史学的高度"街头终日听谈鬼"，是能够"窗下通年学画蛇"画出这个果报故事的地域社会逻辑的。笔者认为，李荣亡魂向高人杰报复，对于麻城县这个"地域社会"没有意义，因为高人杰并不是麻城县人，但是向杨同范报复，对于麻城县的本地知识和集体记忆而言，却有可发挥之处，因为李荣和杨同范都是麻城县本地人。麻城县的集体记忆，要求杨氏冤案有一光明得来却又有地方能动性的结局，因此，平反冤狱的功劳不能全部归于聪明正直的青天大老爷陈鼎，而必须有血肉模糊的李荣亡魂的份儿。

现在让我们回到袁枚的《书麻城狱》，把"李宪宗"写成"李献宗"，看来可能是口头传播讹误的证据；把"董俏五"的"董"写成"黄"，看来又可能是文字传播讹误的证据。袁枚活跃于江南，相对于麻城，正好说是吴头楚尾，或说一在长江中一在长江尾，袁枚肯定是从口述和文书两个渠道而得知麻城杨氏案。可惜，笔者迄今找不到袁枚撰写《书麻城狱》的原委，如果说是袁枚自己把麻城杨氏案改写成果报故事，以袁枚的过人才气、超卓文笔，固然可能，但是，笔者更倾向于相信，乾隆初年，武昌出现了根据此案改编的戏曲《一线天》（又名《楚江清》），袁枚是根据这出戏曲而写成《书麻城狱》的。

三　片言只语《一线天》

毫无疑问，作为果报故事的袁枚《书麻城狱》，是迄今为止有关麻城杨氏案影响最深远的文本。然而，袁枚《书麻城狱》并不是作为果报故事的麻城杨氏案的唯一文本，福建文人郑澍若刊行于咸丰元年（1851）的《虞初续志》，披露了汤应求孙子汤荩忠的重要线索，引述如下：

> 郑醒愚曰：岁壬子，同乡魏简斋，偕其亲串汤荩忠自西粤来。主余家，述其祖应求公令麻城，以杨涂讼事，几罹不测，人知其冤，莫谁何也。既而狱直，好事者为谱传奇，名《一线天》云。因属余为文记之，以告后来。壬戌，得子才集读之，则《书麻城狱》一篇，与荩忠所述，不爽毫发，遂焚余文。盖余之文，或冀以麻城之事而传。得子才书之，则奸民之诈伪、猾吏之诪张，尽情毕露，应求公以斯文而不朽矣。文字攸关，岂浅鲜哉！①

"醒愚"是郑澍若的字号。据郑澍若《虞初续志》封面，此书"重刊"于咸丰元年，但郑澍若序言撰写于嘉庆七年（1802）。② 查郑澍若中举于嘉庆十五年庚午（1810），③ 因此，"岁壬子"只能是乾隆五十七年壬子（1792）。是年，郑澍若同乡魏简斋把自己来自广西的亲戚汤荩忠介绍给郑澍若，担任郑家塾师。汤荩忠称呼汤应求为"祖"，从字面和年份考虑，应该就是汤应求的孙子。汤荩忠向郑澍若讲述祖父汤应求审理麻城案、无辜受害、最终得到平反的事迹，还说有人把麻城案编成传奇，名

---

① 郑澍若辑《虞初续志》卷 10，第 28b—29a 页，《续修四库全书》第 1783 册，总第 549 页。
② 郑澍若辑《虞初续志》，封面及序言，《续修四库全书》第 1783 册，总第 433 页。
③ 李永选：《长乐六里志》卷 6，第 5a 页，《中国地方志集成·乡镇志专辑》第 16 册，上海书店出版社，1992，据 1964 年油印本影印，总第 406 页。

为《一线天》。汤荩忠请求郑澍若撰文记录麻城案和汤应求事迹，郑澍若答应并且写成了。壬戌，即嘉庆七年（1802），郑澍若序其《虞初续志》之年，读到袁枚文集，认为袁枚《书麻城狱》一文与汤荩忠告诉自己的情况完全一样，袁枚写得比自己更好，汤应求的正直形象也将通过袁枚《书麻城狱》而流传永久。于是，郑澍若就把自己应汤荩忠请求而写的有关麻城案的文章烧掉了。焚烧自己的文章，甚有文人之豪气，也甚有仪式感，但世间从此少了一份有关麻城杨氏案的史料，令人感到惋惜。

郑澍若以上的记载十分宝贵。据此可知，汤应求孙子汤荩忠在乾隆五十七年壬子投奔郑澍若，担任郑家塾师，说有人把麻城杨氏案编成传奇《一线天》，可知这传奇《一线天》最晚出现于乾隆末年。本来，把司法案件改编为戏曲、小说等文学作品，古今中外皆然，明清时期尤其普遍。可惜，迄今为止，笔者虽然找到个别以《一线天》《楚江清》为名的戏曲，但都无关麻城杨氏案。郑澍若引述汤荩忠谓"好事者为谱传奇，名《一线天》云"就成孤证了，虽然"孤证"不一定"不立"，但总有单薄之憾。

幸好，笔者无意中在王柔传记中找到相应的证据。王柔是山东登州府福山县人，与汤应求一样，也是以拣选进入官场，区别在于汤应求是个举人，王柔则是贡生，汤应求并无特殊背景，王柔则大有来头。王柔从湖南永州府同知开始，凭借雄厚人脉与出众才华，在雍正十一年做到湖北按察使，接替唐继祖。① 正因为此，王柔也参与了麻城杨氏案的审

---

① 雍正十一年，湖北按察使唐继祖由王柔接替，见杨承禧等纂，张仲炘等修《湖北通志》卷115，商务印书馆，1934，据清宣统三年（1911）修、1921年增刊本影印，第2769页。关于王柔以贡生入仕，见何乐善修，萧劼、王积熙纂《福山县志》卷8，第54b—55b页，《中国地方志集成·山东府县志辑》第51册，凤凰出版社，2004，据乾隆二十八年（1763）刻本影印，总第522页。王柔本人担任湖南辰沅永靖道、湖北按察使、湖南衡永郴桂道期间的奏折，见《王柔奏稿》，《中国公共图书馆古籍文献珍本汇刊·丛部·天津图书馆孤本秘籍丛书》第2册，中华全国图书馆文献缩微复制中心，1999，据不署日期之稿本影印，第389—506页。可惜，该书内容并无直接涉及麻城杨氏失踪案者。或者，这"耀眼的缺失"是否王柔有心删削的结果呢？

理工作，汤应求《自警录》内，也收有一篇呈递给湖北巡抚德龄、湖北按察使王柔的禀文。① 可能是由于庚子国难期间福山王懿荣殉国，福山王氏得到高度重视，民国《福山县志稿》收录了王柔上下三代成员的长篇传记，而王柔传记内有这样一段记载：

> 平反麻城县民涂如松殴妻杨氏身死一案，意见与总督龃龉。总督以"好立新奇、不宜刑名"奏劾，秋审已入情实。杨氏自外生还，卒如柔言，昭雪奇冤三命。湖北省会一时编有《一线天》传奇，又名《楚江清》，争颂柔贤明。②

由此可见，汤荩忠所言非虚。麻城杨氏案平反后，确实有人将之编成《一线天》传奇。王柔传记还补充了更多资料，《一线天》传奇又名《楚江清》，而且在湖北省省城武昌上演。这很合理，武昌作为省会、作为大都市，无论是刊刻曲本还是上演戏曲，都是理想地点。何况武昌也是全湖北有关麻城杨氏案的最权威资讯发布地点。至于王柔传记"汤冠王戴"，把麻城案主角汤应求误作王柔，对该书而言，反而是小事。可惜的是，王柔传记没有说《一线天》传奇或《楚江清》出现在什么时候，笔者迄今也找不到以麻城杨氏案为内容的戏曲。

　　总之，麻城杨氏案在乾隆年间被人编成戏曲，名《一线天》或《楚江清》，袁枚直接或间接得知，将其改写成脍炙人口的《书麻城狱》是极为合理、大有可能的。虽然《一线天》或《楚江清》目前只剩片

---

① 《自警录》卷 2，文件 39，第 39a—42b 页。汤应求该禀文撰写的时间是雍正十一年二月十五日。

② 许钟璐等修，于宗潼等纂《福山县志稿》第 7 之 2 卷，第 2b 页，《中国方志丛书·华北地方》第 55 号，台北：成文出版社，1968 年影印 1931 年铅本，总第 1120 页。又湖广总督迈柱确实呈递密折，弹劾王柔自辰沅永靖道升任湖北按察使后，"性情乖张，好尚新奇"。但迈柱指的并非麻城杨氏案，而是安陆府知府伟瑶涉嫌受贿案。见台北"故宫博物院"编印《宫中档雍正朝奏折》第 22 册，1977—1980，第 136 页。

言只语，但毕竟是麻城案文本嬗变的重要一环，不可不志之。而以下民国 8 年（1919）《杨氏族谱》内的《同范公传》，才是针对作为果报故事的袁枚《书麻城狱》的文字，对于麻城县当地社会尤其重要。幸好《同范公传》及相关文献十分齐备，大可发挥了。

四　咸丰四年（1854）《同范公传》

从上文分析可知，袁枚《书麻城狱》说李荣亡魂引导杨同范邻居老妇人发现杨氏踪迹。但是光绪八年（1882）刊行的《麻城县志》，在其《杂记》中记录同一果报故事，有些情节却与袁枚《书麻城狱》大相径庭：

> 雍正间，麻城生员杨同范，名维模。族人有妹，与杨姓缔婚，童养于涂者，为姑所虐，逃归。族人匿之复室，亲邻无一人知者，反诘女踪于涂，互诉不已，遂兴大狱。同范，固杨姓户长，初不与其事，族众有以不庇族詈之者，遂误列名牒前，官吏遍察。有捕鱼李某，偶话此案，为族人牵入狱，毙。逾年，族人妻产难，有媪踵门，自陈能治，比至，烛忽灭，窘急，适有所需，妹自复壁出翦（剪）助之。渔者李，固枝指，所生子亦枝指。媪乃渔者母也，即出，率健儿破壁取女赴官。族人狡脱。范闻耗，僵绝，复苏，卒以列名故，系图圄八年，卒，有《狱中诗草》。范为族人所欺，负冤极矣。江南袁枚《书麻城狱》，仅据一时讼牍附会之词，诬族人室为范室，妻为范妻，诬捕鱼者为仵作李荣，范课徒在外，而曰"手十金纳媪袖"，李媪破壁取女，而曰邑令陈鼎毁壁。至令同范受欺一时，复含冤千古。文人下笔，不可不慎！[①]

---

① 陆佑勤等修，余士珩等纂《麻城县志》卷 40《杂记》，第 27a—28a 页，《中国方志丛书·华中地方》第 1316 号，台北：成文出版社，2017，据光绪八年刻本影印，总第 652—653 页。以下简称"光绪《麻城县志》"。

光绪《麻城县志》这一段，没有交代资料来源。幸好，民国《麻城县志前编》不仅大致抄录光绪《麻城县志》这一段，还交代这一段的资料来源："袁子才《书麻城狱》，与事实颇多出入。邑人极称同范冤，盖据杨姓谱也。"① 可见，以上光绪《麻城县志》有关麻城案的记载是抄录自杨姓族谱，也可见，麻城杨氏失踪案文本，除《自警录》《书麻城狱》之外，还有更晚出现的杨姓族谱版本。

与袁枚《书麻城狱》相较，光绪《麻城县志》所抄录的杨姓族谱版本有两大不同之处。

第一，杨同范不再是藏匿杨氏、嫁祸涂姓的罪魁祸首，而是先被蒙蔽、后被诬陷的无辜受害者，然则谁是罪魁祸首？就是杨姓"族人"。这位"族人"的妹妹嫁给涂如松，为家婆虐待，逃回娘家，这位"族人"窝藏妹妹，诬告涂姓，可知这位杨姓"族人"就是杨五荣。杨五荣的名字在公私领域均广为人知，但却消失于杨姓族谱，可见是有意隐讳。杨姓"族人"窝藏妹妹，严密封锁消息，不仅涂姓不知道杨氏的真正下落，连杨姓同族之人，包括杨同范在内，也都被蒙在鼓里。杨同范作为户长，族亲杨氏失踪，而涂如松又有杀害杨氏嫌疑，就在族人舆论压力之下，代表杨姓控告涂姓，种下日后被杨姓"族人"卸责（套用时髦词语曰"甩锅"）的祸因。

第二，杨姓族谱版本与袁枚《书麻城狱》的果报情节有异。在《书麻城狱》里，仵作李荣因杨同范设局诬告涂如松而被高人杰严刑拷打致死，李荣亡魂因此向杨同范报复，引导杨同范邻居老妇人协助杨同范夫人分娩，从而发现杨氏踪迹。在杨姓族谱内，复仇者不是仵作李荣的亡魂，而是渔夫李某的亡魂，李某只是因为偶然提起杨氏失踪案，就被杨姓"族人"诬告，死于狱中。渔夫李某的亡魂因此联合自己仍在

---

① 余晋芳纂《麻城县志前编》卷 15《杂志》，第 30a—30b 页，《中国方志丛书·华中地方》第 357 号，台北：成文出版社，1975，据民国 24 年（1935）铅印本影印，总第 1393—1394 页。

人世的母亲向杨姓"族人"报复，方法是投胎到杨姓"族人"的夫人的腹中，令杨夫人作动分娩，而且大有难产之虞。渔夫李某母亲随即叩门表示能够助产，在接生过程中，需要用剪刀剪断脐带，这时蜡烛忽然熄灭，万分紧急之时，窝藏在复壁的杨氏递出剪刀，从而暴露行踪。渔夫李某有"枝指"的生理特征，即比常人多一手指或脚趾，杨夫人生下的婴儿也是"枝指"。渔夫李某母亲接生完毕，离开杨家，随即召唤人手，闯入杨家，打破复壁，把杨氏扭送官府。即使这样，杨姓"族人"还能逃脱，把窝藏杨氏、诬告涂姓的罪名全部扣到杨同范头上。杨同范含冤受屈，坐了八年的牢，最后死于狱中。

　　光绪《麻城县志》所抄录的杨姓族谱的这个果报情节，比起袁枚《书麻城狱》的果报情节更诡异，但也更"在地"，更贴近中国民间有关果报的信仰。据李隆献教授研究，被害者的鬼灵报复仇人，这种信仰举世皆然。在中国，自先秦以降，鬼灵复仇方式有多种：或自己现形、作祟以报复仇人，或向天、天帝、冥司申诉并提供证据或线索，或以托梦、现形等方式向人申诉并提供证据或线索，等等。① 但是，被害者鬼灵投胎成为仇人儿女，给仇人带来灾难和痛苦，或取回被仇人侵吞干没的资财，这种特殊的复仇方式，笔者姑名之曰"投胎复仇"，这似乎源自佛教的轮回业报观念。例如，成书于 435 年或 445 年的《贤愚经》，有"儿误杀父品"故事，大意是一对父子，儿子误杀父亲，后来这对父子轮回易位，过去的父亲成为现在的儿子，过去的儿子成为现在的父亲，重演儿子误杀父亲的一幕，谓之"相报"。② 但是，这是《贤愚经》

---

① 李隆献综合考察和分析中国历史上的复仇观念，见其《复仇观的省察与诠释·先秦两汉魏晋南北朝隋唐编》，台北：台湾大学出版中心，2012，尤其参见其第六章"先秦至唐代鬼灵复仇的省察与诠释"，第 263—335 页；又参见其《复仇观的省察与诠释·宋元明清编》，台北：台湾大学出版中心，2015。

② 慧觉等译撰，温泽远等注译《贤愚经》卷 10《儿误杀父品第四十》（花城出版社，1998，第 468—470 页）：一对父子出家为僧，到一村化缘，天黑，父子离村回寺。父亲年老，行动迟缓，儿子帮扶父亲，不料推跌父亲，即时死亡。佛祖解释说：过去有一对父子，父亲病重卧床，被虻蝇叮咬，儿子希望父亲可以安睡片刻，拿出大杖驱赶虻蝇，不料误杀

唯一提及人物轮回成为某人儿子的故事。梁丽玲也指出，这也是唯一的
"无记"业报故事，既非"善报"也非"恶报"，而是"无有恶意，而
相杀害"的"相报"。① 因此，《贤愚经》"儿误杀父品"故事与"投胎
复仇"的原型尚有一段距离。

　　笔者找到的最早的投胎复仇故事，为 9 世纪卢肇《逸史》之"卢
叔伦女"故事，北宋初年编纂的《太平广记》有收录。大略谓：有和
尚在长安城南化缘，一女子说三四里外的王家正在打斋，和尚依言前
往。因为是私下打斋，没有向外宣布，王氏夫妇奇怪和尚何以得知。和
尚据实相告，王氏夫妇大惊，找到这名女子。这名女子关起门来，拒绝
相见，并忽然高呼"贩胡羊父子三人今何在！"王氏夫妇吓得立刻离
开。女子向其母亲解释：自己前生是"贩胡羊父子三人"之一，投宿
王某庄上，为王某害命谋财，遂投胎成为王某儿子，深得王某夫妇疼
爱，但十五岁患病，二十岁病死，王某"前后用医药，已过所劫数
倍"，而且王某夫妇每年于儿子病逝忌日打斋，流下的眼泪也累计"过
三两石矣"，正好有和尚化缘，就指示和尚到王某家，"亦是偿债了
矣"。② 南宋洪迈《夷坚志》、郭彖《睽车志》等中多有类似故事。③ 直

父亲。现在，被儿子推倒摔死的父亲，就是从前用大杖误杀父亲的儿子；而把父亲推倒
摔死的儿子，就是从前被儿子用大杖误杀的父亲。《贤愚经》迄今存世的宋碛砂大藏经、
契丹藏、高丽藏、大正藏等四版本，其卷数编次往往不同，见梁丽玲《〈贤愚经〉研
究》，《中华佛学论丛》（34），台北：法鼓文化，2002，第 17—22 页。

① 梁丽玲：《〈贤愚经〉研究》，《中华佛学论丛》（34），第 69—71、95 页。

② 李昉等编《太平广记》卷 125《报应二十四·冤报》，中华书局，1961，第 885—886 页。
近期相关研究，参见余沛翃《〈太平广记〉报应故事的果报观》，《文学前瞻》第 10 期，
2000 年，第 39—52 页。

③ 兹举三例。第一例，商人王兰被谋杀后复仇的故事。见洪迈《夷坚志补》卷 6（上海涵
芬楼藏版，据严久能景宋抄本、黄荛圃校旧抄本、明抄本、明刻本校勘，商务印书馆，
1927，中研院汉籍电子文库授权使用本），第 6a—6b 页。王兰的故事与《太平广记》所
引《逸史·卢叔伦女》的故事，几乎同出一辙。第二例，丹阳商人报复徐辉仲的故事。
见洪迈《夷坚志补》卷 6，第 6b—7a 页。第三例，僧人报复陆大郎的故事。见郭彖《睽
车志》卷 5，《丛书集成初编》第 2716 号，商务印书馆，1939，据《稗海》《古今说海》
本排印，第 45—46 页。

到今天，父母以"讨债鬼"来斥骂不听话的儿女，仍不罕见。

在袁枚《书麻城狱》中，仵作李荣的亡魂指引杨同范邻居老妇人发现杨氏，而在光绪《麻城县志》所抄录的杨姓族谱的这个果报情节中，被杨姓"族人"陷害致死的渔夫李某，以投胎杨夫人腹中方式，动员自己母亲接生，又令蜡烛熄灭，逼杨氏现身，还令新生婴儿和自己一样拥有"枝指"的生理特征。这样，渔夫李某不仅投胎成为杨姓"族人"儿子，令母亲率众破门把杨氏扭送官府，也令母亲明白了一切都是自己的复仇大计。杨姓族谱中的这段复仇情节，与卢肇《逸史·卢叔伦女》中的复仇情节相同，即投胎复仇是也。

民国《麻城县志前编》说光绪《麻城县志》以上文字是抄录自杨姓族谱，但没有更进一步说明是哪本族谱。笔者看到的上海图书馆谱牒室所藏两种麻城杨姓族谱，都无相关记载。① 幸好，耶稣基督后期圣徒教会的家谱图书馆收藏有杨恺丞、杨芝轩等编纂刊行于民国8年（1919）的《杨氏宗谱》，该谱卷首有"同治壬戌年（1862）创修""光绪壬辰年（1892）续修"的名单，可见民国8年是第三次修谱。② 这本民国8年《杨氏宗谱》，收有杨守愚撰于咸丰四年（1854）的《同范公传》，凡967字，正是上引光绪《麻城县志》的《杂记》有关麻城杨氏案的文字来源。这篇《同范公传》对于麻城杨氏案文本嬗变的问题，意义重大，兹全文标点抄录如下，其中字句之可议者，加括号以商榷之：

　　公讳维模，字同范，二十有五举茂才。闭户读书，辄欲芥拾青

---

① 这两本收藏于上海图书馆家谱中心、堂号为清白堂的麻城杨氏族谱是：(1) 杨树滋纂修《杨氏宗谱》(清白堂藏版，光绪十八年刊，上海图书馆家谱中心编号 1031059-1067)，原谱 10 卷，缺卷 2，存 9 册；(2) 杨昌益纂修《杨氏宗谱》(民国 14 年木活字本，上海图书馆家谱中心编号 1041695-1702)，不分卷，存 8 册。

② 杨恺丞、杨芝轩等编纂《杨氏宗谱》，民国 8 年刊，28 卷，28 册，藏耶稣基督后期圣徒教会家谱图书馆，https://www.familysearch.org/en/，编号 107474831-58，卷首。卷首页码并不连贯，每篇文章重编页码。

紫。其砥行立名之意，时形诸楮墨。宗孝廉龙光，曾读其文而壮之，谓麒麟必致千里。不幸殃连祸结，竟以忧患终。

先是，公父邑庠士，震嗣公，总理户政。族人有妹，适涂如松。不相能，私自逃归。族人阴匿复室中，反告官索妹，未遽得理，屡忿诉公家。公父辞以老，迄不动。乃恸哭流涕，激动族长者云："妹为如松虐死，索尸不得。告官不理，撞叩无门，此冤终何由白！"族长者愤之，相与助讼，且连名状已具矣，而又嫌皆齐民。于是日使老媪诟骂于公门，曰："立户长以卫族也。今族有此奇冤，且父子秀才而不出首，焉用户长为！"公父无奈，命公出名。族人由是呼号郡县，历控省垣，告官吏，发疑冢，如是者亦有年。

一日，过红石堰，有捕鱼人李某，手两枝指，闲谈案事。族人侦之，即牵入案内，拖累以死。逾年，族人妻产难，遍访稳（稳？）婆。有媪李，自陈能取胎。延至家，不知即捕鱼者母也。比坐蓐，烛忽灭，窘迫，有所需，族人妹不得已出助之。儿即下，左右手指各六。媪出，即率健儿直入毁壁，执以送官。

当是时，公方课徒于夫子河。有姻人奔告公曰："亲家阿侬女子固在也。"公即惊眩坠地，良久方苏。族长者亦皆如梦初觉，惊骇不知所为。而族人复狡猾，供于官曰皆知之，并诬公以主谋。一时差役四下，宗族之祸几至灭门。避姻家、窜幽谷、奔四川，不知凡几；被逮入城者亦不下数十人，而公独禁锢终身。

愚少时闻祖姑母云，辄为之太息泣下。稍长，读公寄家人书，并自著诗文集若干卷。见所言皆省身克己，日用伦常，至情至理，盖肫然笃实君子也。抑又闻之，当族人之嫁祸于诸族长者也，株连甚众，公即庭责之曰："尔既已诬陷我矣，犹欲连累多人耶！"遂独任咎。至今，免累者之子孙，犹垂泣感公义，即邻近父老、乡先生亦有能言其事者。而袁枚在数千里外，闻诸道涂，举族人所诬，著为实录，不亦冤乎！更为增饰利其色、冒为娟等语，禽兽不为之事，而以诬公，岂不大可痛哉！至于诬族人室为公室，诬族人妻为公妻，诬外来之李媪为邻姬，诬捕鱼之李某为仵作李荣，诬已死之媪子而使之持金诉县，诬公之课徒在外而曰手十金纳姬袖，诬李媪之执以送官而曰县令陈鼎毁墙得杨氏，大率捕风捉影，增凑以供文笔，而亦不自知其说之诬罔怪诞，一至于此。然愚尝即公之著述，以征诸父老之传闻，与夫乡先生之论说，而确见其文之足征者如此，献之足征者如此，巷议街谈足征者又莫不如此。后之君子，访闻考，考实录，平心而读之，折衷而论之，必有能得其实于天理、人情之至，而不容以他辞掩者。区区袁枚一人之私说，不过如微云点太空，随即散灭，其何伤于公。而公之为公，又似预有以自定而无俟后人之拟议者，公之诗曰："长唯信鸟因羁索，公岂疑兄竟荷戈。"又曰："问心虽不愧，虑患实多疏。"呜呼！尽之矣，尚何言！

咸丰四年八月十六日元孙守愚泣识。①

以上杨守愚《同范公传》，撰写于咸丰四年（1854），而民国 8 年《杨氏宗谱》创修于同治元年壬戌（1862），难怪二十年后、刊行于光绪八年（1882）的《麻城县志》能抄录并撮要之，民国《麻城县志前编》也从而移录。该文强调杨同范人格高尚，是淳谨君子，被杨氏哥哥蒙蔽在先、诬陷在后，杨氏行踪暴露后，杨同范又为避免其他族人受累，毅然承受罪责。杨守愚继而谴责袁枚把道听途说点窜成文，令杨同范长期被污名化，而杨氏案的真相也长期被扭曲。杨守愚《同范公传》比光绪《麻城县志》的提要本更详尽，自不待言，值得注意的有三点。第一，光绪《麻城县志》谓"渔者李，固枝指"，究竟是手指还是脚趾，并不清楚，而杨守愚《同范公传》写得很清楚："手两枝指。"第二，

① 杨守愚：《同范公传》，杨恺丞、杨芝轩等编纂《杨氏宗谱》卷首。

光绪《麻城县志》说杨同范坐牢八年，死于狱中，杨守愚《同范公传》则说杨同范被"禁锢终身"。第三，光绪《麻城县志》说杨同范著有《狱中诗草》，但杨守愚《同范公传》只说杨同范著有诗文集若干卷，并引述杨同范两首诗的个别诗句。

更值得注意的是，民国 8 年《杨氏宗谱》紧接杨守愚《同范公传》后收录的三篇文章。

第一篇文章是杨同范的《狱中俟命序》，相当于他的狱中宣言。他引述《孟子·尽心下》"君子行法，以俟命而已矣"的语句，宣告自己无辜含冤，唯有遵照儒家圣人教训，毅然承受患难。此序言下，有"表叔周屏凡"的评语，高度赞赏他谓"直与太史公千古心印"。①

第二篇文章是"丁卯举人侯天柱"为杨同范《狱中草》所写的序言。侯天柱中举于乾隆十二年丁卯（1747），② 杨同范大概从乾隆三年开始坐牢，但《狱中草》究竟刊行于何时，并不清楚。1747 年是侯天柱中举之年，后来编纂族谱者出于尊重，提示侯天柱中举年份而已，或者侯天柱一向以"丁卯举人"标榜，不能以"丁卯举人侯天柱"一句来假设此序写于丁卯。幸好侯天柱序言提示了更准确的撰写年份："岁丙辰（乾隆元年，1736），涂杨一案，远近骇闻……至今二十余年。"可见此序大概撰写于 18 世纪 50 年代。侯还提及"今杨子行年七十，两鬓霜斑"，足见杨同范至 18 世纪 50 年代仍然在世，只是监禁狱中，已经 70 多岁。为何侯天柱会为杨同范《狱中草》写序？原来"杨子嗣君有二，十年前负笈从余……昨携其父《狱中草》一集，问序于余……二子勉乎哉"。杨同范的两个儿子在十年前开始跟从侯天柱读书，某天把杨同范诗集《狱中草》呈上，请侯天柱题序。侯天柱认为杨同范是"彬彬文学士"，含冤受屈，称赞其诗作"忠厚悱恻""温厚和平"，以

---

① 杨同范：《狱中俟命序》，杨恺丞、杨芝轩等编纂《杨氏宗谱》卷首，第 1a 页。
② 余晋芳纂《麻城县志前编》卷 8 上，第 5b 页，《中国方志丛书·华中地方》第 357 号，总第 596 页。

"不遭奇厄，则奇事不传，不负奇冤，则奇才不出"来歌颂杨同范，并勉励杨同范的两个儿子"缵绪亢宗"，自强不息，振兴宗族。①

　　第三篇文章是杨正楷撰写于"咸丰十一年（1861）小阳月朔一日"的《书〈书麻城狱〉》。该文多用《易经》卦象反击袁枚《书麻城狱》，为"吾族曾祖同范公"申冤。杨正楷重申杨同范被杨氏兄长陷害的基本梗概，谴责袁枚只指出杨氏兄长诬陷涂姓，而不明白杨同范本人也被杨氏兄长诬陷；袁枚自以为用这篇文章来洗刷涂姓的冤屈，不明白这篇文章造成了杨同范的冤屈。这些褒贬毁誉之词以外，值得注意的是，杨正楷提及杨同范、杨五荣的后事：杨姓族人感激杨同范"独任其罪"，就"哀葬公及公祖母于琛祖茔"；对于杨五荣，则逐出宗族，"摒族人（杨五荣），不共祀，数世祀绝，嗣他支子"。杨同范一支，经此打击，家道衰落，但到了孙子一辈，开始中兴，杨同范曾孙、玄孙，都"蝉联鱼贯，乡国蜚声"。对本文而言，更值得注意的是杨正楷提及果报故事当时的流播情形：渔夫李某报复杨五荣，投胎到杨五荣夫人腹中，出生后仍带有渔夫李某生前的生理特征"枝指"。"枝指，志报也"，对此，"附近里巷口碑分明，不可磨灭"。也就是说，杨氏被抓获、重现人间之际，麻城县当地已经议论纷纷，认为是渔夫李某的亡魂报复杨五荣的结果，可见麻城县本地人并没有把杨五荣与杨同范混为一谈。不幸，袁枚"明不及远"，混淆了杨五荣与杨同范，令杨同范"覆盆莫揭于生前，谤书更蒙于身后"。②

结　语

　　关于杨氏失踪案所反映的麻城县地域社会等问题，值得另写一文。

---

①　侯天柱：《〈狱中草〉序》，杨恺丞、杨芝轩等编纂《杨氏宗谱》卷首，第 1a—2b 页。
②　杨正楷：《书〈书麻城狱〉》，杨恺丞、杨芝轩等编纂《杨氏宗谱》卷首，第 1a—3a 页，但第 2 页页码重复，所以全文总共 3 页半。

这里不妨简单做一小结：麻城杨氏失踪案，结案于乾隆二年，麻城县当时已经流传果报故事，认为这是亡魂报复的结果。后来有人在武昌编成《一线天》或《楚江清》，很可能成为袁枚《书麻城狱》中果报情节的资料来源。袁枚《书麻城狱》一文，文笔生动，刻画鲜明，成为麻城杨氏失踪案最广为人知的版本。在这个版本中，杨同范是歹角。但最迟从咸丰四年杨守愚撰写《同范公传》开始，杨同范后人开始反击，指出匿藏杨氏、诬告涂姓的罪魁祸首不是杨同范，而是杨氏哥哥（即杨五荣），杨同范本人是更惨痛的受害者，他先被杨五荣蒙蔽、后被杨五荣诬罪，再被袁枚《书麻城狱》污蔑。

目前存世的史料，并不足以证实或推翻杨同范后人的这个版本。对于本文来说，更值得深究的是这个案件从《自警录》《一线天》《书麻城狱》到《同范公传》的文本嬗变过程。这个文本嬗变过程反映出：对于清朝的大部分读者，袁枚《书麻城狱》是生动但对于自己并无切身利害的消闲读物，但在麻城县地域社会，袁枚《书麻城狱》的话语霸权则是部分"持份者"（例如杨同范后人）所必须反抗的对象，而他们的反抗方法，也同样是文本的编纂——编纂族谱。

被吟咏的地方记忆：从《南汇县竹枝词》看清末民初江南的水域社会[*]

佐藤仁史[**]

摘　要　竹枝词是地方文人歌颂地方风俗和景观时使用的诗歌形式，文学、民俗学方面的学者和方志工作者很早就注意到其重要性。因此，已有不少竹枝词资料集得到整理和刊行。尽管如此，在历史研究的领域，竹枝词主要用来佐证某种历史结论，很少被正面讨论其文本结构及其作为史料的价值。基于如此认识，本文以地方士人倪绳中的《南汇县竹枝词》为素材来考察地方社会的集体意识是怎样被表现在竹枝词这一类型的诗歌里。具体而言，不但考察作为士人的竹枝词作者在地方社会中的位置、他们与地方志类文献间的关系，而且把竹枝词置于清末民初江南这一具体的时间（清末民初）和空间（以南汇县为首的浦东沿海沙田地带这一"水域社会"）脉络中，来思考竹枝词中的地方历史和景观所呈现的地方记忆。关于前者，《南汇县竹枝词》所反映的是，要从乡土出发重建国家秩序这一清末民初的秩序意识。不过，在清末民初，作为乡土意识主体的科举知识分子社会地位有所变化，他们在新文化运动兴起的情况下面临被"边缘化"和"非主流化"的境况，强调乡土其实也是他们对抗这种潮流的一种策略。关于后者，正如团区和图区的对立局面一样，水域社会在开发过程中所实施的各种不同地方

---

　　*　本文得到日本学术振兴会科学研究费基盘研究 C（课题号码:20K01019）的资助。

　**　佐藤仁史，日本一桥大学大学院社会学研究科教授。

制度以及由此形成的区域差异，随着近代国家政权下渗开始被视为一种矛盾，并演变为国家与社会之间的对立。

关键词　江南　水域社会　地方文人　乡土意识　竹枝词　集体记忆　地方志

前　言

本文通过对竹枝词中地域开发、景观、地方典故等内容的分析，探讨清末民初江南沿海地带地方士人的集体记忆和地域意识具有的特征。

文学家和方志工作者很早就指出，地方文人喜欢以竹枝词的形式歌颂地方风俗、景观、典故，也有不少竹枝词资料集已经出版。① 然而，在历史学研究中，竹枝词只是作为旁证，很少有研究从正面讨论其作为文本所具有的结构和价值。对此，朱小田从社会史研究的跨学科角度高度评价了竹枝词的价值，他指出："竹枝词的风土本色恰好构成对传统史料的补充。"② 只要选择合适的方法和视角，竹枝词可以成为了解民间文化"实际情况"的史料。但更重要的是，竹枝词受到吟咏者，也就是士人的民间文化观、历史意识、地域意识的影响，因此其文本所蕴含的人群观念和地方意识也可以成为探讨的对象。③ 本文以士人倪绳中编撰的《南汇县竹枝词》④ 为具体素材，探讨地域脉络（水域社会）和

---

① 类似的资料集不胜枚举，关于本文所涉及的上海及其周边地区的竹枝词，参见顾炳权编《上海洋场竹枝词》，上海书店出版社，1996；顾炳权编《上海历代竹枝词》，上海书店出版社，2001；程洁《上海竹枝词研究》，上海社会科学院出版社，2014。

② 小田：《江南场景：社会史的跨学科对话》，上海人民出版社，2007，第 62—94 页。

③ 关于这一问题，笔者在《近代中国的乡土意识：清末民初江南的在地指导层と地域社会》（东京：研文出版，2013）第二部进行了分析。然而，由于分析主要偏重于"市镇模式"，所以还存在一定的局限性。

④ 本文在利用时，将顾炳权编《上海历代竹枝词》中收录的版本，与张志主编《中国风土志丛刊》第 45 册（广陵书社，2003）中收录的影印本进行了对照。

时代脉络（清末民初的记忆）给竹枝词内容带来的影响。

　　首先概观一下江南史的地域脉络。本文的分析对象江苏省南汇县，在清末属于松江府，是所谓的"江南"地区的一部分。① 竹枝词不是在这个大区域的地理范围中被使用，就是在歌颂县和市镇等具体地域时被作为旁证引用。然而，若想更动态地解读竹枝词，有必要吸收近年来取得巨大进展的地域史研究成果，并阐明与以往不同的江南的地方形象。以往的地域社会史研究多以陆上人为中心展开，近年来的研究则开始尝试从以水上人为主的水域社会的角度重新理解地域社会。特别是在探讨长江中下游区域和珠江下游区域的开发和秩序形成时，水域社会的视角是不可缺少的。② 就江南地区而言，有研究大胆推论近代江南的地域开发就是水上人上岸的过程。③ 特别是水上人和陆上人的各种关系，今后

---

① 从社会经济史的角度，对江南地区范围的界定，有"八府一州"之说［如李伯重《江南的早期工业化（1550—1850）（修订版）》，中国人民大学出版社，2010，第14—18页］和"五府一州"之说（〔日〕滨岛敦俊《总管信仰：明清江南社会と民间信仰》，东京：研文出版，2001，第6页），但从生态环境及其开发过程的不同等角度来进行分类也很重要。例如，海田能宏根据对泰国低平地的了解，按与水利的关系将地形划分为"泛滥原""凹地""平地""微高地"。参见〔日〕渡部忠世、樱井由躬雄编《中国江南的稻作文化：その学际的研究》，东京：日本放送出版协会，1984，第207—209页。

② 关于水边的开发以及在那里生成的秩序，广东的沙田地带一直备受关注。如谭棣华《清代珠江三角洲的沙田》，广东人民出版社，1993；刘志伟《在国家与社会之间：明清广东地区里甲赋役制度与乡村社会（增订版）》，北京师范大学出版社，2021。近年来，长江流域湖滨地区的情况逐渐被阐明，水域社会史研究进展迅速。如徐斌《制度、经济与社会：明清两湖渔业、渔民与水域社会》，科学出版社，2018；刘诗古《资源、产权与秩序：明清鄱阳湖区的渔课制度与水域社会》，社会科学文献出版社，2018。

③ 赵世瑜近年从水上居民的上岸这一点，对江南农村的秩序形成和文化形成展开讨论，并提出了富有启发性的问题。不过，在具有各种类型的水乡社会的江南，如何消化这一讨论，仍然是一个需要考虑的问题。参见赵世瑜《江南"低乡"究竟有何不同？——〈垂虹问俗〉序》，〔日〕佐藤仁史等：《垂虹问俗——田野中的近现代江南社会与文化》，广东人民出版社，2018；赵世瑜《新江南史：从离散社会到整合社会——以洞庭东山为中心》，《清华大学学报》2021年第2期；赵世瑜《猛将还乡：洞庭东山的新江南史》，社会科学文献出版社，2022。

有必要通过进一步的事例研究来深论。①

　　另外，关于江南地区的开发，17 世纪初分圩的完成被认为是一个重要的节点，② 但这一论断可能只适用以苏州府和嘉兴府为中心的地区。江南并非一个均质化的空间，内部充满了地域差异，③ 苏、嘉地区的开发节点并不能完全代表整个江南地区的历史节奏。如将视角拓宽，会发现江南不少地区的开发到近代依然在持续。例如，太平天国的进入导致很多土地荒废，太湖湖田的开发正是由大量招垦的河南移民推进的。④ 除此之外，延伸到长江沿岸和长江下游沿海的沙田地带，清末以后还在被陆续开发。⑤ 我们需要分析这些沙田地区的开发和秩序形成的实态，从而更全面地理解水域社会史。

　　接下来看地域的集体记忆被遗留和记录下来的时代脉络。在众多保留下来的竹枝词中，本文之所以着眼于《南汇县竹枝词》，是因为该诗集总共收录有 333 首竹枝词，从中可以窥见丰富的历史意识和地域意识。除此之外，竹枝词沿袭了地方志歌颂地方社会的传统，从中亦可看到清末民初的时代特性。地方志作为记述地方历史和保留地方记忆的形式，反映了地域秩序的部分面相。早有研究指出，在利用地方志时，研

---

① 关于太湖流域的内水渔民，参见太田出的一系列研究。〔日〕太田出、佐藤仁史编《太湖流域社会の历史学的研究：地方文献と现地调查からのアプローチ》，东京：汲古书院，2007。另外，关于太湖水上居民的研究，参见胡艳红《江南の水上居民：太湖渔民の信仰生活とその变容》，东京：风响社，2017。

② 〔日〕高村雅彦：《中国江南の都市とくらし：水のまちの环境形成》，东京：山川出版社，2000，第 28 页；〔日〕渡部忠世、樱井由躬雄编《中国江南の稻作文化：その学际的研究》，第 210—211 页。

③ 谢湜：《高乡与低乡：11—16 世纪太湖以东的区域结构变迁》，生活·读书·新知三联书店，2015。

④ 关于湖田的问题，参见徐伯符《太湖湖田之研究》，台北：成文出版社，1977；关于清末以来太湖流域的移民，参见周波《清末以来东太湖流域的人口流动与身份认同：以吴江菀平为例》（博士学位论文，中山大学，2017）；关于该地区的自治区域问题，游欢孙《清末民初江南县以下地方自治区域的划分：以吴江县为例》（《中国历史地理论丛》2015 年第 1 期）也有分析。

⑤ 朱福成、潘万程：《江苏沙田之研究　浙江沙田之研究》，台北：成文出版社，1977。

究者需要面对的一个重要问题是，方志编纂者如何处理众多关于地方的信息以及传承下来的记忆，其中哪些被选择，而哪些又没被选择。① 在分析《南汇县竹枝词》时，也要十分注意吟咏者是什么样的人物，"叙述的磁场"是什么，也就是为何要吟咏，以及读者是如何接受的。关于清末民初的地方志，我们也不能忽视相关时代背景，如政府为了培养爱国意识发布编纂乡土志的命令，教育界响应号召对此事的推动，等等。这些制度作为"地域叙述的磁场"起到了很重要的作用，而《南汇县竹枝词》编纂的背后也存在同样的磁场。

以下，第一节根据《南汇县竹枝词》这一具体的文本，概观竹枝词吟咏者的特征和对其进行鉴赏的读者群。第二节从与地方志和地方典故的关系，探讨作为地方集体记忆的竹枝词的性质。第三节根据海滨这一水域社会的特征，考察《南汇县竹枝词》歌颂内容背后的地域社会记忆。第四节从士人的精神气质（ethos），分析清末民初以模仿地方志的形式来歌颂地域社会这一举动所具有的意义。另外，为了方便起见，本文在引用竹枝词时，以【数字】的格式给竹枝词附加了号码，并直接引用。

一　竹枝词与士人

（一）竹枝词的作者

《南汇县竹枝词》的作者倪绳中（1845—1919），号斗楠，道光二十五年（1845）生于南汇县北庄村。② 由于史料的限制，很难追踪倪绳

---

① 山本英史指出，地方志（州县志）具有作为地方士人"同窗会"相册的性质。如果以此来思考的话，《南汇县竹枝词》中关于历代人物的诗歌为 105 首，实际上占据了其中的 1/3，这也可以反映与地方志相似的特征。参见〔日〕山本英史《中国の地方志と民众史》，神奈川大学中国语学科编《中国民众史への视座：新シノロジー・历史编》，东京：东方书店，1998。

② 瓦屑镇志编纂委员会编《瓦屑镇志》第 23 章 "人物" 第 1 节 "著名人物"，方志出版社，2004，第 372—373 页。

中青年时期的行迹。从光绪十五年（1889）被选为松江府学的恩贡生这一事实可以推测，从青年时期到中年时期他一直在备考科举。之后，倪绳中并没有为官，而是开设了学馆，热衷于教育。另外，从一些零碎的人物传可以得知，他从少年时期就善于作诗，中年以后致力于资料编纂和写作活动，并留下了《二十四史感言录》《读人谱》《浦乡小志》《经锄草堂诗赋稿》等著作。或许是因为熟悉南汇县的典故和地方文献，倪绳中在光绪初期编纂县志之时担任采访员一职，从事了五六年的实地调查和收集、校订各种地方文献的工作。① 《南汇县竹枝词》就是在这样的背景下，在民国时期被创作出来的。

在江南，具有恩贡头衔的士人数不胜数，倪绳中的经历并不显眼。另外，在考察他的竹枝词写作背景时，需要关注对他的诗歌有高度评价的乡土史家的观点。换句话说，不应该单独考察《南汇县竹枝词》的形成，而是需要从竹枝词作者的圈子及其与读者群的关系去思考。

从竹枝词作者圈子的角度看《南汇县竹枝词》，会发现一个有趣的现象，那就是在清末民初的浦东地区同时出现了多种竹枝词。正如倪绳中在《自序》中所述："南汇分上海县地，明顾侍郎或有上海竹枝词，近秦温毅公荣光亦有上海竹枝词。"② 《南汇县竹枝词》特别模仿了秦荣光的《上海县竹枝词》。从这里可以看出，文人圈子中存在希求叙述地方历史的源流。另外，与《南汇县竹枝词》同一时期出版的还有秦荣光长子秦锡田的作品。下面先看一下秦氏父子的作品。

1. 秦荣光编《上海县竹枝词》（1912 年铅印本）

秦荣光（1841—1904），是一位历经 30 多年的生员生活获得贡生资格的清末地方领袖。③ 秦荣光平素关注乡土典故，《上海县竹枝词》是

---

① 光绪《南汇县志》卷首《光绪南汇县志编修衔名》。
② 《自序》，倪绳中：《南汇县竹枝词》。
③ 《上海县续志》卷 13《人物·秦荣光》。关于秦荣光的活动，秦锡田的《显考温毅府君年谱》卷 1（1919 年排印本，京都大学人文科学研究所收藏）中有详细记载。

他模仿县志形式创作的，不过里面收录了不少县志中没有充分记载的典故。《上海县竹枝词》以上海全区域为对象，共收诗歌 532 首，其中还包括了关于陈行乡"遗闻轶事"的 80 首《陈行竹枝词》。①《陈行竹枝词》清楚地展现出，担任"镇董"的秦荣光作为地方知识分子的一面。

2. 秦锡田编《周浦塘棹歌》（秦锡田：《享帚录》卷 6，1930 年石印本所收）

这部是秦荣光长子秦锡田（1861—1940）的作品。秦锡田拥有举人资格，通过捐纳获得官职，担任内阁中书及湖北候选同知，在清末民初历任谘议局议员、县参事会参事员、省议会议员等职，是所谓的"乡绅"。《周浦塘棹歌》由 247 首诗歌组成，内容为陈行乡东西直到南汇县周浦镇的周浦塘沿岸地区的见闻，从内容来讲，称为《陈行乡志》或更合适。秦锡田表示，他在编纂时以"本敬梓恭桑之意，注重故乡巷街语街谈"② 为方针。创作时期与《南汇县竹枝词》大致相同，都在 1919 年前后，这样的一致并非偶然。③

以上提到的三种竹枝词，在各种竹枝词中比较具有代表性。但其实还有很多具有同样性质的作品存在，只不过这些作品最终以一些零碎的形式保留了下来而已。为了方便起见，以下将它们统称为"方志型竹枝词"。

（二）竹枝词的读者群

接下来让我们看看《南汇县竹枝词》的读者群。读者大致可以分为三类④：（1）阅读文章后，留下感想的读者；（2）无法确认是否阅读

① 根据秦荣光编《上海县竹枝词》的《秦温毅先生事略》，《陈行竹枝词》似乎是单独编排的。
② 《自序》，秦锡田编《周浦塘棹歌》。
③ 参见〔日〕佐藤仁史《近代中国の乡土意识》第 6 章。
④ 罗杰·夏蒂埃（Roger Chartier）指出：在欧美，印刷革命推动了读书共同体的出现。参见ロジェ・シャルチエ《书物の秩序》，长谷川辉夫译，东京：文化科学高等研究院出版局，1993。本文提到的江南地方社会的士人"读者共同体"，有着怎样的中国特征和清末时代性，也是值得进一步深入探讨的课题。

了文章，但从交际圈来看，很有可能是读者的人；（3）不能确认有没有阅读以及具体的交际圈，但从（1）和（2）关联判断，极有可能接触到竹枝词的人。幸好《南汇县竹枝词》附有 4 篇序文和 1 篇跋（见表 1），从中不仅可以了解到（1）的读者群与作者的关系，以及在他们眼中竹枝词所含有的价值，还可以得到关于读者群（2）和（3）的重要线索。

表 1 《南汇县竹枝词》的读者群

姓名	履历	与作者的关系	竹枝词	《海曲诗钞》	参与县志
周承燕		后学，同客海上	小传（1919 年冬仲）		√
刘式训	外交官，外务官僚		序文 1（1918 年初夏）		
黄炳奎	县议事会议长		序文 2（1917 年冬月）	√	√
黄报廷	岁贡生，县议事会议长	侄子	序文 2	√	√
叶寿祺	正明两等小学堂校长	后学	序文 3（1919 年 1 月）	√	√
倪鼎节		侄子	序文 4（1917 年 10 月）		
倪绳中	恩贡生	本人	正文	√	√
朱祥绂	优贡生，周浦市经董，江苏省议会议员	受业	跋（1919 年孟春上旬）		√

（1）可视为核心读者群，我们可以试着将这些序文按时序重新排列。序文 4 的作者倪鼎节是倪绳中的侄子。倪鼎节能成为第一个读者，应该是倪绳中完成作品后首先给家人看的缘故。同年冬天，黄炳奎写了序文 2。黄炳奎是地方精英，民国 2 年被选为南汇县县议事会的议长，其祖父是廪贡生，父亲是生员。另外，民国初年还担任了南汇县修志筹备处主任，也是作为集体记忆的地方志编纂的中心人物（后述）。[①] 序文中还有黄炳奎之子黄报廷（1870—1929）的文章。黄报廷是拥有岁

---

① 《南汇县续志》首卷《续修南汇县志题名》；《惠南镇志》第 28 章 "人物" 第 1 节 "文化及科技类人物"，方志出版社，2005，第 423 页。

贡生头衔的文人，擅长绘画。他继承了父亲在地方社会中的职务，1924年恢复地方自治时被选为县议事会议长，也是编纂《南汇县续志》的主导人物之一。① 序文 1 作者刘式训（1869—1929）是南汇县下沙镇人，清末民国时期的外交官，在执笔序文后赴北京，任大总统府顾问和外交委员会委员。② 收录刘式训的序文可能是为了给该书"镀金"，由同乡出身的中央政界人士作序是一种荣耀。1919 年寄来的序文 3 和跋分别出自叶寿祺和朱祥绂（1866—1923）之手。从收录了跋这一点可以推测，到倪绳中的晚年，《南汇县竹枝词》已经到了即将出版的阶段。关于叶寿祺的情况在后面会提及。朱祥绂被选为优贡生后，致力于引进近代学校教育制度，辛亥革命后历任周浦市经董、江苏省议会议员、修志局分纂等职。除此之外，他还参与教育、保卫、水利、慈善等多种地方公事，是清末民初典型的地方精英。③

　　思考（2）的一大线索是，黄炳奎在序文中所写的"发起续选《海曲诗钞》"。《海曲诗钞》（因为其突出到海里的形状而得名"海曲"）是将南汇县历代文人的诗歌编辑在一起，共有三集。其中与本文相关的是民国 7 年（1918）编辑的《海曲诗钞三集》。④ 编辑同人为庆祝其编辑工作结束而于民国 6 年举行了聚会，当时创作的诗、词、曲被辑录成《香光楼同人唱和诗》。这两部作品与《南汇县竹枝词》是同一时代的作品，均由黄协埙（1853—1924）负责编纂。前者收录了明清时期 361 位诗人的 2285 首诗，后者收录了 28 位参加聚会者（总共 31 人）的 65 首诗。负责前者收集工作的是黄报廷，参加后者编纂的则有叶寿祺、倪

① 《南汇县续志》首卷《续修南汇县志题名》；《惠南镇志》第 28 章"人物"第 1 节"文化及科技类人物"，第 423 页。

② 箱田惠子：《外交官的诞生：近代中国对外姿态的改变与驻外使馆》，青山治世、袁广泉译，《当代日本中国研究》2015 年第 1 期，第 186—196 页；石建国：《刘式训：上海广方言馆出身的新式外交官》，《世界知识》2010 年第 15 期，第 62—63 页。

③ 《南汇朱子灝先生讣告窆行述》，民国铅印本，上海图书馆古籍部藏。

④ 本文引用的《海曲诗钞三集》，收录于李天纲主编、浦东历代要籍选刊编纂委员会编《海曲诗钞》，复旦大学出版社，2018。

绳中。由此，将编纂《海曲诗钞》的文人圈子推断为《南汇县竹枝词》的阅读群体也没有太大问题。

关于这样的圈子，有一些颇有趣味的史料。例如，为纪念民国 15 年（1926）旧历三月初七日举行的"泮宫耆老恳亲会"而刊行的《泮宫话旧录》就是其中之一。该会是鉴于当时南汇县"秀才日少一日"的情况而举行，如同文中记载，"觞颂之余，复辱诸同人以诗文等觞祝"，[①]《泮宫话旧录》为我们提供了会议参加者的相关信息。县委陈镛（湖北省廪生）和南汇县教育局长徐守清（廪贡生）[②] 分别为会议的主席和副主席，上述黄报廷和其他老生员（顾忠宣等 7 人）作为耆老参会，另外虽然没有耆老资格（未满 60 岁）但有生员身份的 14 人（顾遂川、顾乃聪、傅学祖等），以及教育界的相关人士 9 人旁听会议。[③] 这些清末民初的读书人成为《南汇县竹枝词》的读者群也不是没有可能。[④]

关于（3），不胜枚举。前面列举的文人圈子的成员和地方志的信息提供者、读者都属于这一类型，可以说包含了不少地方精英。另外，（1）和（2）之间的师徒、同僚、朋友等各种关系也很重要。因此，可以将倪绳中的学馆弟子、叶寿祺在学堂的学生以及通过他们的脉络所涉及的人推测为读者群的外延。

二 地方的集体记忆及其根源

（一）地方志编纂

即便上文未对"方志型竹枝词"进行说明，但只要看到《南汇县

---

① 储学洙：《叙》，《泮宫话旧录》，民国铅印本，上海图书馆古籍部藏。
② 上海市南汇县教育局教育志办编《上海市南汇县教育志》第 18 章"人物传略"，上海古籍出版社，1993，第 185 页。
③ 《泮宫耆老恳亲会简章》，《泮宫话旧录》。
④ 例如，举办时若倪绳中在世也是有资格参加的，《南汇县竹枝词》发行时应该有很多这种类型的读者存在。

竹枝词》中记载的"所编按邑乘篇目"，[1] 就能了解到其编纂方法和内容与历代县志有着密切的关系。因此，若想阐明竹枝词里被吟咏的地方社会和地方集体记忆的特征，首先需要了解吟咏以及欣赏这些竹枝词的地方知识分子群体和地方志编纂的关系，在此基础上才能探讨地方志中的集体记忆与表现在竹枝词中的集体记忆的关系。在这里首先概述一下参与地方志编纂和竹枝词写作活动之间的关系。

先看一下倪绳中。正如他本人所说："次第悉本钦志、胡志、光绪县志，即缀本文，三志均班班可考，故不复赘。"[2]《南汇县竹枝词》是在三种清代的南汇县志基础上创作的。其中，当时身为生员（廪膳生）的倪绳中参与了光绪《南汇县志》的编纂，他作为采访员负责南汇县各地的采访和地方文献的收集整理。[3] 这些经验也直接反映在《南汇县竹枝词》之中。

值得注意的是，上述给《南汇县竹枝词》撰写序文的大部分人也参与了《南汇县续志》的编纂活动。[4] 黄炳奎于民国初年就任南汇县修志筹备处主任，主持筹备阶段；黄报廷则担任《南汇县续志》修志局主任一职。黄氏父子是民国初年南汇县地方志编纂的主导人物。此外，叶寿祺担任风俗志物产目的纂修员和采访员；朱祥绂担任周浦市采访员；周承燕担任横沔乡采访员。[5]

把话题切回到"方志型竹枝词"的作者身上。给《南汇县竹枝词》

---

① 叶寿祺：《序》，倪绳中：《南汇县竹枝词》。
② 《自序》，倪绳中：《南汇县竹枝词》。
③ 光绪《南汇县志》卷首《光绪南汇县志编修衔名》。另外，担任光绪县志总纂的是曾国藩幕僚、儒学家张文虎（1808—1885）。
④ 该书从民国12年（1923）开始编纂，民国18年（1929）出版，秦锡田担任主纂。
⑤ 思考县乡级的地方知识是如何反映（或为何没有反映）在县级地方志编纂中的，可以说是一个颇有意思的问题。关于这一点，正如倪绳中在《二区旧五团乡志》的序文中所说："（光绪县志）恒以图详团略为憾。"（《二区旧五团乡志》卷3《建设·县普济厂》）县志编纂的过程中团区的情况没有被反映在内。县志编纂中发生的地域间的力量关系，是由怎样的历史背景引起的，这也是一个值得探讨的课题。

带来巨大影响的《上海县竹枝词》的编者秦荣光也与地方志有着密切的联系。秦荣光自己并没有直接参与县志编纂，但著有《同治上海县志札记》8 卷和《光绪南汇县志札记》2 卷等，对地方志及其记载的地方典故的修订倾注了大量热情。① 《上海县竹枝词》也正是因为有了这样的积累才被创作出来。

另外，秦荣光的长子秦锡田也继承了家学，民国时期成为浦东地方志编纂的中心人物。在《南汇县续志》编纂中，他担任近似主编的总纂员一职，而且还兼任水利志、官司志的宦绩部分，艺文志、人物志的统传和寓游部分，以及风俗志的风俗部分的纂修员和采访员，并非"装饰"性的主编，而是参与了实际的采访、写作、编辑工作。秦锡田虽然是上海县人，但多年一直作为乡绅在浦东地区的陈行乡展开活动，如他所述："余家陈行，而亲戚交游多在周浦，来往既繁，见闻尤稔。"② 他与南汇县周浦镇的关系十分密切，熟悉该地区典故，这大概也是他能成为《南汇县续志》主编的原因。

（二）地方典故的撰述

地域社会集体记忆的重要来源是那些参与地方志编纂的地方文人和与他们相连的文人圈子在日常文化活动中收集的地方典故。据笔者管见，倪绳中的作品《二十四史感言录》、《读人谱》、《浦乡小志》和《经锄草堂诗赋稿》只在人物传记中有提及，无法在图书馆目录、艺文志等资料中找到，因此可以认为这些只是在文人圈子内披露的草稿，实际上并没有刊行。③ 但从《浦乡小志》的名字可以看出，这是类似乡镇志的内容，可以推测里面也记录了地方典故。另外，如《经锄草堂诗

---

① 《同治上海县志札记》8 卷，光绪二十八年作为铅印本发行，可在图书馆阅览。根据上海师范大学图书馆编《上海方志资料考录》（上海书店，1987，第 516 页），《光绪南汇县志札记》第 2 卷的原稿收藏在湖南省图书馆。

② 《自序》，秦锡田：《周浦塘棹歌》。

③ 《瓦屑镇志》第 23 章 "人物" 第 1 节 "著名人物"，第 372—373 页。

赋稿》，从其题目推测，文人圈子的诗作活动往往基于地方典故的收集与撰述，这些典故直接或间接地成为诗作的素材。

《南汇县竹枝词》引用的主要地方文献之一，就是宣统三年（1911）出版的黄报廷《南沙杂识》。在序文中，作者交代了该文献的编辑背景：

> 余不敏，少习举业，未壮授徒。二十年来，为人作嫁。既非壹志读书，又不出门游历。间学书画，曾未窥见藩篱，良可愧已。迩自屏迹乡村，耕钓之外，借笔墨遣兴。所幸白头老父，起居无恙，时于竹阴松下，罗缕梓乡轶事，以博堂上欢。遂乃追溯往昔，及夫耳闻目击，确有根据者，随笔录之。至宣统三年八月止，名《南沙杂识》。唐李肇所谓书其纪事实、辨疑惑、益劝戒、关风俗、助谈笑者，其间年代先后，稍次第焉。惟是井蛙瓮鸡，迄无广见。以吾一邑之中，所识犹病罣漏，故不他及，非敢附冯氏《云间遗事》《松事杂录》之类。亦聊资蠹粮云尔。①

抛开这篇序文中谦逊的笔调，能看出地方逸事收集一事所蕴含的意义。第一，反映未为官的科举士子与地方文化之间的关系。黄报廷虽然没能为官，但具有贡生资格，民国初年担任县议事会议长，并从事搜集、刊印地方逸闻的工作，他的经历代表了不少科举知识分子的特性。第二，明确地表现出记录地方的事实以及采集风俗实情是地方士人所具有的精神气质（后述）。第三，作者提及李肇、冯金伯，充分表明地方逸事、典故采集这一行为方式的继承性。

值得注意的是，文中所提《云间遗事》《松事杂录》的内容虽然无法确认，但冯金伯是《海曲诗钞》首集和第二集的编者，这一点也表明了地方文献是如何被士人群体收集和保存的。如上所述，《海曲诗钞

---

① 《序》，黄报廷：《南沙杂识》，宣统三年铅印本，上海图书馆古籍部藏。

三集》于民国 7 年刊行。黄报廷在给编者黄协埙的信中写道："我邑自嘉庆初元墨香冯氏选刊《海曲诗钞》后，阅百余载无踵行者。中更丧乱，向之觥觥大集，半化劫灰；即仅有存者，或子孙不善保持，渐至尘封蠹食。续选之举，子其毋辞，仆当任搜采之役。"① 地方文人的手稿都是由子孙保管的，但其大多在 19 世纪的大动乱中遗失。从"岁甲寅，邑设筹备修志，处公举顾旬侯师与家大人主其任。采访诸君有以邑诗人手稿相投者"② 这一段话可以看出，意识到这种情况严重后果的是担负采访任务的文人们。当然，与其说这些活动是个人单独的尝试，不如说是这些作者文人圈子的群体实践。

以上提到的各种文献在清末民初陆续出版，这应该与铅印技术的普及有关。南汇县特别是沿海地区在江南中属于较晚开发的区域，但伴随着上海开港以及城市化的急速发展，也受到现代出版业的影响，地方文献的编辑和刊行拥有了诸多便利。③ 在以往的研究中，关于该时期的出版业主要关注的是报纸和杂志等，但在这里值得注意的是，在清末以后知识界的主导权逐渐转移到趋新知识分子手中的过程中，为了对抗这种情况，一些科举士子开始大量刊行看似属于旧学流派的地方文献，以此彰显自己的价值和合法性。④ 近代的因素与前近代的因素密切相连，科举知识分子的地域意识和时代意识就是在这样的状况下被表述出来，其

---

① 黄协埙：《海曲诗钞三集序》，李天纲主编、浦东历代要籍选刊编纂委员会编《海曲诗钞》，第 517 页。

② 黄报廷：《海曲诗钞三集序》，李天纲主编、浦东历代要籍选刊编纂委员会编《海曲诗钞》，第 519 页。

③ 关于上海新闻媒体的概况，参见马光仁主编《上海新闻史（1850—1949）（修订版）》，复旦大学出版社，2014。另外，关于波及上海周边地区的地方报刊，可以参见佐藤仁史《从地方报看江南市镇社会在 1920 年代的嬗变：以新南社的活动为中心》，连玲玲编《万象小报：近代中国城市的文化、社会与政治》，台北：中研院近代史研究所，2013，第 307—408 页。

④ 参见王汎森《思想是生活的一种方式：中国近代思想史的再思考》，台北：联经出版事业公司，2019，第 39 页；张仲民《种瓜得豆：清末民初的阅读文化与接受政治》，社会科学文献出版社，2016。

中一个例子就是《海曲诗钞》编者黄协埙的经历，他既长期在上海担任《申报》编辑，①又与浦东文人圈子保持密切的关系。②我们也应在这样的脉络中考察《南汇县竹枝词》的校订、刊行。

三　竹枝词吟咏的水域社会的记忆

虽然《南汇县竹枝词》模仿秦荣光的《上海县竹枝词》，按照历代县志的体例编纂，但细看的话还是可以发现有以下几点与地方志叙述法不同。其一，有很多关于各种各样的"川港"（即贯通的水路）的记述（38首，见表2）。这些关于水利的记述与水域的开发史有密切的关系，凸显了南汇县作为水域社会的特征。其二，有较多关于财政的记述（34首）。财政是国家与地域社会联系的纽带，这些记述反映了国家通过制度掌控地域社会及其开发。其三，对地方叛乱的偏重。属于这一分类的有倭乱（7首）、红巾（2首）、粤寇（5首）等共计14首，但考虑到《南汇县竹枝词》所涉及的时段和编纂时间，倭寇的记录显得特别多。换句话说，作为地方集体记忆的倭寇记忆有着极强的冲击性。本节着眼于竹枝词中的以上三点内容，探讨在清末民初的江南这一时空脉络中，以南汇县为主的浦东沿海沙田地带这一"水域社会"的开发和景观变迁的历史是如何被吟咏的。

表2　《南汇县竹枝词》的分类

疆域	1—6（6）	杂税	97—98（2）	明人	149—179（31）
岁时	7—32（26）	积谷	99—104（6）	清时人	180—241（62）
浦东沿港、横港	33—45（13）	学宫、学校，附义塾	105—114（10）	古迹	242—263（22）

① 《海曲诗钞整理说明》，李天纲主编、浦东历代要籍选刊编纂委员会编《海曲诗钞》，第1—2页。
② 以其在浦东的人脉来说，浦东同乡会的存在也是不可忽视的。浦东地区虽然属于未开发地带，但由于离上海县中心很近，在社会流动和信息传递方面受到了独特的影响。

续表

浦东纵港	46—53（8）	祀庙	115—121（7）	杂事	264—282（19）
浦东诸灶港	54—70（17）	兵防	122—129（8）	风俗	283—300（18）
漕赋	71—81（11）	倭乱	130—136（7）	物产	301—313（13）
地丁灶课	82—88（7）	红巾	137—138（2）	方外	314—320（7）
芦课	89—91（3）	粤寇	139—143（5）	其他	321—333（13）
屯田	92—96（5）	宋元人	144—148（5）		

注：为方便起见，笔者加上了标题。数字是笔者为了方便而添加的顺序号码，（）内表示总计。"方外"以下的 13 首没有标题，权宜地归为"其他"。

（一）海滨的开发及其群体

1. 海滨的开发史

特别能代表南汇海滨开发历史的是关于水利设施的 38 首竹枝词。这些竹枝词叙述了海塘和港口的建设史，也意识到地方的历史与生态环境息息相关。

【33】汇水奔腾嘴角过，派分南北两江多。风潮来自山抬候，风雨多先大海唑。

【6】全境地方四千里，衮斜水陆各平开。界分渔产兼农产，美利东南实大哉。

位于海滨地带的南汇县，内部生态环境存在很大差异。像嘴一样的南汇县的地形，是南北不同方向河流所造成的。县内东西部有很大差异：西部即沿海地区，以渔业为主；东部即内陆地区，以农业为主；两者呈现出鲜明的对比。

与人物传中叙述士人的篇幅相比，关于构成海滨社会各种群体的叙述寥寥无几。若想了解这一点，只能借助散布在《南汇县竹枝词》中的零碎信息。例如，关于被认为是海滨社会最具代表性群体——渔民，有如下记述：

【296】海滨渔利极相宜，张网随潮满载时。最喜春天雷雨过，篝灯黑夜抢蝤蛑。

在江南其他地域一般都是内水的渔民，而这里所歌颂的是在海里捕鱼的渔民。

在海滨水利工程的建设中，形成了各种利益群体，也由此建构了一套独特的秩序。尤具代表性的是海塘的开垦和建设，接下来看一下与此相关的竹枝词。

【36】乾隆三载筑圩塘，为有咸潮侵没伤。丈半高填一丈阔，团分五九里能详。

【37】王公塘最好堤防，光绪年间创自彭。一万八千四百丈，泥城南筑至撑塘。

【38】光绪还当卅一年，飓风八月势滔天。李公塘筑七十里，三万六千千费钱。

关于清代江南海塘的建设过程，王大学的著作有所论述。他从环境史角度，厘清了王朝国家与地方政府、地方精英阶层的协作体制，以及利用"以工代赈"的方式动员民众等情况。[①] 在考察海塘建设过程时，有必要进一步深入分析的是，向海塘东侧扩张的开垦过程（作为指标建造圩田）、推进开垦的移民群体以及移民社会的生产关系等情况。

海塘内部川港的性质，在于是否和在海岸线扩张之前进行盐业生产的盐灶有关。从"浦东诸灶港"部分中提及的河流几乎都使用了"灶"

---

① 王大学：《明清"江南海塘"的建设与环境》，上海人民出版社，2008。

这个字来看，原本提供盐业所需海水的浅水道（沟槽），在盐业衰退和农业兴起的变化中成为交通要道和灌溉水源。[①] 相反，"浦东沿港、横港""浦东纵港"在南宋建立里护塘时就已经是农业区，属于黄浦江水系的地域成了主要开发对象。

2. 海滨的群体

《南汇县竹枝词》中的描述可以追溯到明代，也就是户口制度更新以及在海滨地带设置灶户的时期。由于这个时期海岸线不断东进，盐业生产停止，所以开发这些沙地的是新来的移民。这样的开垦给后来围绕土地所有权产生的严重冲突埋下了隐患。

> 【298】海滩涨地阔无际，利薮相争无尽期。老荡户连新荡户，控京控省打官私。

关于南汇县老荡户和新荡户的争执，在清末发生了围绕善堂所有地归属权的总佃和小佃之间的纠纷，[②] 这应该是倪绳中和周边的士人们共有的深刻记忆。在民国时期编纂的《南汇县续志》和拥有普济堂公产的五团乡的乡志中，也有不少篇幅记载了土地纠纷的经过，[③] 这说明了这一事件的影响力之大。

然而，由于竹枝词这一文艺形态的特征，即使附加了说明也不会提供很多信息。另外，由于《南汇县竹枝词》模仿县志的体裁，均衡地记述全县情形，因此很难掌握海滨沙田地区的扩张及开发移民的情况。幸运的是，近年整理出版的南汇县知县李超琼的日记中留下了关于沙田地区移民的具体描述。李超琼于光绪三十一年（1905）七月上任南汇

---

① 上海市南汇县志编纂委员会编《上海市南汇县志》第 11 篇《水利》，上海人民出版社，1990，第 230 页。
② 《南汇县续志》卷 3《建置志·义举》。
③ 《二区旧五团乡志》卷 3《建设·县普济厂》。

知县，同年八月初与当地的董事们一起应对巨大台风引起的水灾和灾民的救济。以下的日记内容记载了八月初三日台风引发的水灾情况，以及当地绅士对此采取的善举：

> 闻三、四团地方于昨夜更深风狂雨骤，海潮上溢老塘之外，新塘内棚居沙民一时走避不及，被淹毙至二百数十人之多，惨矣！微吾不德，何以至此？扪心自咎，实难自安。比归，召胥吏访之，则三团地甲至，所言亦同。亟招陈董望三来，商所以抚恤、棺敛之方，先命购制百数十具载往，即夕派人驰往查明，一面先行电禀各宪。①

从对溺水者棺材的筹措和对受灾者的迅速救济可以看出对水灾的救济已制度化。

那么，在这里受灾的沙民（沙田地带的居民）是什么样的群体呢？前往受灾地巡视的李超琼八月初六日到达三团乡，得到了以下信息：

> 向有居民数十家依新圩塘脚为一小聚，类皆草席芦棚，中亦有瓦屋且仿洋式者数椽。而于初三夜为海潮冲毁圩塘之后，水皆压屋而下，故倾圮漂散，比目皆是。惟瓦屋尚存，而墙壁亦颓败不堪。此塘以外一片汪洋，细审之，则固棉田也。询知，其间为沙民所筑之，以圩围甚多，现已皆没于水。其人来自崇明小沙者十居八九（闻小沙上年全塌入海故）。②

从中可以得知：沙民是从崇明县而来；在海塘的外侧建构了圩围，并在那里经营棉田；虽然很多移民是棚民，但其中经营成功的人居住在

---

① 苏州工业园区档案管理中心编《李超琼日记》（光绪三十一年八月初四日），古吴轩出版社，2017，第472—473页。
② 《李超琼日记》（光绪三十一年八月初六日），第473—474页。

瓦房里，移民社会中也产生了阶层分化。[①] 另外，上文引用的【37】中，光绪年间投入私人财产为海塘建筑做出贡献的彭以藩也是崇明县的。[②] 综合以上几点可以推测，当时已经形成了从南汇县到沙地的移居路线，同时对这些土地的投资也在进行。

（二）滨海社会与制度

1. 地域和财政

由于《南汇县竹枝词》是模仿县志篇目编排，因此漕赋等与财政有关的内容被编入第 71 首至第 104 首竹枝词。不过，如果考虑到其内容并不是完全模仿，也有诗人自己的取舍标准，那么这 34 首也可视为其自我主张的表达。

"漕赋"部分反映了雍正四年（1726）上海县分置南汇县和嘉庆十五年（1810）南汇县分置川沙厅时的人丁分配情况，以及同治年间和光绪三十四年（1908）的户口调查中南汇县所属的户口数，并对纳税土地与行政区划的变迁进行了说明。

> 【74】雍四年分上海区，南沙一百六六图。征粮准熟田多少，七千三十四顷余。

到清代后期，南汇县田赋征收中与漕运有关的各类陋规征收压迫着人们，以致在周浦镇引发了恶性事件。

---

① 关于清代的移民，向四川等内陆山区的移民以及清末向东北的移民，这两大移民潮流受到关注，并已有研究阐明了移民社会中的各群体与自治的关系（〔日〕山田贤：《移住民的秩序：清代四川地域社会史研究》，名古屋大学出版会，1995）。然而，太平天国运动后作为未开发地带的江南水域社会与各种群体集团之间的关系，还没有被充分阐明。

② 《上海市南汇县志》第 11 篇《水利》，第 230—233 页。

【78】道咸漕弊竟纷歧，加斛淋尖怨恨滋。折价九千九百九，官绅生监吃漕规。

【79】闹漕四处势汹汹，周浦仓场一炬中。从此罢他河海运，只收银两米粮空。

【80】督曾抚李战功成，复减苏松太赋轻。髓吸骨敲词痛切，平均一疏奏详明。

最能凸显水域社会特征的是灶课和芦课。先看一下灶课的变迁。后来位于海滨地带的南汇县，自元代起设立盐场，明初由驻杭州的都转运盐使管辖的松江分司设置在下沙场，下沙场管辖沿海南北并列设置的九个团。

【84】计丁受荡十八亩，灶荡当时尚不明。倭乱逃亡诸灶户，丁银都向荡田征。

【85】一场盐灶康熙代，二百分明廿四全。从此雍乾嘉递减，道光中叶竟停煎。

【88】灶课年来实额征，几多银两报分明。九千一百四两四，知道盐司记算清。

然而，正如前文关于水利的竹枝词所述，由于被长江冲走的土砂和海流的影响，浦东海滨冲积面积不断扩展，海岸线逐渐东进，因此这些盐场不再产盐，"道光中叶竟停煎"。从其他史料可知，该地带以生产棉花作为替代。竹枝词里也清楚地记载了这些团区的赋税作为"灶课"在运盐司系统的征收范围之内，并且这些课税金额得到了上下共同的认可。

南汇芦课的起源是，顺治年间没收了原先赐给明朝功勋家臣的芦洲，归知县管辖，遂开始丈量课税。

【90】雍正四年分县治，漕田芦荡勘明明。一千一百七十两，征课编银芦政成。

【91】乾隆嘉庆历年频，五次量田丈见真。一万四千九百亩，一千四十一两银。

除了南汇县的课税项目产生了相当大的内部差异之外，土地课税也往往在应然和实然之间产生背离。这样的情况在其他县的征税中也存在，但南汇县更为复杂，因为其存在两套征税系统，即管理盐政的都转运盐使系统和知县的民政系统。

从下面这一首竹枝词可以看出，地方知识分子也明显地意识到，环境条件、开发过程、生计方式的不同，以及施加的各种制度的不同，导致在同一县内也产生了相当大的地域之间的差异。

【283】大海东环沿壮健，上洋西接习浮华。一从小县分风俗，能武能文得半差。

因地势的关系，黄浦江的水流没有到达沿海地域，官员和富商很少到访，这也导致了城市文化影响不彰，所以沿海地区始终是"俗尚农织，风多俭勤，犹近于古"的状况。"团中尚武健，图中尚文华"这一不同区域的特点，在这首词的注释中也被指出。武即崇尚劳动、强力的地区，文即有卓越、华丽的城市文化地区，两者形成了鲜明的对比。

2. 团图问题

风俗中出现的团图问题是导致地方精英阶层就救济经费和教育经费等问题产生意见分歧的深层因素。以下两段史料描述了这一内容。首先，关于救济经费，可以前文提到的光绪三十一年（1905）八月的水灾为例。为应对灾情，南汇县知县李超琼与团区董事发生了如下对话：

　　午后，七团董事周国平字锦帆者来见。言其地滨近川沙，初三之夜，川沙塘身冲决一里有奇，水势奔灌及七团之境，淹毙人口约将近百，其逃出者亦多失所。周董家中已收集三十余人，给之以食，暂可苟安，仍求设法抚恤。亦立派人前往，如三、四团办法。惟地距城逾四十里，运棺不易，面嘱其就川沙采买，以期省便。周欣然允诺。①

　　针对水灾受害者的救济措施和对溺毙者施棺等应对得非常迅速，这可以认为是董事层救济制度化的结果。关于更长期的救济费用，也有意见要求借用积谷的利息来支付。但积谷仓董事潘树百表示："其意以团积无多款，皆图积不欲借用。"对此李超琼表示惊叹："知救灾恤邻之义，不宜分畛域，况其在同县乎？"这主要是因为图区的绅士对用图区的积谷款来救济团区之事态度极为消极。②

　　除了水灾发生后的灾民救济，在因水灾造成两个海塘溃决而出现的圩塘建筑费用负担上也出现了同样的图团问题。知县李超琼九月十八日日记记载了相关内容。

　　日间，绅董来见者络绎，皆以筑圩塘故。

　　及暮，会集于积谷仓厅者将二十人。复往莅视，所议虽各具节略，终不免互执畛域之见，以团中工役不能派累各图为言。其稍知大义者，始以图助团筑圩，团亦应助图浚河云云，并以随粮带征，团应多派，欲分三等、四等者。晓以此皆第二义，要左先定此举之应否承认，以可否一言而决，可则以公牍来，将为上详借款开办，

---

① 《李超琼日记》（光绪三十一年八月初五日），第 473 页。
② 《李超琼日记》（光绪三十一年八月十九日），第 477 页。【103】的注释中，在积谷仓常备的大米中，明确地把图所购买部分和团所购买部分分开记述，这也是图、团权益意识的表现。从征信录中也可以看出，积谷仓的经费在图和团之间有明显区别的习惯。参见《南汇图团积谷第九次简明征信录》，民国 4 年铅印本，上海图书馆古籍部藏。

办成始分年带征归还，则孰轻孰重，孰缓孰急，不难，随后再议
也。诸人既诺，乃归。①

以上内容表明，将筑圩视为地方事务的团区绅董和将浚河视为地方
事务的图区绅董之间存在各自的地域利害。从民国时期刊行的《南汇
县教育会月刊》的相关报道中可以看出，这样的地域对立和隔阂即使
在清末民初的地方自治时期，也普遍存在于学校创办、运营费用的负担
分配上。②

了解了以上图团问题原委后，阅读《南汇县竹枝词》的财政和其
他相关部分时，可以发现就连看似琐碎、枯燥的数字，对当事人来说也
是具有重大意义的。数字背后存在的地方财政传统和由此衍生出来的现
实利害关系，成为形塑士人地域意识的要素之一。从超越地域利害的公
平性的观点来看，这些地域差异需要被消除，不过因地方既得利益群体
的抵制却长期存在。③

（三）兵乱的心理创伤

水域社会的竹枝词，特别是作为海滨社会的集体记忆，其中一个特
征是有不少关于海边的兵乱和防卫的诗歌，在全部 333 首中，相关的有
22 首（兵防、倭乱、红巾、粤寇）。在考察这一问题时，第一首兵防的
诗歌就很有代表性。

【122】倭寇前明扰海疆，迢迢南北备兵防。墩分十一团分九，
守望相连老护塘。

---

① 《李超琼日记》（光绪三十一年九月十八日），第 481—482 页。
② 徐守清：《团图意见为教育前途之障碍》，《南汇县教育会月刊》第 3 期，1915 年，第
3—5 页。
③ 关于这个问题，在傅恭弼撰《清丈灶地芦课草息请免补价改征清理费案》（民国 19 年铅
印本，上海图书馆古籍部藏）收录的公文中也有体现。

这首表达的是：将嘉靖年间应对倭寇之害实施的对策，视为当时尚属上海县的南汇及其周边地区的海防策略的起源，并且还是一个"与现在直接连接"的历史。作为对抗倭寇的对策，六团的乔镗（1508—1557）组织了团练，并建议在老护塘的外侧围上壕沟，从而防止了倭寇的入侵。①

"兵防"部分中，除这首之外，还有很多首反映清初至民初相关制度变迁的诗歌。从顺治四年（1647）南汇堡的体制变迁开始（【123】），到乾隆三十八年（1773）命令都司和守备派驻在县城，于是有了"汇头洋面都兼管辖，直至崇明淡水洋"的局面（【124】）。同治七年（1868），对南汇营外海水师进行改编，配备了专业的舰艇，开始管辖外海的广阔范围（【125】）。到民国时期，水师被重组为海军，地方设置了水巡警，将军事和治安维持的管辖进行分割，南汇县巡警的管辖区域被划分为十区（【128】）。

从下面一首可以看出，针对上述官方推进的海防举措，民间也实施了相应的措施。

　　【129】海防失事实何堪，若辈捞洋虎视眈。一自保商公所设，红灯黄帜耀东南。

据《南沙杂识》，南汇县沿海地域有一片连续的浅滩，在附近航行的船舶触礁后经常被匪徒袭击。② 对此，光绪三十四年（1908），县内的绅士们设立了保商公所，让弁勇驻扎在那里维持治安，同时升起黄色的旗帜和点上夜灯，以确保船舶安全航行。③ 从这里可以看出，清末民初与航行安全相关的保障，在地方上也已经制度化了。

---

① 乾隆《上海县志》卷10《人物·独行》。
② 《保商公所》，黄报廷：《南沙杂识》。
③ 《附保商公所》，《南汇县续志》卷9《兵防志·商团》。

接下来，看一下遭受倭寇侵扰作为南汇集体记忆是如何被叙述的。

【130】嘉靖倭奴来鬼国，导他入寇有徽人。李官父子真忠勇，斩级歼酋也殉身。

这里描述的是，南汇在嘉靖三十六年（1557）落入倭寇之手，哨官李氏父子奋力抵抗，最终双双殉职。其中还指出，引导后期倭寇来袭的是安徽省的海盗。

【131】刘本元防北五灶，镇民陈宝率兵攻。遥知连笔华桥路，系臂铜枪血溅红。

这一首，讲述了松江府通判刘本元等人在连笔华桥迎击倭寇、镇上居民陈宝战死的惨状，还描摹了倭寇带来的铜制火绳枪造成了很多人牺牲的血腥场面。

【132】夜半登陴拔箭忙，贼呼直应李三郎。报仇君父在此举，城存与存亡亦亡。

这首吟咏的是，一伙倭寇在袭击南汇的城楼时，一个名叫李黍的年轻人为了替父报仇而奋战，连日击退倭寇，"李三郎"这个名字在倭寇中轰动的逸闻。这样的逸闻只有实际参加当时攻防战的人才能得知，这也反映了记忆传承的情况。

【135】总督胡公总兵威，大兵合击贼巢倾。小林僧与朱夫丐，诡计阴谋不足评。

　　这里歌颂的是，总督胡宗宪在嘉靖三十五年（1556）到三十六年对倭寇头目展开歼灭战的情形。有趣的是，在《倭变志》中提到的勇敢奋战的少林僧和在《倭寇志略》中记载的松江知府派遣朱夫乞丐毒杀倭寇的逸闻，被定为是"不足评"的。与这些毫无根据的逸闻相比，地方领导阶层的功绩才被认为是值得称赞的。

　　【134】崛起海疆三太学，盐丁团练中机宜。筑塘开港九十里，堕水焚巢贼势衰。

　　与关于倭寇的诗歌相比，关于"粤寇"即太平军进攻的只有 5 首，其中 1 首还是关于辛亥革命的，所以实际是 4 首。【139】【140】描述了咸丰十一年十二月十八、十九两日，奉贤、南汇、川沙各城被攻陷，"遍地长毛窜海塘"，之后因年底下大雪太平军停止行动，居民们由于害怕被称为"打先锋"的方式掠夺，所以趁机逃跑的场面。这里也有效地利用谚语，反映了真实的情景。对于太平军的进攻给地域社会带来的创伤，梅尔清（Tobie Meyer-Fong）进行了详细的探讨，有很大的参考价值。[①] 但就浦东地区而言，由于清朝在短时间内恢复了秩序，所以该地区与南京—苏州之间的惨状有很大的不同。与之相比，倭患虽然是更久远的事情，但在《南汇县竹枝词》中篇幅更多，说明倭患给地域社会带来的心理创伤是更深的（至少倪绳中是这样认为的）。

　　那么，《南汇县竹枝词》中关于兵乱的描写与历史教科书中的叙述相比，有什么不同呢？在此，与陈罗孙《通州历史教科书》中关于倭寇和太平天国的叙述进行比较。[②]《通州历史教科书》共 40 课，按发展

①　Tobie Meyer-Fong, *What Remains*: *Coming to Terms with Civil War in 19th Century China*, Stanford: Stanford University Press, 2013, pp. 187-190.

②　陈罗孙：《通州历史教科书》，1907 年铅印本，上海图书馆藏。关于《通州历史教科书》的记述中反映的通俗社会进化论，参见〔日〕佐藤仁史《近代中国の乡土意识》第 5 章。

阶段分为太古纪、中古纪、近古纪、近世纪等，分别讲的是从陆地出现到文明产生，从春秋时期到明末，从明末到太平天国，从《南京条约》签订到清末新政的各个时期。其中，以"人类进化"的观点在历史中寻找意义时，特别强调的是占据八课分量的中古纪中的"倭患"部分。关于倭寇造成的损失和通州社会的反应，分为五课进行叙述，并总结说："吾通迭经倭患。一时虽不无恐怖，自过去观之，未始非增进人智之具。历史上固有外族侵略，适为输灌文明之媒介者。吾通于倭亦然。"这里所指的"文明"是，基于种族情感的团结和对乡土的"公共观念"、"爱群"情感、"尚武精神"等清末所要求的资质。① 在这里，乡土的历史从乡土内部发现战胜"天演竞争"的资质。相反，在《南汇县竹枝词》中，整体来看，倭寇给地方社会带来的影响，即作为集体心理创伤的倭患虽然很突出，但也只是客观地记录事实而已，两者之间形成了鲜明的对比。此种差异，需要从倪绳中和他所属的科举型知识分子圈子对地域社会所抱有的精神气质中去理解。

四　从竹枝词看清末民初士人的精神气质

在一首竹枝词中，作者"活"在其中，其内容深刻地反映了作者自身可以观察、感知的时代氛围。因此在解读这些诗歌时，需要充分注意作者的意图和吟诵背后存在的"叙述的磁场"，即在竹枝词中歌颂的地方历史和记忆是如何被阅读和评价的；围绕这一作品，士人阶层创造、强化（或忘却）了什么样的集体记忆。以下，以序和跋为线索，探讨在清末民初这个时代脉络中，读者群体在《南汇县竹枝词》中发现了什么价值。

---

① 陈罗孙：《通州历史教科书》第 28 课《结点》。

（一）引导风俗

在序中，大家异口同声地说，竹枝词不能堕落为只是一种单纯的娱乐和消遣，"岂徒供人为茶余酒后之一助哉？"[①] 然而，"竹枝词之作，皆一二诗人随意吟咏，借资谈笑已耳。初不问其事实之有无也。其于一地方之关系亦仅矣"，[②] 竹枝词脱离了本来的意义而被随意吟咏，已堕落为茶余饭后的谈资，即使歌颂地方风土，内容也不包含事实，其大部分内容实际上与地方无关。另外，其他序文中也提到"《诗》三百篇，国风列其首。使后人读之可以考其俗尚之美恶、政治之得失。故不学者比之墙而学者可授之以政，诗之益人，不甚多欤？后世尚雕镂绮靡之作，或专于状物赋景，或借为赠酬饯送，绳以格式，限以音韵。虽连章累牍，极工且丽，而于感人易俗之旨，曾未有所取，则其诗不作可也"，[③] 这里也同样表现出地方士人对诗作只注重形式而丧失本来意图这一现状的担忧。换句话说，对于地方士人来说，包括竹枝词在内的诗作不仅仅是娱乐，而且必须在现实社会中具有实践意义。

那么，诗作被认为应该具有什么样的现代意义呢？正如上文黄炳奎所说的那样，应是"感人易俗之旨"。在与风俗的关联中，诗作对地方士人的意义即教化民众，"《诗》有六义，而风居其首。风有三义，曰风教，曰风俗，曰风刺。而风俗之风，实为国风之本义。然必有风教而后风俗成，有风俗而后风刺兴，合三者言之，国风之义始备"。[④] 毋庸赘言，这是科举知识分子长期以来共有的风俗价值观，而地域社会就是其实践的基础。

在《南汇县竹枝词》中，对真实性和通俗性的追求成为焦点，特

---

① 刘式训：《序》，倪绳中：《南汇县竹枝词》。
② 鼎节：《序》，倪绳中：《南汇县竹枝词》。
③ 黄炳奎：《序》，倪绳中：《南汇县竹枝词》。
④ 刘式训：《序》，倪绳中：《南汇县竹枝词》。

别是通俗性反映了清末民初的时代性。真实性是指，通过采访，实证地采集了应该被歌颂的风俗。这意味着"古者有采风之官，所至郡国，凡壤翁、辕童、耕夫、馌妇之讴吟，皆以入录。盖将于风俗之醇漓，验政事之得失，兼以识民情之好恶也。自辀轩失职，兹事遂废。文人学士代有著述，专精于格律声调之间，而风之义不显"，① "然不为格式所绳，音韵所限，曲折透达，俾采风问俗、征文考献之士，领其旨趣，隐然足以感人而易俗"。② 也就是说，没有真实性的文学作品无法在"易俗"（引导风俗向好的方向）中发挥作用。

通俗性是指，文学作品易读和易解。在序和跋中，最后一篇跋中写道："《南汇竹枝词》，第笔墨之余渖，而条分缕析，如白太傅诗，老妪能解。"③ 最核心的读者在通俗性上也赞赏了《南汇县竹枝词》。对通俗性的追求可以扩大教化的范围。此外，如叶寿祺所述："（《南汇县竹枝词》）所编按邑乘篇目，拈韵成文，俾人易于成诵；分门别类，俾人易于稽查；撮要删繁，俾人易于记忆；节篇省幅，俾人易于取携。"因《南汇县竹枝词》容易理解和记忆，所以"俾地方子弟耳濡目染，烂熟胸中，越岭涉洋，便携箧内，数典忘祖之消，可永永免矣"。④ 可以看出，如果要从比较容易理解和记忆的乡土材料中找到意义，那培养乡土意识就是其一。这一点也明显地体现了清末民初的时代性。

（二）培养乡土意识

在清末民初这个时代脉络中，用竹枝词来叙述地方，背后到底有什么样的动机呢？读者从歌颂地方的竹枝词中找到了什么样的价值呢？就结论而言，清末民初是乡土意识高涨的时代。这对"叙述的磁场"起

---

① 刘式训：《序》，倪绳中：《南汇县竹枝词》。
② 黄炳奎：《序》，倪绳中：《南汇县竹枝词》。
③ 朱祥绂：《跋》，倪绳中：《南汇县竹枝词》。
④ 叶寿祺：《序》，倪绳中：《南汇县竹枝词》。

到了很大的作用。叶寿祺的序清楚地表明了这样的时代性：

> 　　今者时局变迁，习尚歧异。儒家子弟不暇攻乎根本之学。孜孜于英、法、俄、日等国文，博大渊深，犹恐难造。至祖国五千余年间典章文物，势必茫然未之知也，然犹得诿曰年湮代远，曰地大物博。至父母之邦，生长之地，幅员不过百余里，建制不过数百年。其间文献或茫然亦未之知。夫岂可哉？一旦游万里外，遇外邦文学士询及故乡历史，瞠目不能答，耻孰甚焉。我邑倪明经斗楠老先生已予计及，此《南沙竹枝词》之所由作也。……谓为乡土志也可，谓为纪事诗也可，谓南沙志略也亦无不可。①

　　19世纪以后，太平天国时期的战乱给包括南汇县在内的浦东地区带来了巨大的变化。这里说的"今者时局变迁，习尚歧异"指的是，因为清末民初西洋文明的各种学问席卷了地方社会，士人不仅看不到"根本之学"，连"幅员不过百余里"的乡土文献和乡土典故也"瞠目不能答"，科举知识分子们对此抱有危机感。同样的危机意识在《上海县竹枝词》的序中也有体现。②

　　前文提到的《海曲诗钞》的编者也抱有同样的危机意识，主编黄协埙直截了当地吐露："自欧美蟹行书流传我国，少年子弟谓非此无以致通显、立功名，举五经四子书然且束之高阁，更遑问陶情淑性、弄月吟风乎！"③黄协埙是浦东（川沙）人，对地方文化有很深的造诣，同时还长期在上海担任《申报》编辑，所以他在日常生活中切身感受到了"蟹行书"给年轻人带来的负面影响。

---

① 叶寿祺：《序》，倪绳中：《南汇县竹枝词》。

② 于邨：《序》，秦荣光编《上海县竹枝词》。

③ 黄协埙：《海曲诗钞三集序》，李天纲主编、浦东历代要籍选刊编纂委员会编《海曲诗钞》，第517页。

再把话题转回到叶寿祺的序。另一点值得注意的是，清末民初竹枝词中会歌颂地方历史和典故，被认为与乡土志、纪事诗或地方志具有相同的功能。如果考虑到《南汇县竹枝词》参照和模仿了地方志的编纂方式，自然而然地就可以评价竹枝词是一种通俗的地方志或者说是地方志的简易版，同样也是记录了地方社会重大事件和史实的纪事诗。

将《南汇县竹枝词》看作乡土志，更如实地体现出了清末民初的时代性。乡土志是指，清政府学部饬令各地方编纂的乡土教育课本，清末民初许多地区掀起了乡土志编纂的高潮。① 一些研究指出，乡土志的内容和编纂动机存在地域差异。② 除此之外，还值得注意的是，清末和民国初年乡土志编纂的环境，特别是主导编纂的知识分子阶层的生存环境和编纂动机，与之前有很大的差异。

与乡土志编纂中坚人物相关的文化环境发生了变化。由于盲目地推崇外来的学问、外来的书籍、外语，乡土的历史和典故已不受重视。为改变这种局面，朝廷开始从"上"发出编纂乡土志的号召，对此"下"（地方）也应该呼应。但在清末，此命令似乎并没有在地方得到很好的贯彻。于邕在《上海县竹枝词》的序文中写道："近二三十年来，则竟谈万国之记载、五大洲之形势，于中华旧业转略不顾，方自谓务其大者远者，又何有于乡里哉？ 在上者亦窃忧之。故前年有各州邑撰乡土志授课之令，今未见颁行。盖报稿不全，何以集成？ 非素所精心究习，熟闻而强识，又何以成稿？"③ 在地方自治即将施行的这段时期，编纂和讲授乡土志的科举知识分子是地域社会的领导阶层。④ 给《南汇县竹枝

---

① 关于乡土志编纂的经纬，参见巴兆祥《方志学新论》，学林出版社，2004，第 35—168 页。
② 例如，程美宝《地域文化与国家认同：晚清以来"广东文化"观的形成》，生活·读书·新知三联书店，2006，第 66—110 页。
③ 于邕：《序》，秦荣光编《上海县竹枝词》。
④ 除了地方志和报刊的报道之外，从相关人士的日记中也能看出这个时期他们十分注重学堂建设以及运营的实际情况。《李超琼日记》（光绪三十一年十一月初九日）中，就记载了其与乡董就乡土志交换意见的情况。

词》写序的作者群和秦荣光的儿子秦锡田就是这类士人，他们在清末民初面对与自己完全不同的新知识分子阶层的出现，被迫重新思考自己学习过的、支撑他们言行的知识体系。以《南汇县竹枝词》为首的乡邦文献，在1910年代中期开始陆续编辑、出版。清末以后引进西方文明的趋势在新文化运动时期进一步加速，深切地感受到自身被"边缘化""非主流化"的科举知识分子将这种自我主张、地域主张视为寻求生存空间的事业。①

结　语

本文不仅分析了《南汇县竹枝词》中歌颂的地方开发、景观、地方典故等文本本身内容，还通过对作者吟咏的意图、阅读和评价竹枝词的"读者共同体"情况的分析，探讨地方士人歌颂乡土的意义。换句话说，从歌颂乡土和被歌颂的乡土中展现出士人的集体记忆、历史意识和地域意识具有的特征。

竹枝词并不是特别珍稀的史料，可以从士人的文集、诗集、各种地方志、地方报刊中找到很多，也有很多按照主题编纂、出版的资料集，因此收集起来并不是困难之事。由于竹枝词常常歌颂地方民俗和典故，以往的社会史研究和民俗学研究常常将其作为旁证。然而，以往的这些研究并没有仔细斟酌个别竹枝词被阅读的时代性和地域性，也没有充分考察其文本的性质。本文围绕《南汇县竹枝词》的时代性和地域性，即清末民初江南沿海地带的时空脉络而展开探讨。

首先，从清末民初的时代性中可以看出以下特征。模仿县志吟咏的"方志型竹枝词"《南汇县竹枝词》，并不是突然产生的，而是直接受到

---

① 王汎森指出，重新思考因新学问世而被"边缘化"的中国思想，是学术上的宝贵资源。参见王汎森《序》，氏著《执拗的低音：一些历史思考方式的反思》，台北：允晨文化实业股份有限公司，2014，第8—10页。

同一地区（浦东）的秦荣光《上海县竹枝词》和秦荣光之子秦锡田《周浦塘棹歌》等作品的影响，是与"乡土志略"的源流相连的作品。这些作品的出现也展现了那个时代特有的地域意识。正如每一部作品都提到乡土志一样，地方士人在列强环伺的情况下，试图用乡土资源整合已经破碎的国家秩序。从这种乡土意识中可以看到清末民初的时代性。但从细微的角度观察，清末和民初，作为乡土意识中坚人物的士人们的立场有着微妙的差异。清末负责地方自治的科举知识分子阶层，到了民国初年深切地感受到自己被"边缘化""非主流化"。乡土意识的发扬，与他们高声主张自我存在的正当性的诉求息息相关。

其次，关于地域性本文得出了以下结论。从关于海塘和川港的竹枝词的数量上可以看出，《南汇县竹枝词》的作者已充分意识到处于长江下游区域海滨沙田地带的南江县的地域性。《南汇县竹枝词》还描摹了盐业、渔业等水边的生业及其变迁、沙田开发的东进以及相关的水利建设等，这些都是以水域社会的开发为主的历史。然而，不知是否因为重视县整体的均衡，开发时期国家制度实施程度的不同所引发的县域内部的差异没有被呈现，例如图区和团区之间的差异和利害对立等问题几乎没有描绘。另外，有关倭寇的记载是最能反映分散在地方的记忆是怎样被收集、被选择的，又是怎样作为地方的集体记忆和历史被编纂的。

西南地区"白儿子"族群的形象书写、族群经验与身份认同

王　丹[*]

摘　要　西南各小区域的族群分布架构和地方族群知识体系书写者的目光受限,使得"白儿子"族群的身份构成与风俗形象的回望具有多元化、矛盾化的特点:一是指西南地区僰人、白人、彝人、苗人等世居民族的后代;二是指汉人与西南地区世居民族通婚孕育的后代;三是指外迁而来的移民集团。对川南李氏的个案考察,表明身处边缘地位的"白儿子"族群借助区域互动的国家进程史事来构建自身的历史记忆,主要生活习俗却体现出其真实历史经验的内容。黔西北的案例展示出,为了摆脱身处边缘的族群地位,"白儿子"族群踊跃转换自身历史记忆,衔接新的族群认同而主动争取被识别为"白"民族。政府部门在此过程中发挥积极作用,但识别工作并非"完全由政府所主导的构建'无历史记忆与心理认同'的民族建构工程"。

关键词　西南地区　白儿子　白族　形象书写　族群经验　身份认同

---

*　王丹,广西民族大学民族学与社会学学院硕士研究生。

　　"白儿子"称谓是清中后期出现的人群身份标签，指代众多广泛分布在我国西南山区的人群，而他们多在新中国成立后的历次民族识别工作中被识别为白族。① 基于这一历史背景，学界将"白儿子"族群的研究大多放置于白族的民族史视域内进行分析，将其视为从南诏、大理政权时期至新中国成立以前的连续族群实体。② 故而，单独就"白儿子"族群进行讨论的研究成果极为少见，目前只见占跃海于 2012 年发表的一篇论文。占氏关注到史料中记载贵州"白儿子"族群是汉人与世居民族通婚的后代，着重描述清代留存下来的《百苗图》和《竹枝词》中"白儿子"族群的艺术形象。③ 虽然是专门讨论"白儿子"族群的先启之作，但是该文留有两点遗憾：一是对"白儿子"人群的讨论存在地域和文献上的局限，只聚焦黔省而忽略川、滇等其他西南地区；二是其文旨在对"白儿子"族群做艺术性的刻板形象分析，没有涉及定义、影响"白儿子"族群的一系列"族群性""民族性"因素和相关社会历史逻辑的演变过程。有意义的是，跨学科研究为我们认识和还原"白儿子"族群的历时性变迁提供了路径。以"华南学派"为代表的研究者不断强调历史学、人类学的交叉结合，反思以近代凝固化的"民族"概念代指以前的"族群"、"族类"或"人群"等标签，因

---

① "白儿子"为他称，笔者使用"'白儿子'族群"，只为借助"族群"这一概念来帮助文章的展开。笔者并不认为可以将早期西南地区的所有"白儿子"人群视作一个族群，尤其是本文第一节的分析会展示出早期西南地区多元化、矛盾化的"白儿子"人群形象，各地的"白儿子"人群之间显然存在一定的文化差异。此外，笔者引用和使用词语时，出于忠实史料的考虑和还原历史场景的需要而使用"白儿子"、"倮罗"（猓猡）、"夷"等文字，但绝不认同其贬义色彩。

② 朱映占、曾亮、陈燕：《云南民族通史》，云南大学出版社，2016；王文光、朱映占、赵永忠：《中国西南民族通史》（下），云南大学出版社，2015；李平凡、颜勇主编《贵州世居民族迁徙史》（下），贵州人民出版社，2011；赵卫峰：《贵州白族史略》，宁夏人民出版社，2011；黎涓铭：《散杂居白族的身份建构》，博士学位论文，中南民族大学，2012。

③ 占跃海：《"白儿子"图与诗——清代艺术文献中对贵州威宁"白儿子"风俗的描述与艺术家的眼光》，《民族文学研究》2012 年第 1 期。

此产生众多具有价值的成果。① 另外，学界关于"族群"生成和发展的讨论，可以划分为三类：本质论、建构论、主观情景论。② 连瑞枝讨论明代西南人群与历史的时候，尤其强调族群往往是不同人群相遇时为有所区别而互相形塑的结果。③ 笔者同意连氏的观点，亦认为对于"族群"应当统合各方面的认识而综合分析。不同的地域、不同的主体都可能会有各具特色的决定族群形成和发展的关键性因素。故而，既要考量族群形成的共性规律，也要注意不同人群、区域（中央和西南地区、西南内部地区）互动产生的综合影响。本文立于此学术基石，通过史料辨析、案例讨论，尝试诠释"白儿子"族群的构成成分、多元化族群形象形成的原因，并对相应人群主动选择白族这一民族身份的深层次过程进行说明，也借此回应西方的某些偏激学术观点。④

---

① "华南学派"学者以历史学为本位，借助人类学的手段去阐释地方人群整合进帝国王朝的变迁过程，他们深知以现今既有的民族框架去追溯过去基于一个具有很大局限性的假设——人群长期处于稳定的状态，是固定的。对于"族群"生成和发展的讨论也不能局限于某种理论，应当兼而采之。对之讨论较多，不一一枚举，例可见温春来《从"异域"到"旧疆"：宋至清贵州西北部地区的制度、开发与认同》，社会科学文献出版社，2019。此外，其他学者对之也有"国家性"的宏大视野反思，可见黄兴涛《重塑中华：近代中国"中华民族"观念研究》，北京师范大学出版社，2017。

② 有关讨论可参见周大鸣《论族群与族群关系》，《广西民族学院学报》2001 年第 2 期；弗里德里克·巴斯《族群与边界》，高崇译，《广西民族学院学报》1999 年第 1 期；徐杰舜《论族群与民族》，《民族研究》2002 年第 1 期；〔挪威〕弗雷德里克·巴特主编《族群与边界——文化差异下的社会组织》，李丽琴译，商务印书馆，2021。

③ 连瑞枝：《僧侣·士人·土官：明朝统治下的西南人群与历史》，社会科学文献出版社，2020，第 8—10 页。

④ 例如，白荷婷（Katekaup）基于西方中心主义讨论中国少数民族壮族的形成得出的结论引起极大争论。斯蒂文·郝瑞（Stevan Harrell）对中国西南彝族的讨论，也受到有关学者的有力回应。见雷勇《西方中心主义视野下的中国民族识别——以白荷婷的〈创造壮族——中国的族群政治〉为中心》，《广西民族研究》2012 年第 4 期；卢露《壮族分类体系与认同变迁的再思考——兼评〈创造壮族：中国的族群政治〉》，《西北民族研究》2012 年第 2 期；李绍明《从中国彝族的认同谈族体理论——与郝瑞（Stevan Harrell）教授商榷》，《民族研究》2002 年第 2 期；温春来《彝、汉文献所见之彝族认同问题——兼与郝瑞教授对话》，《民族研究》2007 年第 5 期。

一 矛盾多元："白儿子"的族群成分与形象书写

现存的一些方志和笔记对"白儿子"做出解释。在云南，修于明末的《重修邓川州志》称："土人即白儿子，汉阿育王（隋志言能上天）在大理，以白米饭斋僧，号白饭王，所生子孙称为白儿子，越今千余年无异。"①此处，将"白儿子"族群的源头追溯至汉代，并称"白儿子"族群是印度孔雀王朝阿育王的后代。民国《宣威县志稿》则称："白儿子，白一作棘。或曰，即元时所签爨军屯田于兹者也。或曰，汉赘于夷，其子孙别为此种。"②该志书将"白"和"棘"等同起来，认为"白儿子"族群可能是元代的"爨军"群体在当地屯田生息后繁衍的后代。同时，也记录了关于"白儿子"族群来源的另一种可能，即可能是汉人入赘当地夷家养育出来的后代。宣统《宁州志》甚至直白地记载称"白人一名白儿子"。③又有史料称，"白儿子"别名"明家子""民家子"，民国《姚安县志》对此解释道：

> 洱海区之明家，在今西康之西昌、会理、盐源一带。南延至云南之大姚、姚安、祥云，西至洱河流域。在隋唐为西爨、白蛮、苗裔，即今之明家。汉时称金沙江两岸之氏种曰爨。在南者为濮，其以洱海区域为中心，为今明家之先民者。称其部落为巂、为叟、为斯、为榆。蜀汉时有斯儿部，唐时为巂州、西南、昆明、徼外、之松外诸蛮，及弄栋、勃弄、白水河、东洱河诸部。南诏立国，本部人民其人姓为将相，宁时大理国王室所自出部民。范成大《桂海虞衡志》亦称之曰"汉蛮"。《南诏野史》

---

① 艾自修纂《重修邓川州志》，王云校勘，洱源县志办公室翻印，1986，第9页。
② 民国《宣威县志稿》卷8之4《民族》，民国23年（1934）铅印本。
③ 宣统《宁州志》，不分卷，民国5年（1916）刘启藩铅印本。

称之曰"白民"及"阿白"、"白儿子"、"民家"等名,亦即西南夷。传西自师桐,北至楪榆,曰嶲、昆明是也。《大姚县志》僰人即段、高二姓之裔,所谓土著民也。男人以帕裹头,妇女出以帕覆面,其衣服器用与汉人无异。性颇淳谨,甚畏官长,不敢争讼,谓之民家。①

这段翔实的材料为"白儿子"族群构建了丰满的历史源流和现实形象。"白儿子"上源汉代"僰人""濮人",中继隋唐之"西爨""白蛮""苗裔",下承唐宋时期南诏和大理政权的各部落,成为西南地区,特别是在云南地域活动的人群所演化而来的世居民族主体。此外,对当地"白儿子"族群的个性描写所展示出来的淳朴性格恰恰与旧的国家历史叙事模式中对边疆族群描绘出的桀骜不驯形象相反。"白儿子"族群衣服器用和汉人相仿,性格淳朴谨慎,不敢惹上司法诉讼之事,故而又称之为"民家"。值得一提的是,许烺光先生甚至将这一人群作为典型的汉人进行讨论。② 宣威县的"白儿子"族群同样深受"汉化",民国《宣威县志稿》记载:

> 白儿子,其俗在夷汉之间。奉祖先纯系夷法,而男读书,女缠足,衣服礼仪一如汉制。旧志阙而不载,意者以白夷当之欤。但白夷从不缠足,不能相混。③

按照该文献的表述,宣威县"白儿子"族群并不等同于"白夷",因为旧的志书缺乏对这一族群的记载,从而导致了误解。总体上,该县

---

① 民国《姚安县志》卷36《氏族》,民国37年（1948）铅印本。
② 许烺光:《祖荫下:中国乡村的亲属、人格与社会流动》,王芃、徐隆德译,台北:南天书局,2001。
③ 民国《宣威县志稿》卷8之4《民族》。

"白儿子"族群中男子会读书，女子会缠足，衣服穿着和生活习惯一如汉制，唯独崇奉祖先一事践行着自己的礼仪。大理县的"白儿子"族群亦为白人之后，民国《大理县志稿》载："白民有阿白、白儿子、民家子等名，县中土籍亦多。民家子又白国之后，即滇中之土著。妇女出门，携伞障面，谓之避嫌。宴客切肉拌蒜，名曰食生，余同汉人。女镶边衣，以银花银吊为饰。"① 尽管类似的一些材料认为"白儿子"等同于"民家""明家"之类的族群，但我们若是盲目信服其中的定义而笼统地认为"白儿子"等同于"民家""明家"类的族群，就极有可能被材料迷惑，得出牵强附会的结论。道光《普洱府志》载：

> 民家子又谓白人，古白国之支流也，旧讹僰为白，遂称为一类，其实不相通。宁洱、思茅、威远有之，淳良勤俭，耕种为生，服饰饮食悉类汉人，敌（故）有与汉人为婚姻者。妇女亦缠足，仍佐农事，在威远名曰蒙化子。②

该段引文没有直接提及"白儿子"族群，但认为僰人和白人是不同的族群，这就和前引其他西南小区域的文本与认识经验出现了矛盾。前文引用的《重修邓川州志》、民国《宣威县志稿》、宣统《宁州志》、民国《姚安县志》、民国《大理县志稿》、道光《普洱府志》等志书，涉及滇省的中、南、西、北等众多区域。因此，应当明白大区域内的各小区域具有相对独立的地方社会经验，而"白儿子"族群跨省区的形象也遵循这一逻辑规范。贵州的"白儿子"族群除了在身份属性上与云南的白人保持直线的谱系联系外，特别强调其与黔省本土的"苗人"

---

① 民国《大理县志稿》，台北：成文出版社，1974，第 99 页。
② 道光《普洱府志》卷 18《种人》，清咸丰元年（1851）刻本。

"倮猡"等世居民族的联系。① 黔西北地方志书,道光《大定府志》记载"白儿子"为该府水城厅辖地的"八苗"之一。② 又有流传于清中后期的《苗蛮图册》《西垣诗钞》《黔南苗蛮图说》等文献分别记载曰:

> 白儿子,咸宁及滇省有之,俱有宗族。男子多汉人风,女子犹沿苗俗。原是汉人苗女招赘为家,其俗仍故,故曰白儿子也。③
>
> 白儿子在咸宁州,男服饰如汉人,女从苗俗。多赘汉婿于家,生子后婿归汉别娶,即不复来。其子女有女无父,故名白儿子。④
>
> 白儿子有两种,为猓猡之孽子。一为汉种猓猡,贵黑贱白,名分不相絮乱。⑤

不可否认,云贵高原的地缘联系将两省的历史发展结构塑造出许多相似的方面,但贵州地区的族群发展过程强调更小的自我地缘特征。"白儿子"族群成为汉人与苗人、倮猡联系紧密的族群。一些研究者依据上述三条信息,并结合其他内容对"白儿子"族群的身份做出判断,认为他们分属苗人或者彝人系统。如周光大以婚姻制度的视角进行解

---

① 近代贵州的正统史料和当代的许多研究成果都注明"白儿子"族群与白人的联系。如民国《贵州通志》,1948 年铅印本,第 13531—13532 页;王文光、朱映占、赵永忠《中国西南民族通史》(中),第 396 页。此外,"苗人""倮猡"两个族群在新中国成立后的民族识别工作中多被识别为苗族、彝族。

② 道光《大定府志》称其转引于《黔南职方纪略》,但据笔者所查,后者论述水城厅的"八苗"种类时并无"白儿子"的直接记载,只有读音略似的"爽耳子"。道光《大定府志》称其为"转引",若非讹误,则表明在修志人员眼中"白儿子"与"爽耳子"等同。见道光《大定府志》卷 14《内篇四》,道光二十九年(1849)刻本;《黔南识略　黔南职方纪略》,杜文铎等点校,贵州人民出版社,1992,第 390 页。

③ 佚名:《苗蛮图册》不分卷,乾隆五十一年(1786)抄本。

④ 贵州省文史研究馆编《贵州竹枝词集》,贵州人民出版社,2019,第 147—148 页。毛贵铭,字西垣,湖南巴陵(今湖南岳阳)人,道光庚子举人,客游教书为业,所到之处皆有诗作。其作诗有黔苗竹枝词百首,其中一首曰"苗村赘婿不论钱,薄幸抛家几年。赢得双双好儿女,不知耶在阿谁边",下附此注释。原文似出自清末王韬所著的《淞隐漫录》一书。

⑤ 李德龙:《黔南苗蛮图说研究》,中央民族大学出版社,2008,第 91 页。

释，认为"白儿子"族群属于苗族的分支；[1] 沈乾芳认为"白儿子"族群是改土归流后彝人社会和人口结构发生变化而导致的彝汉通婚的典型案例；[2] 陇永忠则从墓葬形式和民间对"白儿子"族群的世俗化称谓进行分析，判定"白儿子"族群就是"白罗罗"族群，即现今彝族中白彝支系的先祖；[3] 王子尧则认为"白儿子"是彝文典籍中所记录的"白夷"的别称，也属于今天的彝族支系。[4]

与上述强调"白儿子"族群的世居性认知相反，生活于清末民国时期的一个贵州彝人精英提出了黔省"白儿子"族群为汉人的主张。1928 年，陆军上将安健在傅斯年、顾颉刚等主办的《国立中山大学语言历史学研究所周刊》上发表《贵州民族概略》一文，其中记载道："一般人称'白儿子'曰湖广人，'老巴子'曰南京人，大概移居未久也。"[5] 安氏称其本人是贵州南龙桥土司之后，该土司改土归流前为贵州安顺府郎岱厅所节制的长官司。[6] 他的记录和先前的《苗蛮图册》等文献的记载有所不同，认为"白儿子"族群是湖广等地迁移过来的客民，透露出"白儿子"族群作为移民群体居于黔西北的在地化历史较为短暂的信息，暗喻他们绝非黔西北的世居苗、彝等族群，极有可能是汉人。而在 1927 年，民族学家杨万选先生发表《贵州省大定县的农民》一文，认为当地的"白儿子""族群绝非汉人，且大多数习俗都和汉人相反"。杨先生进行调查的地点为今天黔西北地区的大方县，其文称：

---

① 周光大主编《现代民族学》上卷第 1 册，云南人民出版社，2009，第 683 页。
② 沈乾芳：《社会变革时期的彝族婚姻形态研究（1368—1949 年）》，民族出版社，2011，第 115 页。
③ 陇永忠：《川滇交界的"悬棺葬"与彝族有关》，《昭通师专学报》1990 年第 1 期。
④ 王子尧：《夜郎古国史源文化理论研究》（上），贵州大学出版社，2016，第 190—200 页。
⑤ 余若瑮、安健：《且兰考·贵州民族概略》，贵州大学出版社，2011，第 185—186 页。
⑥ 安健：《劝滇蜀桂黔诸土司文》，《社会杂志》第 1 期，1911 年。

现在大定的农人不仅汉人一种，还有"苗""夷""白儿子"。各族习俗不同，妇女的地位和生活状况因而互异。……"白儿子"，分布在西乡之白泥屯、羊场、木空河流域。农的工作，男子负很少的责任，多半是女子工作——妇女也不缠足。一切家事以外的事，如招待外客、商贾、赶集、社交，皆由女子专任。男子雌伏于家，除看护小孩、造饭外，几于无事可做。但巫祝之事，仍为男子专业，妇女却不能代庖。大部分盖与汉族相反。他们的婚姻，由"父母之命，媒妁之言"结合。配偶后，非大故不得离婚。而男女间亦少发生不满意之事。彼等盖能谨守其祖先所传之旧俗者也。①

杨先生的田野调查报告指出，"白儿子"与汉、苗、彝等人群不一样，他们之间是共存关系，已然与前面诸多文献记载的为各族交融繁衍之后，或单独为某族之后的说法产生极大抵牾。且其生活习俗几乎与汉人相反，总体上呈现男主内、女主外的格局。云贵地区的"白儿子"族群形象多元，四川地方社会则将其分类到世居民族之中。盐边县位于四川南部，该县知事在1928年上报本县人群情况时称："汉人多系贵州、广东以及两湖等藉（籍）。夷人有白儿子、罗罗、倮倮、摩梭、苗子等族。"可见，当地将"白儿子"族群与"罗罗""倮倮""摩梭""苗子"等族群归为"夷"这一族属当中，更强调其世居性和非汉文化性。②

以上展示的主要是滇、黔、川等西南地区的汉文地方文献，尤其是地方志和汉人儒士精英的私人编修文本中所记载的矛盾化、多样化的"白儿子"族群的身份成分与生活形象。其中关于"白儿子"族群的身份构成较为复杂，把种种描绘和书写放置在西南地区的宏观视野下进行

---

① 杨万选：《贵州省大定县的农民》，《东方杂志》第24卷第16期，1927年。
② 原文出自贺国光主编《川康边政资料辑要》，1940年，转引自叶大槐、毛尔哈纂《盐边民族志》，渡口市民族事务委员会、渡口市文物管理处翻印，1984，第80页。

统合，大致可分为以下三种：一是指西南地区僰人、白人、彝人、苗人等世居民族的后代；二是指汉人与西南地区世居民族通婚孕育的后代；三是指外迁而来的移民集团。实际上，三省内不同府州县的形象差异，乃是非标准化下通过汉字书写对边缘族群认识体系建构的转化差异。笔者所指的非标准化，根本是传统王朝国家统合西南山区的多样化机制，催生出非标准化、非统一化的地方族群分类架构。① 另一个关键的问题是，为何"白儿子"族群在西南不同区域会产生不同的族属来源？笔者以为有以下五个原因。一是地方族群知识体系书写者的目光多受限于本地族群的分布架构，其书写想象只能局限在一定的范围（相关族群社会）内。二是"白儿子"族群对区域内主体族群的倚靠和攀附。以"白儿子"族群主要分布的滇、黔二省而言，云南多僰人、白人，而贵州又多彝人、苗人，两省的"白儿子"族群都有倚重本地主体族群为

---

① 斯科特（James Scott）将我国的西南地区归入其所谓的"佐米亚"（Zomia）地区，认为王朝国家难以在此类地区建立政权（〔美〕詹姆士·斯科特：《逃避统治的艺术》，王晓毅译，生活·读书·新知三联书店，2019）。温春来敏锐地注意到西南地区长期存在多个有本土文字、礼仪体系与政治架构的地方政权，即西南君长国，他继而提出"西南国家传统"的概念，而清代的改土归流未能立即创造出全新的秩序，君长国体制仍然保留在世居民众心中，清王朝的流官反而缺少权威（温春来：《身份、国家与记忆：西南经验》，北京师范大学出版社，2018）。谢晓辉在温春来研究的基础上，对此也有精彩分析，认为直到民国时期，西南的众多地域仍未被国家直接控制（谢晓辉：《从西南边缘看中国社会的整合：问题意识、研究范式的梳理与述评》，《原生态民族文化学刊》2020 年第 6 期；谢晓辉：《制造边缘性：10—19 世纪的湘西》，生活·读书·新知三联书店，2020）。但是，西南的一些地区在明代汉文化就比较发达，比如大理（张丽剑：《明代汉文化在大理白族地区的影响——深受汉文化影响的知识分子群体》，《云南师范大学学报》2000 年第 3 期）。王朝国家对西南各小区域的控制方式与控制程度无疑决定着当地对汉文化的接触程度，必然在某些方面影响着儒士精英们笔下的"白儿子"族群的成分与形象特点。如果从这一角度分析，或许可以认为：趋向儒家价值体系内的人群容易被视为"民家"，乃至与汉人无异，甚至成为"移民"。避居儒家体系以外的人群则仍旧被强调父亲入赘世居民族的故事，论证出他们身上华夏文化与世居文化共生的状态。世居文化极端者则被书写为僰人、白人、彝人、苗人等世居民族，例如《黔南苗蛮图说》中黔西北威宁州的"白儿子"族群"为猓猡之孽子"。

族属源头的特点。① 三是复杂的区域互动和社会流动。比如称"白儿子"族群是印度孔雀王朝阿育王的后代,明显是南亚佛教信仰与我国西南地区的互动;又如汉人与世居民族通婚所孕育出的后代的认知,极大地描绘出汉人移民迁入西南地区的社会流动过程。四是确实存在多族群交流交融的社会现象,比如通婚。五是西南地区地理环境的多样性与相对封闭性,对西南边疆社会文化面貌及疆域空间的形成起到了形塑作用。② 因而,各地方的文本中几乎未将本地"白儿子"族群与他地进行比较,儒学精英们对本地"白儿子"族群的成分和形象的理解与呈现都展示出相对封闭和独立的特点。

二　祖先记忆:川南盐边县"白儿子"族群的历史经验建构

上节指出,"白儿子"族群的形象极为复杂,不同的地域会结合具体的地方族群架构传统书写出具有相对封闭性和矛盾性的族群成分与形象,但至此所获得的信息无法实现归纳"白儿子"族群的整体历史经验的目的。想要将"白儿子"族群多样化的地方经验汇聚成大区域范式的历史经验,需要烦琐地处理云、贵、川等地域的具体叙事经验,这就提出来三方面的要求。首先,这需要大量的篇幅体系去诠释;其次,还需要足够多的文献材料作为支撑;最后是妥帖地处理地方多样性经验的另一面,即在大区域的解释框架内凝聚小区域经验的松散性和独立

---

① 长期以来,白人群体成为云南地区的"蛮夷"主体,它们在边缘族群的架构中占据优势地位(云南虽有彝人、傣人等其他族群土司,但其影响力远不能与白人政权和土司相比);贵州中西部则以苗、彝为多(贵州地区长期存在水西、乌撒等彝人政权,苗人在贵州地区的广泛分布更是无须多言);川南盐边县仿佛是多而均匀的小族群并存。故而,书写者们依据目光所在的族群分类架构,为"白儿子"族群"攀附"了现实的族群身份构成和形象。

② 尹建东:《论历史时期西南疆域空间结构的多元属性和流动特征——兼论中华民族共同体建构的"边疆视角"》,《云南师范大学学报》2020 年第 3 期。

性。这三方面制约着对"白儿子"族群的历史经验的理解程度，但这种历史经验的理解是客观的。与此一体两面的是，"白儿子"族群如何理解和建构本族群的历史经验。遗憾的是，文献的不足导致无法建立有时间逻辑序列的"白儿子"族群历史经验线，遑论去展望一个充满细节的客观族群变迁经验，这也是现今有关"白儿子"族群的研究极为少见和浅薄的重要原因。因而，笔者尝试转换视角，站在"白儿子"族群的主位角度来分析"白儿子"族群的历史经验，探析由他们创建并认可和传承的族群历史经验。

　　本节选择将历史记忆作为历史经验的具体分析内容，是认为"白儿子"族群的历史记忆可以或多或少地折射出"白儿子"族群的主观历史经验。王明珂指出，历史记忆涵括社会人群的资源共享与竞争关系，以及与相关族群、性别或阶级的认同与区分。① 本节的个案，将探析"白儿子"族群是如何创建自己的历史经验。他们创建历史记忆，并将之视为真实的历史情景，从而成为本族群所深信不疑的"真实的"历史经验。这样的历史经验，又掺杂着区域互动的影响因子，变得真假皆有。本节选择的案例为川南李氏而非云贵其他，主要是因为川滇黔的"白儿子"移民传说具有部分成员和故事重叠的情况，清代中后期，不少地方的"白儿子"族群都产生了祖先来自南京、湖广等汉文化发达区域的故事。② 而本节李氏的文献材料更为丰富，文本的构造时间相对较早，较有代表性。

　　1984 年，四川省渡口市（今攀枝花市）的地方研究者在该市盐边县国胜乡白岩村进行田野调查，调查文献记录了当地"白儿子"族群的祖先来源说法，现将有关内容节录如下：

---

① 王明珂：《历史事实、历史记忆与历史心性》，《历史研究》2001 年第 5 期。
② 本节讨论的南京移民故事，以及下节的黔西北南京移民故事，最早的文献材料只能追踪到清中后期。

　　盐边白石岩的白族，自称"白"，人称"白儿子"。对其祖先来源有二说：

　　一说：祖籍系云南大姚邦碧。迁入盐原白石岩的第一代祖先，名叫李宝京。由于在大姚邦碧遇事，斗不赢高土司，只好带了一支狗出外。来到白石岩，看上了这个地方，便悄悄回到邦碧，带领儿子李德芳，携孙李发科、李发甲、李发明来在毕苴芦白石岩投靠土目，开荒定居下来。传到解放前夕（1949年），已有了二十余户人。

　　一说：李氏原有族谱，已遗失。每家有命谱记载："祖先来自南京应天府，小地名叫高石坎。后迁楚雄府大姚县邦碧村。到了李宝京时，又携家迁入盐源县毕苴芦白石岩。"①

　　盐边的"白儿子"族群有两个互为补充的移民传说。首先是祖先源自云南之说，继而又在定居云南之前建构新的传说，即更早时期是由南京迁至云南。前者故事较为详细，后者却连时间线都没有，明显是在层累地构造出由南京迁至云南，再移居盐边的祖源叙事脉络。该文献收录的李氏三方墓碑对此种祖先迁移故事的叠加更为明显。三方墓碑分别为道光十二年（1832）、咸丰七年（1857）、民国12年（1923）所立。道光年间所立碑中原籍之地两字缺失不清，且文献中只有"原籍□□……。滇姚邑邦碧村生长……"一句话；咸丰年间所立碑表明其本身为四川盐源县人，没有追溯云南的祖源地传说，碑文称其"原系四川建南道宁远府盐源县毕苴芦所属白石岩村内老宅"；民国之碑则记录其"原籍南京应天府人氏。由顺治三年（1646）迁至滇西□□□班别村寄居。乾隆四十七年（1782），始祖□□□带领家口来盐"。② 调查

---

① 国家民委《民族问题五种丛书》编辑委员会、《中国民族问题资料·档案集成》编辑委员会编《中国民族问题资料·档案集成》第5辑《中国少数民族社会历史调查资料丛刊》第90卷，中央民族大学出版社，2005，第392页。

② 《中国民族问题资料·档案集成》第5辑《中国少数民族社会历史调查资料丛刊》第90卷，第393页。

人据此认为，该地白族本为江南汉族，可能因为"军屯"之制迁入云南。对于调查人的判断，需要再慎重地辨别。首先是三方墓碑文献的制造时间和本地"白儿子"人群祖先迁移事迹的丰富状态呈现反向性，即墓碑时间越晚，祖源地构造得越早、越详细。最早的道光碑祖源地文字缺失不清，很有可能是因为与后面构造出来的祖源地故事产生冲突而被故意凿失。咸丰碑中溯祖为川省本地人的墓志铭，极大可能是最真实的写照，他们就是西南地区的世居民族。而后民国碑文中始迁祖姓名的失考，或许反映出他们对始迁祖身份挪用后的不适，不得不使之空白。上节指出，民国时期盐边县的地方官员将"白儿子"族群与"罗罗""倮倮""摩梭""苗子"等族群归为"夷"这一族属当中，更强调其世居性和非汉文化性。但本节的调查报告引用的是清中后期的墓志铭，表明"白儿子"族群对汉文化工具的借用之早，不过他们自己书写的历史经验和官员书写的并不一致，显然成于官员之手的"白儿子"族群经验更容易得到国家的认可，更能占据上流社会阶层中的话语解释权。

西南地区的"白儿子"群体攀附祖先来自南京的故事，意味着地方社会结构和族群关系产生了对汉人或者客民有利的倾向，而地方族群可以在现实生活中利用这种历史动态来维护自己的利益。正如上引碑文和调查者访谈后的文献所记载，当地白人自称"白"，他称"白儿子"。我们已经清楚"白儿子"是一种带有贬义色彩的他称，而贬义在某种程度上意味着在现实生活中的"失势"。① 调查文献还记载，李氏的祖先"迁移"到当地一段时间后向本地的彝人土司承担租税（包括粮食和烟款）和服兵役。作为优待，土司禁止其他族群轻视性地称呼他们

---

① 除了前文引用的清代地方志、士大夫编修文献中解释"白儿子"之称呼的来源为汉人入赘苗、彝、僰、白等人群，"其子女有女无父，故名白儿子"，"为猓猡之孽子"等带有较为明显的贬义色彩之外，笔者在故乡贵州省威宁彝族回族苗族自治县多地进行田野调查时，发现本地的"白儿子"人群都十分忌讳和不满这一他称，而一般情况下，其他人群也不会直接当面如此称呼。

为"白儿子",其日常境遇可想而知。① 因此,祖源地建构的基本动机是借助社会的变迁特征来修正"白儿子"族群的世居性特征,笔者此话并非认为西南地区众多族群的世居性特征会对他们产生不利。就本例中的李氏而言,无论他们是否真是白人的后代,他们到了新的生活区域后都在努力地构建出自己的祖先谱系传统,以期适应当地的认知,兼维护自身社群的族群边界。地方对外来人群的接纳过程充满考验,移民人群获得入住权后仍然面临着巨大的经济和族群交往压力。"白儿子"作为一种他称的族群标签被赋予贬义的色彩,也可以理解为是族群互相竞争的时候,其他族群为获得文化称谓的胜利而采取的抑制策略。类似的污名化情况较多。例如,有学者总结的西南苗人在王朝国家时代遭到污名化的原因也与笔者对"白儿子"族群的考察案例极为相似,相关研究者将之归纳为明末以来汉人对贵州地区的深入、清王朝的改土归流行为、平定所谓的"苗乱"、大力开发云贵地区等综合因素。② 刘志伟在对珠三角的研究中指出:"大多数珠江三角洲宗族声称他们的血统来自中原,这种历史记忆是将自己转化为帝国秩序中具有合法身份的成员的文化手段。"③ 无疑,"白儿子"人群存在此般动机。此外,赵世瑜对广泛流传于北方的山西洪洞大槐树的移民故事研究指出,它是一种人为构建的集体记忆,它作为一种家园象征使得人数不占优势的族群获得极大的精神优势。④ 这一理解同样适用于"白儿子"族群的"南京人"祖先

---

① 《中国民族问题资料·档案集成》第5辑《中国少数民族社会历史调查资料丛刊》第90卷,第396页。

② 相比之下,海外著作的相关讨论较为深切。见 Marta Hanson, "Inventing a Tradition in Chinese Medeicine: From Universal Canon to Local Medical Knowledge," Ph. D. dissertation, Philadelphia: University of Pennsylvania, 1997, pp.77-84; Laura Hostetler, *Qing Colonial Enterprise: Ethnography and Cartography in Early Modern China*, University of Chicago Press, 2005, pp.159-179。

③ 刘志伟:《地域社会与文化的结构过程——珠江三角洲研究的历史学与人类学对话》,《历史研究》2003年第1期。

④ 赵世瑜:《祖先记忆、家园象征与族群历史——山西洪洞大槐树传说解析》,《历史研究》2006年第1期。

构造动机。实际上，西南地区的"白儿子"族群声称祖先来自南京的移民传说与明代军屯人员调守西南地区的历史认知有关。聂焱认为，黔西北的"南京人"群体和明初的卫所士兵几乎没有关系。① 但是，不论该历史认知是真是假，地方上的人群大都相信，为了稳定在西南地区的统治，中央王朝迁移了大量军户到这里屯守。继而，有关历史事件理所当然地被地方世居民族吸收到族群内部记忆中加以利用。"白儿子"族群的"南京人"祖先记忆无疑是一种攀附和模仿，按照连瑞枝的说法，早在明代时西南地区就已出现"南京人"的祖先记忆。② "白儿子"族群对"南京人"祖先记忆的借用具有滞后性，时间应当不早于清中后期，其原因有二：一是西南地区的族群政治和地方历史极为复杂，各小区域内的政治文化结构与族群关系存在差异；③ 二是"白儿子"族群身处边缘的地位，这既限制了其与其他精英或强势族群的接触与交流，也

① 聂焱：《明初戍守贵州的将士与"南京人"》，《历史档案》2014 年第 3 期。
② 胡鸿考察两汉、六朝的南方"蛮夷"群体"华夏化"时指出，许多郡县掾吏由"蛮夷"君长身份转换而来，如果局势稳定，数代之后，他们将改造家族记忆而与"蛮"解除关系，实现文化认同的转变。而连瑞枝在讨论明代转型的白人集团时提出"地望"的概念，认为改朝换代冲击了大理世族的优势身份来源，进入新帝国都城南京并归来的历史经验，成为新的身份合法性的来源点。于是，在族谱撰写上，他们抛弃了佛教源流而塑造出祖先来自南京的故事。因此，笔者认为，类似以白人贵族为主的西南地方控制者和中央王朝的互动，以及明政府组织实施的军事移民等事件，促使西南地方产生类似"祖先来自南京"的文本叙事结构。而在连氏的讨论背景内，"白儿子"族群借助语言或文字的相似性，强化自己为白人后裔，或者有意借白人的族群身份来提升自身的族群阶层优势，完全有可能发生。参见胡鸿《六朝时期的华夏网络与山地族群——以长江中游地区为中心》，《历史研究》2016 年第 5 期；连瑞枝《僧侣·士人·土官：明朝统治下的西南人群与历史》，第 242—269 页。
③ 清政府通过土司上层对广大土司区域的间接统治，并没有触及各个部族的传统文化，而有机会接触汉文化的土司上层，为了维护自己在辖区内的权威，往往推行不准辖下土民读书识字的政策。因此，汉文化并不会因为土司区域名义上的归附而随之深入土司社会。相反，因为土司区域的设置，不同文化的隔离甚至更深。雍正西南改土归流后，随着行政区划的统一，原土司区域与中原内地的文化隔离政策消失，中原汉文化随之大规模渗入原土司区域。文化上处于弱势地位的西南世居民众，开始积极向汉文化靠拢。为了争取更多的社会文化资源，部分世居民众尤其是原土司阶层与当地的大姓家族，有意识地改变自己的族属身份，最典型的事例即是多数土司和大姓家谱/族谱中的汉族起源建构。参见黄秀蓉《论清代改流与中国西南疆域的整合》，《云南师范大学学报》2010 年第 6 期。

导致其他族群限制着他们挪用"南京人"的祖先记忆，当然还造成他们无法大量地通过文字来表达这一记忆。

　　除去借助汉文字立墓凿碑来塑造自己的族群身份，当地的"白儿子"族群还会在年节上过汉族春节、火把节、月半节（同汉人中元节）、端阳节（五月端午节）。除火把节习俗和彝人相似外，其他三个均同汉俗。有趣的是，他们的火把节起源故事和彝人不同，他们将流行于四川地区的"川主菩萨"信仰与云南大理洱海的龙王作乱结合起来。① 盐边李氏融合汉人、彝人的传统生活习惯，同时又保留着大理洱海的地域元素表明，不同的区域互动对人群的身份标签和祖源记忆的交叉塑造都流传在现实认知里，也掺杂在他们族群性的内涵当中，成为族群历史经验的真实部分。

　　总之，尽管对川南李氏案例的讨论所得出的历史经验只是"白儿子"族群的部分经验，但也可在一定程度上帮助我们理解"白儿子"族群的主观历史经验的建构性质。因为掌握历史书写权力者的漠视，我们难以寻找到探究"白儿子"族群的真实性历史经验的分析内容。所幸汉文字对"白儿子"等边缘族群的书写留有一定空间，使我们能够触摸到边缘族群依据部分事实而努力进行历史记忆建构的个案。同时，感悟到未掌握历史书写权力的边缘族群对自身历史经验把握的无力状态，也理解到失去自身历史经验解释权的边缘族群即使借助以汉文字为基础的书写体系，所制造的表达自我的历史经验依旧存在较为明显的漏洞。当然，对这一历史经验的剖析，本身就彰显出"白儿子"族群的边缘性地位。在之后，为了摆脱此类边缘性地位，他们又会做出应时而变的回应。下节，我们将看到黔西北"白儿子"族群为了争取白族的民族身份，选择性地忽略祖先来自南京的迁移故事。

_____

① 《中国民族问题资料·档案集成》第 5 辑《中国少数民族社会历史调查资料丛刊》第 90 卷，第 392—396 页。

三　作为白族：黔西北"白儿子"
族群的民族身份过渡

马曜先生讨论白族的身份构成时，提出白族人群在发展历程中，不断地融合周边的其他民族共同体。[①] 前文提到的云南许多地方文献认为当地的"白儿子"族群是白人的后代，清代儒士们借助地方志等文献对当地族群知识体系的确立，奠定了云南当地的"白儿子"族群被识别为白族的历史逻辑正当性。而西南地区的其他地方又因为过去的地方族群分布架构和地理语境等多种原因，导致区域族群知识体系下的"白儿子"族群与本地彝、苗、汉等族群的融合色彩更为强烈，呈现出多样化下的相对封闭、松散和独立的特征。同时，"白儿子"作为失势族群的身份标签，难以展示相关人群在生活、文化等方面的社交姿态和竞争形象。为了摆脱这一带有污名化的标签，"白儿子"人群努力地寻找其他族别标签作为替代品。新中国成立后党和国家实行的民族识别政策为他们提供了修正身份标签的可能，也打破了"白儿子"族群在过往的相对封闭性、松散性和独立性，他们在争取白族的民族身份时实现了跨地域的族群/民族身份认同，最终凝聚在白族身份的认同旗帜之下。本节所讨论的黔西北地区"白儿子"族群争取识别为白族的案例将明晰地展现相关过程。

贵州的"白儿子"族群主要分布在黔西北，尤以威宁县为多。前文引用的清代文献多表明威宁县的"白儿子"族群是彝人、苗人之后，或者是彝人、苗人与汉人通婚而生养的后代，但本地的"白儿子"族群却在民族识别工作开展之际，强调他们都是大理白人的后代。威宁县在 1981 年成立民族识别办公室，着手对本县"白儿子"族群的识别，

---

① 马曜：《白族异源同流说》，《云南社会科学》2000 年第 3 期。

一年后圆满完成识别工作。1984 年的回忆文献称：

> 七姓民已无本民族语言，解放前多使用彝语，解放后年轻人多用汉语，风俗习惯与彝族相近。……七姓民解放前跟其他少数民族一样，深受反动统治阶级的政治压迫和大民族主义的歧视。羊街区羊街公社有座山叫"白儿子银盘"，盐仓区么站公社有口水井叫"白儿子水井"，羊街区严家公社有块"白儿子地"，金钟区结里公社有"白儿子垭口"，等等，这些都是他们居住的地方。解放前，七姓民自称"民家"，汉称"白儿子"，彝文古书和彝语称"罗苴"。解放后，特别是云南大理白族自治州成立后，除以往报的"七姓民""民家""彝族"外，有的报"白族"，由于没有统一族称，报法亦较混乱。……南诏大理国时，王室常派驻防军即上文说的罗苴，到三十七部的关津要隘驻防，威宁正是当时三十七部的乌撒部，威宁七姓民，就是南诏大理时，王室派出监督乌撒卫彝族贵族的军队的后裔。……威宁七姓民苏氏碑上记载："我族太古荒运难稽，或曰七闽，或曰民家族……由滇入黔，初来乌撒，始祖公住于宰羊坡（威宁二街）。"张姓家谱中记载："我族同胞本至亲，连根共蒂一家人，算来均系九龙派，散居滇黔作毗邻……铁柱增辉总是真。"另有对联云："派衍今天对照数千余年历史，辉增铁柱相传四十七代雄风。"可见七姓民的老故乡是白族摇篮的洱海苍山区域，那里有南诏铁柱（在今大理白族自治州弥渡县城西约六公里的铁柱庙内），云南白族传着九龙话，认为自己是九龙之裔，七姓民自称"均系九龙派"，这与白族的传说是一致的。……几个李姓的申请中写到："我们认为我们是云南白族，党和政府挽救了我们这个将要解体的民族，我们一定要为振兴中华而奋斗，我们迫切要求定下我们的族称。"威宁县民族识别办公室，根据上述调查和民族意愿，为了保障少数民族享有民族平等权利，尊重少数民族正确

表达自己的民族成份，认定并详实地写出关于七姓民返本归源为白族的专题报告。……①

因为"白儿子"是带有贬义色彩的他称，所以威宁县的"白儿子"族群多自称"民家"或者"七姓民"（为张、李、苏、赵、杨、钱、许七个姓），而当地的彝文和彝语称其为"罗苴"。威宁的"白儿子"族群操彝语，习俗如彝族，崇信佛教。据上文记载，识别组查阅《蛮书校注》"南蛮条教"第九，看到"罗苴"一词为"南诏时勇猛军人之称谓"，便认为，在历史渊源上"白儿子"族群应该是南诏、大理政权派至今黔西北地区监督本地彝人贵族政权的军队后裔。这意味着，长期以来在西南地区历史发展中占据重要地位的云南政治散射出来的历史经验仍旧影响着周边人群的认知，它具体表现为白人组建的南诏政权、大理政权所主导的西南地区的社会结构和地缘政治对其他族群产生了深远影响。笔者相信，迄今为止，西南地区的这一历史传统依旧是非常好的文化资源，将之作为铸牢中华民族共同体意识的重要途径，既有助于西南地区的人群建构相应的、平等的身份标签，也能强化西南地区的国家、民族认同感。无论如何，威宁的"白儿子"人群作为一个族群实体，的确曾为争取"白族"的民族身份而努力。他们曾分散而混乱地自我上报为七姓民、民家、彝族、白族等民族身份，而后不断挖掘自己的白人遗传性族群身份资源，甚至前往云南进行沟通，最终形成合力，成功被识别为白族。

黔西北地区"白儿子"族群被识别为"白族"的过程，也是"族群"转化为"民族"的过程。该过程包含着便利的现实考量，是我国开展民族识别工作时尊重少数民族正确表达自己的民族成分的包容性制

---

① 因全文篇幅过长，无法全部引录，故只摘录重点内容。下文中论述的一些识别工作动态若无特殊说明，均是出自此文，不一一注释。详见政协会议威宁彝族回族苗族自治县委员会文史资料研究委员会编《威宁文史资料》第 1 辑，1984 年印本，第 32—36 页。

度实践。一方面,"白儿子"族群未转入苗、彝的民族系统是一种刻意的去污名化行为。清代,贵州地方文献把"白儿子"族群书写为汉人入赘苗、彝等族群后生养出的后代,且"白儿子"的称呼来源带有族群歧视的色彩。因此,识别为西南地区历史悠久、分布广泛的白族,既可以摆脱过去受到污称的历史,也可以壮大本群体的声势。否则,单从地方调查组搜集的生活习俗的记载来判断,他们和彝族更为接近。另一方面是他们对白族身份认同的主动构建。除上述利用彝文(语)称谓作为溯源证据外,他们也在选择性地忽略传统的祖先谱系。识别组采纳威宁"白儿子"族群的申请意见,并引用一支苏姓人群立于民国 17 年的墓志铭作为印证材料,指出他们确实由滇入黔,从而结合南诏、大理政权派军队入黔西北的白人迁徙叙事,但有意地忽略碑文中提到的苏氏"溯夫原籍,系南京应天府白马街柳树巷珠市桥四方井大石板为记"的信息。[①] 苏氏附会祖先来自南京的传说并不单一,其他六姓"白儿子"人群也有此种情况。例如,同样被识别为白族的钱氏称其入黔始祖,原籍江南应天府十字街杨柳巷,明初随沐英镇守云南,后又辗转至黔西北。[②] 即使作为佐证材料的文献自带矛盾,但这些矛盾之处都在他们努力追求白族身份的愿望下被有意忽略,以避免与构建白族身份认同产生冲突。

连瑞枝强调,人群与制度相互对话与调节的过程是族群形成的主题。[③] 的确,政府部门的帮助对于保障少数民族群众的利益、加强民族团结和铸牢中华民族共同体意识具有重要意义。在该案中,识别组重视本地"白儿子"群众合理表达自己民族身份的需求,为他们被成功识别为白族寻找有利的历史依据,反映出多民族地区地方政府对不同群体

---

① 该墓志铭全文见李平凡、颜勇主编《贵州世居民族迁徙史》(下),第 581—582 页。该论著也注意到苏氏墓志铭多有矛盾的情况,但只是简单地称之为附会之说。
② 李平凡、颜勇主编《贵州世居民族迁徙史》(下),第 581—582 页。
③ 连瑞枝:《僧侣·士人·土官:明朝统治下的西南人群与历史》,第 8—10 页。

呼应身份的良性回应，是我国开展民族识别工作时以人为本的包容性制度实践的典范。识别组所寻找的历史依据，是黔西北的"白儿子"族群在西南区域中长期共享的历史经验的一部分。从主观的过程来看，黔西北的"白儿子"族群之所以能形成合力去争取"白族"的民族成分，离不开他们共有的内部历史经验。一些西方研究者对我国的国家话语与权力结构进行分析时，倾向于认为我国的民族政策将一些人口众多、支系复杂的民族整合在一起，而这些民族内部原本并没有共同的历史记忆和心理认同。① 本节案例表明，黔西北"白儿子"族群的祖先来自南京的内部族群历史经验，既是他们作为一个世系群集团单位"我群"认同体系建构的重要成分，也是支撑他们做出一致身份追求的重要基础与力量。换言之，正是共同祖先来自南京的历史经验，才能高强度地凝聚他们的世系群团体认同感，并在此基础上进行内部的协调转换，衔接祖先来自云南大理的历史认同，以进一步寻求白族的民族身份而摆脱边缘性的族群地位。② 当然，政府部门尊重民族意愿的识别原则也是重要的客观动力。之后，识别为"白族"的过程又进一步增强了他们的族群与民族认同感。

总之，他们争取识别为"白族"的动机、过程和结果，并非建立新的族群或民族认同，而是已有的实体集团认同的总体强化和部分调适。"白儿子"族群的社会记忆变化并不奇怪，集体记忆作为一种社会建构的过程，本身就是由当下的关注所形塑。③ 而民族识别实际上是原来族群自我建构的延续，类似的案例也不只是发生在白族人群身上。温

① 参见卢露《从桂省到壮乡：现代国家构建中的壮族研究》，社会科学文献出版社，2016，第 4 页。

② 根据其他文献的记载，该次"白儿子"族群被识别为白族，还涉及赫章县、水城县，而后又确认了大方县、盘县等地方的"白儿子"人群为白族，这意味着众多的"白儿子"人群通过跨地域的联系，共同去争取"白族"的民族身份。参见董建中《白族》，辽宁民族出版社，2014，第 78—79 页。

③ 〔法〕莫里斯·哈布瓦赫：《论集体记忆》，毕然、郭金华译，上海人民出版社，2002。

春来对近代西南地区的"夷人"过渡为"彝族"的讨论已明确强调，新中国开展民族识别工作以后，彝民族的全面化共同体建构才算大致完成。[①] 一些海外论著在讨论有关民族实体形成时有意忽视这一重要前提，[②] 忽略了国家所扮演的客观的积极角色，提出一些较为偏激的观点，我们应当予以警惕。

结　论

"白儿子"是分布在云、贵、川等地区的一个族群身份标签，以往研究多将其归类为白族先民。囿于文献之阙如，本文难以对"白儿子"族群的身份变迁做出更加详细的历时性梳理，但也探究到一些学理经验。过往，掌握族类知识体系书写权力的儒士精英们对本地"白儿子"族群的成分和形象的理解与呈现都展示出相对封闭和独立的特点，基于更小区域的族类架构认识现状，使得整个西南地区"白儿子"族群的身份构成与风俗形象呈现多元化、矛盾化的特点：一是指西南地区僰人、白人、彝人、苗人等世居民族的后代；二是指汉人与西南地区世居民族通婚孕育的后代；三是指外迁而来的移民集团。因为掌握历史书写权力者的漠视，现今难以探究"白儿子"族群的真实性历史经验。但是，"白儿子"族群所构建的历史记忆，也是其所经历的真实经验的一部分。川南李氏的个案，展示出身处边缘地位的"白儿子"族群借助区域互动的国家进程史事，为抹除族群标签的受歧视性色彩，从而主动构建出祖先来自南京的历史记忆。另外，他们的日常习俗里掺杂着浓厚的区域文化，这也是塑造他们的历史经验的一部分。在历史进程中，

---

①　温春来：《身份、国家与记忆：西南经验》，北京大学出版社，2018。

②　例如，K. Palmer Kaup, *Creating the Zhuang: Ethnic Politics in China*, London: Lynne Rienner Publisher, 2000；〔美〕斯蒂文·郝瑞：《田野中的族群关系与民族认同——中国西南彝族社区考察研究》，巴莫阿依、曲木铁西译，广西人民出版社，2000。

"白儿子"作为失势族群的身份标签，难以展示相关人群在生活、文化等方面的社交姿态和竞争形象。云南地区的"白儿子"族群具有文献解释权上的历史逻辑正当性，可以顺理成章地被识别为白族，而西南其他地域的"白儿子"族群在本地族群知识体系的书写中几乎从未与白人联系起来。但是，对黔西北的个案考察展示出"白儿子"族群对内部历史认同的主动转化，而非像部分西方研究者所强调的无历史记忆、无心理认同，完全是国家所构建的偏激论点。正是"白儿子"族群对自身历史经验的主观调整，加上政府部门依照尊重民族意愿的识别原则，使得"白儿子"族群被识别为白族。

学术综述

瓷业内外：近百年来景德镇研究的回顾与反思

朱　焘[*]

摘　要　通过对公藏古籍、史料汇编和未刊档案等多种史料的钻研，学界对"瓷内"和"瓷外"的景德镇展开了系列研究。景德镇研究可追溯至民国初年，在近百年的研究中，其历经了社会调查、古史分期、市镇研究、地域社会论等范式。近年来，景德镇研究可分为瓷窑考古、断代陶瓷、官御民窑、产业与地域社会、商贸活动、全球史的尝试等六大热点议题。在多学科背景的学者的共同努力下，景德镇研究有了新的研究范式，并取得较大进展，但也有一些不足之处，如存在"厚古薄今""重官轻民""有果无因""趋物避人"之现象，并且大量研究具有同质化问题。为提升景德镇研究质量，拓展其研究空间，需要从加强问题意识、扩大资料开放、推进田野调查、引入新技术方法等方面进行突破，对近百年来中外文学界景德镇研究的回顾和反思也显得尤有必要。

关键词　景德镇　瓷业　窑口　瓷器贸易　研究范式

---

[*]　朱焘，华东师范大学历史学系、民间记忆与地方文献研究中心博士研究生。

　　景德镇①以瓷闻名全球，学界也多有研究。就人文社科类研究领域而言，笔者认为可以分为瓷内和瓷外两大类，"内"一般指瓷器之专门研究，而"外"则主要是指以瓷业为中心衍生的其他研究，譬如窑口、商贸活动、制瓷人群、瓷业与地方社会变迁等。以景德镇为研究对象的成果恒河沙数，笔者仅通过中文学界常用的中国知网和读秀以"景德镇"为关键词进行检索，便搜集到期刊 22442 篇和图书 5247 种，② 此外还有教育部基金项目 7 项和国家社科基金项目 11 项。③ 这样的统计虽未包含港澳台和外文学界的研究，甚至也由于数位化的缺憾忽略了 1982 年前的成果，但足以说明景德镇研究的数量之巨。

　　然而，仅 1987 年和 1991 年杨静荣、冯先铭等曾对陶瓷史研究有所反思，其中略谈及景德镇，④ 回顾对象亦主要是古瓷之专门研究。时至今日，虽相关研究不断增加，但并未有学者或相关机构对瓷内和瓷外的景德镇研究进行梳理和回顾。即便一些以景德镇为研究地域的学位论文有学术史回顾部分，但也只是侧重于某个专题，且常忽略港澳台和外文学界的研究。笔者长期在景德镇田野调查后认为，景德镇不论是从地理位置，还是从历史上之产销活动而言，其意义远不止为曾公认的"中

---

① 景德镇位于江西省的东北部，境域毗安徽省的休宁、东至、祁门和本省的鄱阳、婺源、德兴、万年、弋阳。市域春秋时属楚东境，秦时为九江郡番县辖地，汉时属豫章郡鄱阳县。东晋时称新平镇。唐武德二年（619），划鄱阳县东部为新平乡，武德四年（621）置新平县。镇为县属，因在昌江之南，故又称为昌南镇。武德八年撤县，开元四年（716）复置，县治设在新昌江口，故称新昌县。天宝元年（742）改名浮梁。镇先后隶于新昌、浮梁县。宋真宗景德元年（1004）因镇产青白瓷质地优良，遂以年号为名置景德镇，并沿用至今。参见景德镇市地方志编纂委员会编《景德镇市志》，中国文史出版社，1991，第 13 页。

② 统计时间截止到 2022 年 1 月 31 日 23 点。

③ 数据来自"政眼通"政策大数据分析服务系统（http：//www.zytdata.com/project/analyseIndex）和国家社科基金项目数据库（http：//fz.people.com.cn/skygb/sk/index.php/Index/seach），最后访问时间：2022 年 1 月 15 日。

④ 杨静荣：《陶瓷史研究的回顾与展望》，《陶瓷研究》1987 年第 2 期；冯先铭：《中国陶瓷史研究回顾与展望》，中国古陶瓷研究会编《中国古陶瓷研究》第 4 辑，紫禁城出版社，1997。

国四大名镇"之一，更是物质文化史、全球史、商业史、地域社会史、江南市镇史等领域研究的重要落脚地。对近百年来中外文学界的景德镇研究进行整理和评述，至少有助于厘清一些相关的学术脉络和研究范式，从而避免大量的同质化研究，使得继往之研究能够走出瓷业内外，呈现出更多以问题为导向的学术研究。

一 景德镇研究的资料概况

景德镇研究之所以会呈现出大量学术成果，主要得益于丰富的史料存留。笔者认为主要可从公藏古籍、史料汇编、近代报刊、未刊档案、田野调查等五方面讨论其史料情况。

其一是景德镇相关的公藏古籍，主要是以景德镇市图书馆、乐平市图书馆、景德镇陶瓷大学、景德镇市陶瓷研究所等为代表的官方机构征集和收藏的未公开出版之资料。景德镇市图书馆前身为浮梁县图书馆，始建于 1936 年，在建馆之初就开始注意收集地方古籍文献。1955 年 2 月，景德镇市成立了"古旧图书清理委员会"，进一步征集到数千册古籍，[①] 为现今该馆的丰厚馆藏奠定了坚实基础。截止到 2021 年 12 月，现藏古籍图书 16855 册、民国文献 13929 册，主要分布在该馆的古籍室和陶瓷文献图书馆，分为方志、族谱、地方文献等种类。在方志中，有多种民国前的《浮梁县志》、《饶州府志》和《江西通志》，其中康熙二十一年版为孤本；族谱以本地家谱为主，有 30 余部，包括《湘湖冯氏家谱》《嵩峡齐氏宗谱》《南阳刘氏宗谱》等，通过这些族谱或可对景德镇地方社会和家族网络等进行系列研究；地方文献主要是指一些时人所撰、保留了当地历史文化的古籍，譬如该馆所藏的《浮梁县同善社改选职员通告表》《江西省浮梁县法院民事判决书》等。而在地方文

---

① 李维纲：《景德镇图书馆历史沿革》，《江西图书馆学刊》1991 年第 3 期。

献中，尤具特色且数量庞大的当数瓷业文献，如《景德镇陶录》《陶记》《陶说》等，记录了景德镇各历史时期陶瓷生产、销售情况。[①] 关于其他馆藏机构更具体的古籍情况，江西省相关部门对景德镇地区有所普查和登记。[②] 需要注意的是，图书馆系统还收录了中华人民共和国成立初期的一些调查统计资料，[③] 这对学术研究也有重要参考作用。

其二是史料汇编，指已出版的历史文献资料，主要是古籍、档案汇编和文史资料等。在一些地方文化工程中，古籍出版已经成为重要的文化建设指标。与景德镇相关的古籍出版，尽管近年来成果不多，但这些稀见文献的公开对学术研究意义较大，其中具有代表性的如《景德镇新安书院契录》[④]、《中国古代陶瓷文献影印辑刊》[⑤] 和《景德镇陶瓷古籍文献精粹》[⑥] 等。在档案汇编方面，景德镇相较于其他历史文化名城显得尤为滞后，主要是中国第一历史档案馆整理出馆藏的雍正至宣统八帝间清代皇宫旧藏有关瓷器档案影印件十万余页，以奏折文稿、贡档进单、

---

① 张东伟：《景德镇图书馆馆藏古籍陶瓷文献概述》，《2017 年全国中小型公共图书馆联合会研讨会论文集》，2017 年 12 月。

② 江西省景德镇地区古籍普查登记目录编委会编《江西省景德镇地区古籍普查登记目录》，北京图书馆出版社，2018。

③ 如江西省历史学会景德镇制瓷业历史调查组编《景德镇制瓷业历史调查资料选辑》（内部资料，1963）、江西省陶瓷工业公司编《景德镇市陶瓷工业统计资料》（1964）。

④ 《景德镇新安书院契录》编订于 1924 年，系当时书院六邑各董事为妥善管理书院财产，以杜"契券散佚致后来弊害"，特召集各业会首清查书院名下房产、田产，并"调阅租簿核对契据"后重新编录造册而成。起抄于 1924 年 10 月，终抄于景德镇解放前，历时近 25 年；它详尽地抄录了从清康熙二十三年（1684）至民国 38 年四月六日（1949 年 5 月 3 日）的契约 252 份，时间跨度近 300 年。全书一套四册，分为"编订大要"、"目次"、"序言"、"浮梁县公署布告"及"契录正文"五个部分。该书反映了景德镇当时不动产交易的过程、标准与规范，以及商业区分布和城市结构的关系等，是研究景德镇经济史的重要文献。具体参见郑乃章编《景德镇新安书院契录》，江西人民出版社，2012。

⑤ 景德镇陶瓷学院中国陶瓷文化研究所编《中国古代陶瓷文献影印辑刊》，世界图书出版广东有限公司，2013。

⑥ 景德镇市图书馆将馆藏陶瓷古籍文献《陶记》《陶说》《景德镇陶录》《景德镇陶歌》等文献选辑出版为该书。具体参见景德镇市图书馆编《景德镇陶瓷古籍文献精粹》，扬州广陵古籍刻印社，2012。

清档簿册三大类别编排出版。① 此外，由于御窑厂与清宫造办处的联系，在中国第一历史档案馆和香港中文大学博物馆编撰的《清宫内务府造办处档案总汇》中也存有不少关于景德镇的记载。② 而数量较大的资料汇编类当数文史资料，笔者在走访景德镇市政协文史委后发现，仅以《景德镇文史资料》为名的图书就已出版 20 余种，③ 在这些资料中，有大量的当地一些重要事件亲历者之回忆。还有一些历史文献选辑汇编，对清代以降的瓷业生产、商帮活动、军政体系等地方性信息均有较多记载。

其三是近代报刊资料。从晚清民国至当代，在各地馆藏的旧报纸中可能都能找到大量关于景德镇的历史记载。随着近代报刊的兴起，各报刊对于景德镇历史的报道就成为重要的"一手史料"。据统计，民国时期，江西的国统区创办期刊 531 种，苏区有 105 种，目前仅江西省图书馆藏中与江西相关的民国期刊就达 560 余种。④ 而新中国成立后的日报、晚报等官方发行的地方报纸更为齐全，其他诸如中国香港、澳门、台湾，以及东南亚、北美等地的报刊亦十分丰富。此外，景德镇市的地方报纸数量也相当巨大，笔者目前发现最具连续性和系统性的为《景德镇报》⑤，藏于国家图书馆和景德镇市图书馆等机构。笔者认为，相当多的报刊资

---

① 铁源、李国荣主编《清宫瓷器档案全集》，中国画报出版社，2008。
② 中国第一历史档案馆、香港中文大学文物馆编《清宫内务府造办处档案总汇》，人民出版社，2005。此外，由于唐英曾任景德镇督陶官，亦有学者将清代雍正、乾隆两朝景德镇官窑督陶官唐英与陶瓷相关的诗文、奏折，以及清内务府造办处档案中的相关文献进行整理。参见张发颖编《唐英督陶文档》，学苑出版社，2012。
③ 具体参见中国人民政治协商会议景德镇市委员会文史资料研究委员会编《景德镇文史资料》（内部出版），第一本出版时间为 1984 年，当下仍在持续出版。
④ 熊向东主编《江西省出版志》，江西人民出版社，1998，第 90 页；邵鸿主编《江西省图书馆馆藏民国时期期刊编目总汇》，南昌大学图书馆藏内部资料，2005，第 2 页。
⑤ 1955 年 3 月 22 日，中共江西省委批准创刊《景德镇报》，为中共景德镇市委机关报。1958 年 7 月改名为《景德镇日报》，该报在"文革"中被迫停刊。1979 年 12 月 18 日，中共景德镇市委决定创办《景德镇通讯》为市委机关报。1982 年 7 月 21 日，中共江西省委宣传部同意中共景德镇市委把《景德镇通讯》更名为《景德镇报》，这标志着创刊于 1955 年 5 月 15 日的《景德镇报》开始复刊。1986 年 7 月 1 日，《景德镇报》改名为《景德镇日报》，发行至今。

源尚未被利用，若系统性地搜集上述报刊资源，全面遴选有关景德镇的报刊资料，目前许多景德镇难以辨明或模糊的历史，或有望通过报刊史料得到考证、还原和呈现。

其四是未刊档案，档案是反映国家、地方与社会发展的原始史料，其规模最大，内容最多。除景德镇市、乐平市、浮梁县、昌江区、珠山区馆藏文书档案外，有关景德镇历史的档案还广泛分布在各地。其中，都昌县档案馆、鄱阳县档案馆、上饶市档案馆、江西省档案馆、中国第一历史档案馆、中国第二历史档案馆、中央档案馆、台北"故宫博物院"、台北"国史馆"等，因属地和历史原因，保存了相当数量有关景德镇历史的档案资料，包括明清公文书、贡生名录、民国地方事件记载，以及中华人民共和国成立后景德镇数个瓷厂、社队的相关文书。就研究时限而言，如欲研究明清时期的景德镇，则不得不前往中国第一历史档案馆查阅相关档案。由于明宣德年间在景德镇设御器厂，尤其清康熙时期设督陶官制度后，景德镇成为清宫廷造办处的重要京外制作地，因此与中央联系紧密，而一档馆中也存留大量景德镇相关档案。① 随着纸质公文书的普及和保存，民国之后的历史档案主要被地方档案馆所收藏。另外，有关景德镇的更多历史记载，亦有可能存于中国香港、台湾，以及日本、北美、欧洲、东南亚等地的档案文书中，亟待挖掘、抢救与整理。而景德镇在中华人民共和国成立初期，通过公私合营等社会主义改造，基本将所属辖区内的私营手工作坊合并为"十大瓷厂"，这些瓷厂曾经成为景德镇居民的主要生计单位，亦保留了大量相关档案。而在 20 世纪 90 年代初期以来的改制和破产倒闭风潮中，很多档案未移

---

① 中国第一历史档案馆目录查询系统，http：//www. lsdag. com/nets/lsdag/page/topic/Topic_1697_1. shtml？hv＝。值得一提的是，台北"故宫博物院"的"图书文献数据典藏资料库"已将其馆藏的清代宫中档及军机处档折件、清代文献档册等数字化并免费向公众开放，笔者发现其中有数以百计的景德镇相关档案。具体参见 https：//rbk-doc. npm. edu. tw/npmtpc/npmtpall？ID＝680&SECU＝209257339&PAGE＝npm/search_npmmeta&ACTION＝SC% 2Cnpm% 2A@ @ 1652251044。

交档案局，仍存留在留守企业档案室中，或被景德镇陶文旅集团接收，或散落民间。

由于民间流有大量相关的史料文献，因此田野调查显得尤为重要和必要。一方面在景德镇市各地分布着大量古代碑刻。江西历史学会在1963 年前后收集的部分碑刻成为当下景德镇研究不可或缺的史料，目前也有一些学者在继续找寻，[①] 这些碑刻史料对于理解景德镇社会变迁有着重要的补缺意义。另一方面是民间流布着大量古旧文献。笔者曾在景德镇的古旧市场、陶瓷文物市场等发现已成规模的"鬼市"，被很多文物和文史爱好者称为南方"潘家园"，那里的旧书交易中不乏古籍、契约文书、档案等重要历史文献。目前，通过"鬼市"流出的文献已经促成了一些研究，其中较具代表性的为王振忠通过解读从旧书市场购置的道光二十四年（1844）抄本《水陆平安》，重新勾勒出明清时期景德镇瓷业的销售网络，对腹地商帮活动提出了新的讨论和观点。[②] 笔者相信，通过持续的口述访谈和深度调查，不仅能够发现更多的民间文献，也将在这些文献的基础上进一步推动景德镇研究。

二　景德镇研究的起源与学术脉络

将景德镇作为现代学术研究对象，最早可追溯至民国时期。景德镇研究之起源从瓷业、瓷器研究开始，也与近代社会调查在中国兴起密切相关。据笔者目力所及，开始出现相关研究是在 20 世纪 10 年代末，其中具有代表性的为程村居士，其《柴窑考证》对清人蓝浦所著《陶录》

[①] 刘朝晖的博士学位论文收录了十余处新发现碑刻，参见刘朝晖《明清以来景德镇的瓷业与社会控制》，博士学位论文，复旦大学，2005，附录部分第 19—39 页。此外，从 2018年起，厦门大学、中山大学和景德镇市浮梁县的一些学者通过田野调查在当地陆续搜集到一些碑铭，最新成果参见文师华、叶时清编著《浮梁历代碑刻》，江西美术出版社，2022。在此感谢该书副主编张金林博士提供相关信息和惠赠全书。

[②] 王振忠：《瓷商之路：跋徽州商编路程〈水陆平安〉抄本》，《历史地理》2011 年第 1 期。

进行了系列勘订和注释。① 随后何应枢又推出陶瓷考证类研究,② 也涉
及景德镇。这些研究主要是精通旧学之士基于古文献的梳理考证,与近
代实物陶瓷考古有较大区别。

随着社会调查的兴起,景德镇研究至少出现三大起源。首先是近代
高校、社会团体和科研机构对景德镇有较大规模的普查。其中以中央研
究院尤具代表性,其工程研究所曾编《中央陶瓷试验场工作报告》,对
景德镇等地的陶瓷试验场皆有专门详细之研究报告。③ 在文史相关研究
中,1934 年,武汉大学郭斌佳教授指导史学系本科生江思清撰写《景
德镇瓷业史略》作为毕业论文,两年后,江在此基础上增撰成 12 万字
的《景德镇瓷业史》,由中华书局出版,这被视为第一部以近代学术方
法研究景德镇瓷业的专著。④ 而江在毕业后即便先后在江西鄱阳、上饶
和浙江杭州以及浮梁师范中学任教,但仍一直从事瓷业研究,至中华人
民共和国成立后,他又与他人合作编写《窑变观音:中国瓷器传说》、
《景德镇陶瓷史稿》和《中国的瓷器》等著作。⑤ 其次是政府机构的调
查。民国时期江西省政府注意到景德镇陶瓷生产和贸易的经济价值,于
1934 年在景德镇设立江西陶业管理局。在杜重远等人的筹划下,该局
对景德镇进行了大量以瓷业为中心的社会调查,最终多以调查或研究报
告的形式呈现。⑥ 除此之外,国民经济建设运动委员会江西省分会也尤
为注意江西的瓷业情况,其编《江西改进瓷业之设施》介绍江西陶业
管理局设立国窑厂与原料精制厂的经过,以及江西光大瓷业公司等改进

---

① 程村居士:《柴窑考证》,自印本,1919。
② 何应枢:《陶瓷学》,商务印书馆,1928。
③ 中央研究院工程研究所编印《中央陶瓷试验场工作报告》,1930。
④ 江思清:《景德镇瓷业史略》,学士学位论文,武汉大学,1934;江思清:《景德镇瓷业
史》,中华书局,1936。
⑤ 江思清编《窑变观音:中国瓷器传说》,作家出版社,1958;江西省轻工业厅陶瓷研究所
编《景德镇陶瓷史稿》,生活·读书·新知三联书店,1959;江西省轻工业厅景德镇陶瓷
研究所编著《中国的瓷器》,中国财政经济出版社,1963。
⑥ 如江西陶业管理局编印《景德镇制瓷原料概况》,1935。

瓷业设施的情况。① 其三是外国来华势力的调查。譬如日本东亚同文书院的河本忠司在景德镇进行广泛调查后撰成《景德镇陶磁器の商业的调查》。② 这些研究对日方而言极具情报价值，主要用于对华贸易，甚至服务于后来的军事战争和资源侵占。以上成果距今年代久远，以当下的学术标准来看，可能很难被视为严肃的学术研究，而常被作为资政、经济或情报信息。事实上，在当时而言，有相当多的成果是陈庚昌、杜重远、康达、江思清、戴亮俦等学人、商人、匠人以学术之态度进行整理或编撰，对于景德镇研究之萌芽具有开创性意义，为如今的研究奠定了基础，他们所存留的文稿，既是学术史，也是资料集。不过需要注意的是，这些调查和研究受到时代与政治的影响，撰写的背后都有一定的目的性，解读与分析时不能脱离其具体语境。

社会调查式研究成为民国时期景德镇研究的主要形式，而在中华人民共和国成立后，这种"旧的研究范式"开始被摒弃。由于受到知识分子思想改造运动和高校院系调整等影响，作为一门学科的社会学在1952 年前后从中国的高等教育和科研机构中消失了，③ 这几乎也是中国社会科学研究的缩影，社会调查式的研究在中国开始陷入停滞。取而代之的则是全面学习苏联和马克思主义指导下的学术研究，然而在种种因素的影响下，未被新政权认可的研究范式不断被批判和抵制，乃至许多成果异化成受政治运动和意识形态干预的"政治合法性"论辩和宣传动员式研究。

景德镇研究亦如此，其逐步成为"五朵金花"④ 中的资本主义萌芽

① 国民经济建设运动委员会江西省分会编印《江西改进瓷业之设施》，1937。
② 河本忠司：《景德镇陶磁器の商业的调查》，东亚同文书院，1941。
③ 陆远：《传承与断裂：剧变中的中国社会学与社会学家》，商务印书馆，2019，第 217 页。
④ 所谓"五朵金花"，是指在 1949 年以后，特别是 20 世纪 50 年代中期至 60 年代初期，中国史学界围绕着中国古代史分期问题、中国封建土地所有制形式问题、中国封建社会农民战争问题、中国资本主义萌芽问题、汉民族形成问题等五个基本理论问题展开的大规模讨论。具体参见蒋海升《"西方话语"与"中国历史"之间的张力——以"五朵金花"为重心的探讨》，山东大学出版社，2009，第 1 页。

和农民战争问题研究之热门。傅衣凌率先将景德镇陶工纳入农民战争问题研究的讨论之中，认为自明代以来就有手工业劳动者参与反抗封建统治，以此回应恩格斯关于"农民战争要取得胜利需与其他阶级相联合"的判断，[①] 不过在傅衣凌之后并未见到更多的相关论著。关于景德镇在资本主义萌芽中的角色，讨论得则尤为热烈。当时学界普遍认为鸦片战争以前，中国社会内部已孕育出资本主义萌芽，但究竟最早萌芽于何时、处于何种状态、产生了哪些作用，仍有大量争论，而棉纺织业和制瓷业成为史论具体载体，瓷业之讨论又常以景德镇为盛。譬如钱宏通过探讨景德镇的制瓷业，指出"在雍正年间民间瓷业已形成了少数拥有生产资料的窑户剥削大批一无所有的雇佣劳动者的制度"，认为从生产的规模、分工的精密以及雇佣关系的实质看来，鸦片战争以前的景德镇民间制瓷业已发展到资本主义的工场手工业阶段了。[②] 而徐文和江思清试图在此基础上进一步通过瓷业论证明代的中国资本主义萌芽问题。[③]此类学术争论成为当时研究热点，其实这也是通过手工业与资本主义萌芽问题推论出中国的工人阶级本土化和中共革命之合法性。[④] 但随后从翰香和日本学者高中利惠提出了不同看法。从翰香重点关注到景德镇的"搭烧制度"，即将御器生产任务包给民间烧造，她认为对景德的陶瓷业不能仅着眼于它的专门化程度之高、分工之精细等表面盛况，那些没有受官府直接控制的民窑，虽具有受封建行会势力统治和个体生产特点，但难以论证是否存在资本主义手工工场。[⑤] 高中利惠基于韦伯

① 傅衣凌：《明代苏州织工、江西陶工反封建斗争史料类辑——附论手工业劳动者在农民战争中所起的作用问题》，《厦门大学学报》1954 年第 1 期。
② 钱宏：《鸦片战争以前中国若干手工业部门中的资本主义萌芽》，上海人民出版社，1955，第 21 页。
③ 徐文、江思清：《从明代景德镇磁业看资本主义因素的萌芽》，中国人民大学中国历史教研室编《中国资本主义萌芽问题讨论集》（下），生活·读书·新知三联书店，1957，第 685—702 页。
④ 如江思清编《解放前的景德镇陶工运动》，景德镇人民出版社，1959。
⑤ 从翰香：《中国封建社会内资本主义萌芽诸问题》，《历史研究》1963 年第 6 期。

（Max Weber）对中国城镇的论断，围绕景德镇的行会展开论述。她认为制瓷业的核心是分工的劳动制度，而行会和会馆在其中虽发挥着重要作用，但远不至于达到了欧洲城市般的资本主义萌芽程度。[①] 此外，景德镇在中华人民共和国成立前，其瓷业发展是以中小型手工作坊为主，鲜有集群产业；而中共在对景德镇的社会主义改造成果中，尤为重要的是公私合营。通过对景德镇瓷业合营的研究与推介，其达到了理想的宣传效果。[②]

自 20 世纪 50 年代末以来，景德镇研究又出现了两个新的变化，即通史化和陶瓷科技考古的出现。关于通史化，主要是当时中共中央鼓励各地撰写"家史、村史、厂史、社史"以起教化作用，[③] 尤其在"大跃进"和"四清"运动的影响下，1964 年前后涌现出更多此类编撰成果。景德镇也受此影响，由江西省轻工业厅陶瓷研究所牵头编撰了《景德镇陶瓷史稿》，该书主要从封建时代、半殖民地半封建社会、新中国三个时期讨论了景德镇瓷业，重点突出了阶级斗争、生产斗争和科学实验的时代命题。相比文献类的学术研究而言，景德镇陶瓷的科技考古可能受意识形态影响较小，如中国科学院冶金陶瓷研究所曾多次组织专家团队赴景德镇进行发掘和研究，对瓷器胎、釉生产和景德制瓷原料都有较

---

① 高中利惠：《明清時代の景德鎮の陶業》，《社会経済史学》第 32 卷第 5—6 号，1966 年。

② 蒲希平：《景德镇瓷器工业的改造》，经济资料编辑委员会辑《做好公私合营企业的改造工作》，财政经济出版社，1956，第 26 页。

③ "例如在社会主义教育中，有意识地着重对青年进行阶级教育，用村史、合作化史、工厂史、贫下中农和老工人的家史对青年进行教育，学习雷锋等先进人物的事迹，展览革命斗争、阶级斗争的实物，读红色书籍，等等，这些都收到了很好的效果。有鉴于此，我们考虑，如果能够把一些村屯（生产大队或生产队）、工厂、矿山等单位的村史、厂史以及贫农、下中农和老工人的家史记载下来，并把一些有教育意义的文物保存下来，这对于现在和将来对青年进行阶级教育，都将不失为一些有价值的教材。有了这些材料以后，就是到将来没有人能够用亲身经历进行新旧社会回忆对比，也还可以用大量的具体生动的史实去对后代进行阶级教育。"具体参见《中共中央关于抓紧进行农村社会主义教育的批示（一九六三年五月十日）》，中华人民共和国国家农业委员会办公厅《农业集体化重要文件汇编（1958—1981）》（下），中共中央党校出版社，1981，第 673—674 页。

为详细的分析。① 而后受"文革"影响，关于景德镇的大部分研究也陷入了停滞状态，常刊登瓷业研究的由江西省轻工业厅景德镇陶瓷研究所主办的《陶瓷简报》（后称《陶瓷季刊》《中国陶瓷》）也于 1966 年下旬停刊。

直到 20 世纪 70 年代末，景德镇研究开始逐步复兴。随着学术环境的改善，学界也开始思考"史学危机"等问题，很多学者对"五朵金花"的论战热情也消退。虽此时仍有一些研究还在从景德镇瓷业角度回应资本主义萌芽问题，但已开始出现一些新的实证研究，对景德镇的窑工、瓷商的生计活动和瓷业基本结构有了更为详细的讨论。② 不过此时景德镇研究有个鲜明的时段特征，即大部分研究仍然聚焦于明清时期，景德镇成为明清史研究领域极为热衷讨论的区域，如王钰欣利用大量史料试图还原明清两代江西景德镇的官窑生产与陶政。③ 得益于 1982 年初御窑厂遗址的重新发现，④ 学界开始对明清御窑厂有诸多论述。譬如明代景德镇御器厂的始设时间历来说法不一，熊廖以有关的历史文献和考古实物为依据，论证了明代景德镇御器厂始设于洪武三十五年。⑤ 在官窑研究之外，也有学者关注到明代生产日用瓷的景德镇民窑的发展。⑥ 此时学界与海外的交流也逐步恢复和发展，以景德镇为主题的译介和海外学术来访开始增多。譬如中国古陶瓷研究会曾译介日本学者吉田光邦关于景德镇瓷器在历史时期外销情况的成果，以详尽的数据考证了 16 世纪初期至 18 世纪景德镇对葡萄牙、西班牙、荷兰、英国、巴拉

---

① 周仁等：《景德镇瓷器的研究》，科学出版社，1958。

② 如梁淼泰《明代后期景德镇制瓷业中的资本主义萌芽》，南京大学历史系明清史研究室编《明清资本主义萌芽研究论文集》，上海人民出版社，1981，第 469～497 页。

③ 王钰欣：《明清两代江西景德镇的官窑生产与陶政》，《清史论丛》第 3 辑，中华书局，1982。

④ 《江西省景德镇发现大批明代世俗建筑》，中国史学会、中国历史学年鉴编辑部编《中国历史学年鉴（1982）》，人民出版社，1982，第 278 页。

⑤ 熊廖：《明代景德镇御器厂始设年代考》，《景德镇陶瓷学院学报》1984 年第 1 期。

⑥ 叶佩兰：《明代景德镇民窑青花瓷器及其艺术成就》，《故宫博物院院刊》1984 年第 3 期。

圭等 14 个国家和地区的出口额及商船贩运情况。[①] 1978 年，景德镇成为中国率先对外开放的 80 多个城市之一，同年，日本陶磁协会[②]的冈田宗叡、箱崎典子、横田礼一郎等人到景德镇调研，并撰文介绍其研学之旅，[③] 次年景德镇瓷业代表团回访日本。[④] 日本的东洋陶磁学会[⑤]也多次接待中国学者，冯先铭于 1982 年应三上次男邀请多次在该会做学术演讲，[⑥] 此后日本学者在 1982 年和 1990 年该会的年度大会中分别以"中国陶磁の諸問題""中国陶磁研究の現況"为主题展开讨论，其中景德镇瓷业研究毫无疑问是讨论重点。这些国际性学术交流给景德镇研究带来诸多影响，其中较为直观地体现在历史上景德镇瓷器外销问题得到学界的重视。譬如朱培初等人开始致力研究明清景德镇瓷器的外销情况，他首次比较系统地介绍了明清陶瓷和世界各国的交流以及中国陶瓷对世界各国的影响。[⑦]

　　至 20 世纪 80 年代末，景德镇市开始编修新方志。1991 年出版的《景德镇市志》对景德镇相关史实有了系统的回顾和总结，[⑧] 景德镇市

---

① 吉田光邦：《景德镇陶瓷生产与贸易情况》，《中国古外销陶瓷研究资料》第 3 辑，内部出版，1983，第 137—149 页。

② 日本陶磁协会，是对陶瓷有兴趣的同好之士（学者、收藏家、美术商）于 1946 年在东京成立的，1953 年创办学术刊物《陶说》，为目前日本关于陶瓷工艺调查、展览和研究的最大学术组织，《陶说》刊载了大量关于景德镇的研究。具体参见 https://www.j-ceramics.or.jp/about-association/，最后访问时间：2022 年 3 月 30 日。

③ 横田礼一郎：《日本陶磁協会景德鎮へ（中国旅行特集）》，《陶说》第 306 期，1978 年。

④ 《景德镇市陶瓷友好访问团赴日本受知县濑户市访问的文件材料》（1979 年），景德镇市档案馆藏，档案号：1025-001-12。

⑤ 东洋陶磁学会，日本的陶瓷研究者于 1973 年在东京成立，成员主要是日本学界东亚陶瓷考古和陶瓷史研究领域的学者，于 1973 年创办《東洋陶磁》，刊载了如《清代乾隆年間における景德鎮官窯の盛衰—管理体制の変化に着目して》《清代前期の景德鎮窯業》等多篇与景德镇瓷业史相关的论文。具体参见 https://toyotoji.com/society/，最后访问时间：2022 年 3 月 30 日。

⑥ 冯先铭：《講演—中国陶磁研究の現状》《講演—磁州窯について》《座談会—中国陶磁を語る（1）—馮先銘氏を迎えて》《座談会—中国陶磁を語る（2）—三上次男氏の最近の知見を中心に》，《東洋陶磁》第 7 卷，1982 年。

⑦ 朱培初：《明清陶瓷和世界文化的交流》，轻工业出版社，1984。

⑧ 景德镇市地方志编纂委员会编《景德镇市志》，中国文史出版社，1991。

地名学研究会对当地的主要地名进行回溯和考证。① 虽然此时景德镇研究如其他人文社会科学研究一样略显沉寂，但已能明显看出此时与新中国成立初期的"史论派"不同，开始走向实证化研究，即对景德镇的瓷业展开基于史料的考证和史实重建。

到 20 世纪 80 年代末 90 年代初，中国的学术研究机制逐步走向完善，景德镇研究也由此受益。譬如梁淼泰的科研项目"景德镇市经济史研究"被列为国家社会科学基金资助课题，在获得省内外的支持下，梁淼泰最终完成了《明清景德镇城市经济研究》一书。② 这部著作可以视为景德镇研究的分水岭，标志着学界对景德镇已不再满足于瓷业研究，而开始对景德镇区域本身有较为学术化的讨论。梁淼泰也成为改革开放初期中国景德镇研究的中坚力量，相继发表和出版了多部论著。这股热潮其实也是由于受到当时江南市镇研究的影响，③ 从此景德镇也成为市镇研究的重要对象。同时，也有一些学者注意到以往的景德镇研究主要集中于明清等古代时段，对于中华人民共和国成立以来的景德镇基本语焉不详，因此以瓷业为中心编著了《现代景德镇陶瓷经济史（1949—1993年）》，较详细地记述了 40 多年间景德镇陶瓷工业的发展历程。直至20 世纪末，景德镇研究基本是围绕江南市镇和工业建设两条线展开，这也成为当时很多类似集镇的基本研究范式。

三 当前景德镇研究的一些热点问题

虽然 2000 年的世纪之交难以作为学术研究瞬变的节点，但基于之前的大量研究，景德镇研究开始走向越来越学术化之路。不得不承认的是，21 世纪以来的景德镇研究逐步涌现出诸多较新的研究成果，笔者

① 景德镇市地名学研究会编《瓷都地名研究文集》，内部出版，1995。
② 梁淼泰：《明清景德镇城市经济研究》，江西人民出版社，1991。
③ 参见任放《中国市镇的历史研究与方法》，商务印书馆，2010，第 10 页。

择其精要概括为六大热点研究议题。

（一）瓷窑考古研究

景德镇研究的兴起和发展，除依赖存世文献外，还必须依靠考古发掘的支撑。景德镇被誉为"瓷都"，但代表景德镇制瓷技艺巅峰和尤为影响其地方社会的御窑厂遗址却迟迟未被发现，直至 20 世纪 80 年代考古手段的介入，人们才意识到御窑厂已长埋于建满办公楼房、商场和民宅的珠山区地下。学界普遍认为中国的现代考古学，是由李济和梁思永等留学归国的专业学者在 20 世纪 20 年代逐步建立，[1] 与此不同的是，瓷窑考古由文献考据转向考察发掘式的田野作业和实物鉴定，则是由一些瓷器爱好者和古玩营业者所推动，代表人物有陈万里和孙瀛洲。其中陈也是较早对景德镇古窑进行科学考察的学者之一，他根据湘湖和湖田等地的古瓷碎片提出了不少具有开创性的见解。[2] 而孙瀛洲从古玩学徒变为"敦华斋"店主，深钻古瓷鉴定之法，并培养出了耿宝昌、李辉柄、冯先铭等陶瓷研究大家，他们分别对景德镇明瓷、宋瓷、青白瓷系展开了详尽研究。[3] 这些学者也逐步开创了瓷器研究的故宫博物院派，至今该院仍有许多学者从事景德镇陶瓷研究。在该研究机构之外，景德镇市陶瓷考古研究所、江西省文物考古研究所和北京大学考古文博学院也逐步成为景德镇瓷器研究重镇。在这些学术单位的协作下，2002 年开始的针对珠山北麓官窑遗址的首次联合发掘成果入围"2003 年度全国十大考古新发现"。[4]

---

① 〔美〕张光直：《商文明》，张良仁、岳红彬、丁晓雷译，生活·读书·新知三联书店，2019，第 43 页。

② 陈万里：《景德镇几个古代窑址的调查》，《文物参考资料》1953 年第 9 期。

③ 耿宝昌：《明清瓷器鉴定》，紫禁城出版社，1993；李辉柄主编《两宋瓷器》，上海科学技术出版社，2002；《冯先铭谈宋元陶瓷》，紫禁城出版社，2009。

④ 《景德镇官窑遗址考古发掘成果斐然》，《景德镇陶瓷》2004 年第 1 期。

瓷窑考古工作除具有重要的文物发掘意义，对学术研究的重要性也不言而喻。其一，考古发掘逐步揭开了御窑厂的神秘面纱，使研究者对明清御窑厂的组织、运作和发展模式有了基本的认知。考古队在 2004年前后对珠山南北麓的作业中，进一步发掘出了多种类的墙、瓷器、窑具和制瓷工具，使学界对明代御器厂烧造和活动的区域变化有了新的认识。① 2014 年对御窑厂遗址内手工作坊区域的考古发掘，又一次大面积揭露了明代御器厂的内部结构和功能分区，并首次论证了明末天启、崇祯御窑厂生产的衰落期，此区域曾存在一定规模的民窑性质的窑业生产。② 从 1979 年以来，在对景德镇御窑厂周围四十年的考古发掘中，陆续发现从元代早期到清末的官窑遗存，极大地推动了景德镇研究。③ 其二，能对民窑的技艺和演变有更深入的研究。以往的发掘主要是针对官窑，而有关民窑不论是历史文献还是考古工作都较少，2007 年以来对丽阳蛇山五代窑址、兰田村柏树下窑址、落马桥窑址的考古工作，佐证了昌江流域丽阳乡段分布有独立的五代窑址的观点，其始烧时间与景德镇市区湖田、杨梅亭窑址基本一致，明晰了明洪武至弘治时期葫芦形窑的演变序列，首次根据考古资料总结出明清景德镇民窑的基本生产历史，也使学界对早期民窑釉色生产、品种和对外传播有了新的认识。④其三，对景德镇制瓷分期有考古学意义上的论断。古文献中关于景德镇瓷器生产的记载可上溯至中晚唐，⑤ 然而以往的考古发现只能依据湖田

① 刘新园等：《江西景德镇市明清御窑遗址 2004 年的发掘》，《考古》2005 年第 7 期。
② 江建新等：《2014 年景德镇御窑遗址考古发掘主要收获》，《故宫博物院院刊》2016 年第 2 期；江建新等：《江西景德镇明清御窑厂遗址 2014 年发掘简报》，《文物》2017 年第 8 期。
③ 江建新：《历代官窑拾珍考究——1979—2018 年景德镇御窑厂遗址考古调查与发掘主要收获》，《景德镇陶瓷》2020 年第 5 期。
④ 戴仪辉：《江西景德镇丽阳蛇山五代窑址清理简报》，《文物》2007 年第 3 期；江建新等：《景德镇市兰田村柏树下窑址调查与试掘》，《华夏考古》2018 年第 4 期；秦大树等：《落马桥窑址明清遗存发掘的收获及相关问题》，《文物》2020 年第 11 期。
⑤ 最早是唐元和八年（813）柳宗元《代人进瓷器状》记载的"饶州尝贡瓷器，此必为元作也"，参见柳宗元《柳河东集》（下），上海人民出版社，1974，第 627 页。

窑、黄泥头窑和兰田窑的出土遗物认定景德镇窑业的始烧时间为五代时期，而随着 2012 年对兰田村大金坞窑址的调查与试掘，发现浮梁县湘湖镇南河流域一带分布有 60 处以上晚唐、五代至北宋初期的早期窑址，[1] 2013 年乐平市南窑村遗址发掘，进一步认定景德镇瓷器始烧于中唐，[2] 这使景德镇制瓷历史上溯有了明确的考古学依据。其四，可对学界关于景德镇研究的学术观点进行纠正或补充。囿于景德镇考古资料欠缺，以往常有学者根据文献或他处（湖北）发掘，认为"北宋五代时期南方青瓷是受北方白瓷影响而出现"，而江西省文物考古研究所和景德镇民窑博物馆队对铜锣山和道塘里窑址进行抢救性发掘，发现这两处均为北宋早中期以烧造青白釉日常生活用瓷为主的民窑，其考古结果对以往的观点提出了有力质疑。[3] 冯冕通过分析景德镇发掘的 35 座窑炉，针对以往学界认为"景德镇葫芦窑是龙窑与马蹄窑技术结合的产物"的观点提出不同看法，他认为景德镇葫芦窑是对景德镇宋元龙窑及其改良技术的继承，并未吸收马蹄窑半倒焰的核心技术。[4]

可以认为，从 20 世纪 70 年代末至今的景德镇瓷窑考古，其所发掘出的新资料，对于研究景德镇瓷窑的分期、范围、布局、管理和产品种类、工艺、特征等均有相当程度上之推进，但就目前而言，其利用度仍有限，主要是只有零星机构的考古学者致力于此。要使考古学所获成果学术意义扩大化，则需更多领域的学者投入其中。

（二）断代陶瓷研究

考古发掘出大遗存，也会进一步推动专门之瓷器研究。学界对陶瓷

---

① 江建新等：《景德镇市兰田村大金坞窑址调查与试掘》，《南方文物》2015 年第 2 期。
② 秦大树等：《景德镇早期窑业的探索——兰田窑发掘的主要收获》，《南方文物》2015 年第 2 期。
③ 付雪如等：《江西景德镇竟成铜锣山窑址发掘简报》，《文物》2007 年第 5 期；付雪如等：《江西景德镇道塘里宋代窑址发掘简报》，《文物》2011 年第 10 期。
④ 冯冕：《景德镇葫芦窑技术源流的考古学观察》，《东南文化》2021 年第 6 期。

本身的研究，往往是采取断代研究的路径，即对存世陶瓷进行年代分期后再进行相关研究。其中通论性的介绍与研究以周銮书等编著的多卷本《中国历代景德镇瓷器》为代表，其以图文并茂的形式对五代至清末的景德镇各类瓷器进行了详尽的介绍。① 此外，钟健华等也对历代瓷器的概况有所总结，可视为对前者之补充。② 在具体的瓷器研究中，很多学者往往采用从宋代到当代的分期，对青釉、青白釉及多种彩色釉进行研究，或从瓷器的功能分类讨论其成型和特征。

学界一般认为景德镇之兴起始于宋代，此时景德镇地区的瓷窑开始从农村向镇市集中，并出现了独立手工业作坊，③ 而且当下考古出土的瓷器年份也大都为宋代以降。因此，对瓷器之专门研究，往往也是从宋代开始。其中宋瓷以青白瓷居多，冯先铭是较早开始景德镇青白瓷研究的学者，他在多次调查并结合《景德镇陶录》《诸蕃志》的考辨后，揭示了景德镇在宋代违背一般瓷窑釉色规律而出现青白瓷的原因。④ 基于冯先铭的论断，明朝方以铜锣山窑、道塘里窑的早期样品为研究对象，进一步讨论了从"偶然诞生"到"景德镇青白瓷"瓷窑体系形成的历史过程。⑤ 近年来，关于此的较新研究为陈雨前从审美的角度研究宋代景德镇青白瓷，事实上也是对该瓷系的兴起、流变及特征总结性的梳理。⑥ 至元代，景德镇开始进入全盛的青花瓷时代。⑦ 据曹建文等人调查统计，景德镇元代窑址至少有六处已被发掘，主要分布在湖田与老城区两地，出土瓷器均以青花瓷为主。学界对景德镇元青花瓷多有研究，其最大争鸣在于其产生和起源问题，至今难有共识。20 世纪 50 年代，

---

① 周銮书等编著《中国历代景德镇瓷器》，中国摄影出版社，1998。
② 钟健华主编《景德镇陶瓷史》，江西人民出版社，2017。
③ 萧放：《宋至清前期景德镇的形成和发展概述》，《江西社会科学》1987 年第 3 期。
④ 冯先铭：《我国宋元时期的青白瓷》，《故宫博物院院刊》1979 年第 3 期。
⑤ 明朝方：《景德镇地区青白瓷的缘起与演进》，博士学位论文，中国科学院大学，2014。
⑥ 陈雨前：《宋代景德镇青白瓷与审美》，世界图书出版广东有限公司，2010。
⑦ 長谷川祥子：《元（至正）樣式の青花磁器誕生についての一考察—景德鎮窯における各種技法変遷からの試論》，《東洋陶磁》第 28 期，1999 年。

波普（John Alexander Pope）首先开始对元青花瓷的讨论，认为青花瓷是受波斯影响，从原料到制作工艺都从波斯传入。[①] 冯先铭结合蓟州、龙泉、扬州、洛阳等地出土瓷器，驳斥了西方学界的"外来说"，认为景德镇青花瓷作为釉下彩应是中国本土自行发展的产物。[②] 即便当下元瓷出土增加，但这两种观点均有学者继续辩论。譬如施静菲对冯先铭的推测有更为实证的补充，进一步论证元青花瓷的诞生以本地因素为主，[③] 但黄薇和黄珊等学者认为"元朝浮梁磁局成立后导致工匠的构成发生了巨大的变化，北方工匠南下以及西亚工匠东来"，这是青花瓷产生的基本原因。[④]

　　由于明清手工业的发展及御器厂的设立，景德镇明清瓷器存世量巨大，由此也成为众多学者研究的对象。较早对明代瓷器展开研究的是白兰士敦（A. D. Brankston），他在湖田窑址收集到部分瓷器碎片，对瓷器生产原料、工艺等问题有所讨论。[⑤] 而后学界为便于研究，往往根据烧制工艺将其分为多个时段，如洪武、永乐—宣德、成化—弘治—正德、嘉靖—隆庆—万历、正统—景泰—天顺（空白期）等期。[⑥] 清瓷研究与明代略有不同，除以康熙、雍正、乾隆三朝分期外，还采取了督陶官辨识法，即景德镇的清瓷可分为臧窑、郎窑、年窑、唐窑。[⑦] 由于瓷器在特定时期有不同的造型、纹饰、青花及其他彩料、胎釉特征，因此学者

① John Alexander Pope, *Fourteenth Century Blue and White*, *A Group of Chinese Porcelains in the Topkapu Saryi Muzesi*, *Istanbul*, Washington D. C. Freer Gallery of Art, 1952, pp. 50-52.

② 冯先铭：《有关青花瓷器起源的几个问题》，《文物》1980 年第 4 期。

③ 施静菲：《景德镇における元代青花と釉裏紅の出現—釉下彩技術の発展からの一考察》，《大和文華》第 120 期，2009 年；施静菲：《景德镇元青花起源之本地因素考察》，《"元青花瓷に関する諸問題—その出現と継承"研討會論文集》，日本金澤大學考古研究室，2011。

④ 黄薇：《元青花瓷器早期类型的新发现——从实证角度论元青花瓷器的起源》，《文物》2012 年第 11 期；黄珊：《从陶瓷考古角度论元代景德镇的外来工匠——以青花和孔雀蓝釉瓷器为中心》，《故宫博物院院刊》2013 年第 6 期。

⑤ Brankston, Archibald Dooley, *Early Ming Wares of Chingtechen*, Peking: H. Vetch, 1938.

⑥ 谢明良：《中国陶瓷史论集》，生活·读书·新知三联书店，2019，第 234 页。

⑦ 李知宴：《中国陶瓷文化史》，文津出版社，1996，第 311 页。

在具体的实证研究中，往往也是采用较短时段的断代分期进行相关研究。① 此外，在瓷器鉴定研究中，也颇为关注景德镇的明清瓷器，其中尤以耿宝昌和李辉柄为代表。② 而到晚清，景德镇瓷器在全国的地位有所下降，以及受其他因素影响，该时段的瓷器专门研究略有减少。中华人民共和国成立后涌现出的"建国瓷"和"毛瓷"，虽在技艺上与古瓷有所不同，但却鲜有研究。

　　通过对景德镇断代陶瓷研究的梳理，可以看出在该领域内存在两个学术转向。首先是在研究方法上，历经了从依赖文献考辨到出土瓷器考察的转向，而今又有更多科技手段介入其中，③ 使学界对古瓷的用料结构有了进一步的认识。其次是在研究路径上，存在由技术史向艺术史的转向，即以往很多研究主要讨论景德镇瓷器的彩料和胎釉等基础问题，而当下越来越多的学者开始关注陶瓷的艺术面相。当然，目前的断代陶瓷研究也存在一些不足，如在研究对象上以官窑瓷器为主，忽视了民窑瓷器的研究。④ 而在具体研究方法上，往往呈现出的是考证或描绘性的推论，而学术问题式的探讨不多，缺乏对瓷器的规律性总结和比对。且在"政治朝代的、文化的和美学的"⑤ 的分期模式中摇摆不定，这也使得陶瓷研究难有共识。

（三）官窑、御窑与民窑

　　学界除对断代陶瓷进行专门研究外，也对瓷器的生产体系有所关

① 如吕成龙《明代嘉靖、隆庆、万历时期景德镇御窑瓷器概述》，《故宫博物院院刊》2019年第 1 期；项坤鹏《清代瓷器研究成果举要》，《故宫学刊》2019 年第 1 期；等等。
② 耿宝昌：《明清瓷器鉴定》，紫禁城出版社，1993；李辉柄：《青花瓷器鉴定》，紫禁城出版社，2009。
③ 如姜晓晨阳《中国古代青花瓷的科技考古研究》，博士后研究报告，北京大学，2021。
④ 笔者目前所见民窑出土瓷器之专门研究仅有陈冲《景德镇明代民窑青花瓷分期研究》，博士学位论文，北京大学，2018。
⑤ 夏皮罗等：《欧洲艺术史的分期标准》，周宪主编《艺术理论基本文献·西方当代卷》，生活·读书·新知三联书店，2014，第 178 页。

注，主要是对"窑"的运作、管理和发展进行研究。通过《景德镇陶录》等存世文献，可知在景德镇瓷器生产中主要分为官窑、御窑和民窑三个体系。官窑是由官府控制或由官府出资设立、产品流向由官府决定的生产陶瓷的窑场；御窑是官窑中的一种特殊形态，指专门为皇家烧制瓷器的窑厂，仅存于明清两代，由宫廷指派专门人员负责，一般被视为设在京外直接服务于皇家的生产机构；民窑则是指非官方的、以个体家庭作坊式为生产单位的自由经济。①

学界对中国官窑的产生时间仍有争议，关于景德镇官窑的追溯同样有较多观点。直到21世纪初，陆明华通过多种出土和传世文物及历史文献，详细地论证了元朝至元十五年（1278）设立浮梁磁局后，景德镇官窑开始造烧。② 随后，陈洁利用新发现史料《郭公敏行录》等，进一步厘清浮梁磁局的性质、职能与管理运作模式。③ 由于元代以前未在景德镇设官窑，景德镇与政府的联系为贡瓷，④ 而元代后景德镇的官窑以御窑为主，因而非御窑的官窑研究屈指可数。就御窑研究而言，虽御窑设立时间晚于官窑，但无论是研究数量还是讨论议题都远多于官窑，成为景德镇研究的重要组成部分。

关于景德镇御窑研究，除上文所述有较多的发掘简报外，也逐步有一些基于考古和文献的实证研究。较早对御窑展开专门研究的可能是童书业和梁淼泰。童主要是考证式的研究，其在民国时期至20世纪50年代便对清初御窑的年代和样式等问题有详细考订，⑤ 使学界对御窑的认

---

① 方李莉：《"活历史"与工匠知识的建构——以景德镇民窑业研究为例》，《江西社会科学》2021年第12期。

② 陆明华：《元代景德镇官窑瓷烧造及相关问题研究》，《上海博物馆集刊》第10期，上海书画出版社，2005。

③ 陈洁：《浮梁磁局与元代官瓷——兼论至正型元青花的性质》，《故宫博物院院刊》2019年第9期。

④ 陈階晋：《宋代"貢瓷"の研究：陶磁器の発展と皇室との関わりについて》，博士学位论文，神户大学，1999，第122页。

⑤ 童书业：《中国瓷器史论丛》，上海人民出版社，1958，第83页。

知逐步超脱于古文献之外；而梁在童著基础上逐步发展成御窑研究的史论派，他通过梳理明后期以来的御器厂役匠制度和管理形式演变，试图讨论封建手工业的生产资料性质。① 至 21 世纪初，御窑研究的议题主要集中在官御之别、创置与消亡时间、官样制度、作坊布局、工艺体系、督陶官制度、贡赋经济等方面。如王光尧对御窑的基本创设和制度研究较多，他从窑业管理制度、资金来源、产品流向、生产流程等方面对官御窑并存的常识进行学理性考证，② 并提出明代御器厂的创设应该有始烧（洪武四年）、管理（洪熙元年）、迁徙（正德六年）三个时间，而清承明制的御窑厂是始于顺治八年以前，终于光绪三十三年商办江西瓷业公司替代御窑厂，③ 同时他还注意到"官样"是御窑生产过程中官府决定产品类别以及保证产品质量的主要手段，但这也是中国古代后期工艺成就衰颓的主要原因。④ 关于御窑厂的作坊布局，权奎山和钟燕娣等基于近年来景德镇不断发掘的新情况，逐步复原出珠山地区的御窑厂址。⑤ 在御窑厂的具体生产中，喻仲乾认为皇家不计成本地投入其中，是景德镇瓷业工艺体系不断完备的重要原因。⑥ 但也有研究认为御窑之所以在明清经久不衰，是由于其完善的管理制度，从明至清一直是

① 梁森泰：《明清景德镇城市经济研究》。
② 王光尧：《官御并存的明清官府窑业制度》，《中原文物》2004 年第 3 期。
③ 王光尧：《清代御窑厂的建立与终结——清代御窑厂研究之一》，《故宫博物院院刊》2004 年第 2 期；王光尧：《再论御器厂的建立时间——明代御窑遗址的考古学分期》，《南方文物》2011 年第 4 期。
④ 王光尧：《从故宫藏清代制瓷官样看中国古代官样制度——清代御窑厂研究之二》，《故宫博物院院刊》2006 年第 6 期。
⑤ 权奎山：《景德镇明清御窑遗址的考古发现和研究》，《故宫博物院院刊》2013 年第 3 期；钟燕娣：《明中期景德镇制瓷手工业的考古学研究》，博士学位论文，北京大学，2021。
⑥ 喻仲乾：《景德镇の磁器産業の発達における官窯（かんよう）の役割（1402—1756）》，《国際開発研究フォーラム》第 24 号，2003 年；喻仲乾：《中国景德镇セラミックス産業に関する経営史的考察：明清以来生産システムの変容をめぐって》，博士学位论文，名古屋大学，2004。

由宫廷宦官或关督、内务府外派督陶官管理，[①] 尤其是唐英等代表性人物对御窑的改良促使景德镇在宫廷的支持下保持繁荣。[②] 御窑瓷器生产完成后如何与皇宫产生联系？许菁雯（Hsu Wen-Chin）认为这是一种贡赋经济。[③] 胡宸也认为至明初，景德镇的瓷器贡纳成为王朝国家物资征调体制的一部分，其官私改革过程反映了传统中国的社会变化是建立在长期博弈、妥协与磨合基础上的。[④] 然而当下也开始有学者不满足于专题讨论，试图从较长时段和整体视角研究御窑，代表性人物如新井崇之，其讨论时限从唐代至民国前期，对御窑的管理、运营和历史变迁展开了详尽论述。[⑤]

民窑在景德镇的发展常受限，在明正统三年（1438），明英宗禁止景德镇民窑烧造官样瓷器，"违者正犯处死，全家谪戍口外"，[⑥] 因此民窑在文献中记载较少，这也导致民窑研究的热度明显低于官窑。在 20

[①] 佐藤サアラ：《明代景德鎮窯の研究：官窯樣式の展開とその生産背景》，博士学位論文，慶應義塾大学，2005；刘淼：《清代官窑瓷业的技术成就与陶官制度》，《中国社会经济史研究》2008 年第 1 期。

[②] 余佩瑾：《乾隆官窑研究：做为圣王的理想意象》，博士学位论文，台湾大学，2011，第 115—159 页。

[③] Hsu Wen-Chin, "Social and Economic Factors in the Chinese Porcelain Industry in Jingdezhen during the Late Ming and Early Qing Period, ca. 1620–1683," *Journal of the Royal Asiatic Society of Great Britain and Ireland*, No. 1, Royal Asiatic Society of Great Britain and Ireland, 1988, pp. 135–159.

[④] 胡宸：《官私之间：明清景德镇的瓷器贡纳与市场》，博士学位论文，中山大学，2020。

[⑤] 新井崇之：《中国官窯史の研究：官窯の管理・運営体制を中心に》，博士学位論文，明治大学，2018。此外，他关于御窑的研究还有：新井崇之《明代における景德鎮官窯の管理体制：工部と内府による2つの系統に着目して》，《明大アジア史論集》第 21 期，2017 年；新井崇之《〈燒造瓷器則例章程冊〉の基礎的研究：清代景德鎮官窯の基本則例について》，《東洋陶磁》第 46 期，2017 年；新井崇之《清末における景德鎮官窯の民窯化：江西瓷業公司の設立とその背景について》，《駿台史學》第 159 期，2017 年；新井崇之《清代乾隆年間における景德鎮官窯の盛衰：管理体制の変化に着目して》，《東洋陶磁》第 48 期，2019 年；新井崇之《清代嘉慶一同治年間における景德鎮官窯衰退の画期：嘉慶帝の緊縮政策と太平天国の乱が与えた影響に着目して》，《明大アジア史論集》第 23 期，2019 年；新井崇之、許亮《江西瓷業公司の設立と沿革について：清末民国期における景德鎮窯業の近代化》，《東洋陶磁》第 50 期，2021 年。

[⑥] 《明英宗实录》卷 49。

世纪末，方李莉开始在景德镇就民窑问题展开田野调查，她率先对明代民窑式微的论断提出反驳，她认为事实上民窑在明末开始走向兴盛，首先是由于政局动荡官窑停烧，其次是由于海外市场开放民窑扩张。① 方李莉所讨论的问题，也吸引了其他学者的加入。熊寰将景德镇与日本肥前的民窑管理制度进行对比，他指出在日本的藩国体制中，锅岛藩为避免官窑制瓷技术通过民窑流入藩外地区，对瓷业管理采取"直接而封闭"的管理方式，对民间瓷业施加各种限制，但同期的景德镇正好相反，实行民间自我管理，景德镇民窑助力其在国际市场上与肥前瓷器进行竞争。② 对于官、民窑之间的关系，在 20 世纪，一些学者往往从"民窑影响了官窑匠役制的废除"推论"资本主义萌芽问题"，③ 而在当下的研究中，已经有学者为其"祛魅"，逐步将"官搭民烧"问题置于明清制度变迁史的脉络中进行讨论。胡宸、金泽阳和高宪平等人认为官搭民烧实际是明嘉靖初年为缓解御窑烧制能力不足，而区隔钦限、部限瓷器的"权宜之法"，但随着明末财政结构的变化和民窑发展，逐步形成了官搭民烧的"制度"，而至清代又演变成"只烧不作，悉搭民窑"的现象——御窑厂内制作，民窑户分烧，这些制度变迁反映了官、民窑之间的差异、互动与博弈。④

① 方李莉：《明末景德镇民窑》，李砚祖主编《设计艺术学研究》第 1 辑，北京工艺美术出版社，1998，第 409 页。另参见方李莉《传统与变迁：景德镇新旧民窑业田野考察》，江西人民出版社，2000；方李莉《景德镇民窑》，人民美术出版社，2002。

② 熊寰：《日本肥前瓷业管理制度研究——兼与景德镇瓷业制度的比较》，《故宫博物院院刊》2015 年第 1 期。

③ 较有代表性的成果如潘群《关于清代前期景德镇瓷业资本主义萌芽的考察》，《中国史研究》1979 年第 2 期。

④ 胡宸：《明代上供物料制度运作与财政白银化的逻辑：以景德镇官窑烧造改革为例》，《社会》2020 年第 4 期；金泽阳：《明代窑业史研究—官民窑业の构造と展开》，中央公论美术出版，2010；高宪平：《明清景德镇民营制瓷手工业的考古学研究——以落马桥窑址发掘为基础》，博士学位论文，北京大学，2021。

（四）产业与地域社会

关于景德镇研究，除了瓷器之专门讨论，还有很多研究是研究瓷外之史，其中尤具代表性的是探究瓷业对景德镇地域社会的影响。较早开始该领域研究的是日本学者，日本学界在战后一直受到马克思主义研究影响，往往以"发展阶段论"或"阶级斗争"史观引导史学研究，[①] 在景德镇研究上也是如此。沢登佳人和高中利惠等学者便是从景德镇瓷业的发展情况去讨论"亚洲停滞论"及瓷业不同阶级的分歧和斗争。[②] 自20世纪60年代施坚雅（G. William Skinner）发表有关中国农村市场结构的专论后，[③] 日本学界对中国市镇的研究也产生了相关讨论，随后谷川道雄针对中国社会形态提出"共同体论"。这些研究促使日本学界对已有的中国史研究产生激烈的辩论，其中影响较大的是森正夫在1981年以"地域社会"为视角讨论明清中国社会，[④] 此后"地域社会论"不断嵌入日本和中国学界的史学研究中。"地域社会论"作为方法论的意义，主要在于超越自上而下的王朝国家视角，倡导从社会统合的视角思考明清时期的历史走向。[⑤] 这对景德镇研究具有显著的影响，很多学者开始从地域社会、江南市镇、民间团体等视角研究包括但不限于明清时

① 清水浩一郎：《日本江南史研究管窥——以20世纪80年代以后的研究为中心》，《浙江大学学报》2016年第2期。
② 沢登佳人：《アジア的停滞論の克服と社会史の一般法則，およびこれに関連して景德镇陶磁工業の発展を中心に中国における資本主義の発生を論ず》，《中京商学論叢》第1卷第12期，1965年；高中利惠：《明清時代の景德镇の陶業》，《社会経済史学》第32卷第5—6号，1967年。
③ G. William Skinner, "Marketing and Social Structure in Rural China: Part I," *The Journal of Asian Studies*, Vol. 24, No. 1, 1964, pp. 3-43.
④ 森正夫：《中国前近代史研究における地域社会の視点—中国史シンポジウム〈地域社会の視点—地域社会とリーダー〉基調報告》，《名古屋大学文学部研究論集》第83号，1982年。
⑤ Zheng Zhenman and Mori Masao, "Regional Society and Xiangzu (Rural Lineage) Theories: Socioeconomic History from a Comparative Perspective," *Social Sciences in China*, 2021, 42 (01), pp. 182-192.

期的景德镇。①

在产业和地域社会的具体研究中，很多研究越来越关注地方性的实证问题，譬如景德镇在历史上的农业和工业水平到底如何？曹国庆和萧放通过解读瑶里乡发现的从明嘉靖四年（1525）至清同治五年（1866）的 72 件契约，认为尽管瓷业生产使得景德镇农民和地主兼具多重身份，但他们在经营釉土致富后仍回归到置办田产之路，并没有出现资本再生产的现象。② 梁森泰也注意到景德镇工匠和佣工的生活水平可能并未由于瓷业兴起而有所提升。③ 但也有学者认为这并不影响景德镇的"工业革命"，从宋至清景德镇通过政府主导的伞式社会力量和民间参与的蜂窝式社会力量，催生了与工业革命相配套的社会结构。④ 而瓷业在地方的发展涉及多方利益，这也导致了各种冲突和纠纷的出现，佐久间重男认为冲突的原因是雇主和工人的阶级矛盾。⑤ 日野康一郎以明万历年间的景德镇民变为例进行个案分析，进一步指出民变背后事实上是不同乡籍雇工的对立、官僚和宦官的对立及中央和地方的对立。⑥ 而至清代后，巫仁恕发现仅雍正、乾隆和嘉庆三朝景德镇就发生了五起大规模民变，与同时期其他地区手工业者集体抗议不同的是，景德镇民变基本上

---

① 如佐久间重男《清代前期の景德镇窑业》，《东洋陶磁》第 14 期，1984 年；彭涛《景德镇陶瓷产业の史的发展：宋代における景德镇陶瓷产业を中心として》，《龙谷大学大学院研究纪要：人文科学》第 21 期，1999 年。

② 曹国庆、萧放：《清代景德镇地区农村社会经济初探——瑶里詹氏祀产契约剖析》，《农业考古》1988 年第 1 期。

③ 梁森泰：《明清时期景德镇制瓷业中的工匠和佣工生产生活状况》，南开大学历史系等编《中外封建社会劳动者状况比较研究论文集》，南开大学出版社，1989，第 228—243 页。

④ 张继焦、党垒：《解答李约瑟之问：中国是否有过"工业革命"？》，《杭州师范大学学报》2019 年第 5 期。

⑤ 佐久间重男：《明末景德镇の民窑の发展と民变》，《铃木俊教授还历记念东洋史论丛》，大安出版，1964。

⑥ 日野康一郎：《试谈明朝万历年间景德镇民变》，赵毅、秦海滢主编《第十二届明史国际学术研讨会论文集》，辽宁师范大学出版社，2009，第 425—431 页。

是采取对财务施以暴力的直接行为（"direct-action" type）。[1] 而为了处理瓷业纠纷，景德镇地方又采取了何种举措？斯蒂芬·利特尔（Stephen Little）和苏永明认为由于明清以来景德镇流民过多，官府无法协调纠纷且城市公共事务管理缺位，因此逐步形成了行帮自治管理体系。[2] 但这些研究是较为宏观的论述，直到王振忠对景德镇徽州会馆展开详细考察，学界才逐步对景德镇民间行帮组织体系、分布和实际运作有了更为微观的认知。[3] 不过据方李莉和李松杰等人的研究，虽清末至民国时期景德镇的行帮势力依旧存在，但民间社会的博弈开始寻求法律诉讼等官方手段介入。[4] 事实上，随着民国建立，政党和中央、地方新兴政治势力对景德镇的介入已经是大势所趋，尤其在北伐后，国共在赣东北角逐，中共也开始在瓷业工人中发展组织，不过政党在这种传统势力极强的地域影响甚微。[5] 吕政隆通过对"都乐械斗"的研究试图论证中共对景德镇工运传统的介入程度和改造能力仍然十分有限。[6] 而在瓷业经营上，受政局影响，加之景德镇瓷业在国际市场上与日本瓷器竞争失利，有研究认为在民初就有大量关于瓷业改良的讨论，但直到1929年陶务局、陶业试验所设立后，景德镇瓷业才开始探索近代化之路，然而却一直受到

---

[1]　巫仁恕：《激变良民：传统中国城市群众集体行动之分析》，北京大学出版社，2011，第217—223页。

[2]　Stephen Little, "Economic Change in Seventeenth-Century China and Innovations at the Jingdezhen Kilns," *Ars Orientalis*, Vol. 26, 1996, pp. 47-54；苏永明：《明清流民与城镇自治管理体系的形成——以景德镇行帮为例》，《江西社会科学》2011年第8期。

[3]　王振忠：《商帮、产业分布与城市空间——17世纪以来景德镇徽州会馆之管理与运作》，《历史地理》2016年第1期。

[4]　方李莉：《血缘、地缘、业缘的集合体——清末民初景德镇陶瓷行业的社会组织模式》，《南京艺术学院学报》（美术与设计版）2011年第1期；李松杰、李兴华：《民国时期财产纠纷中的乡情、公益与私利——以景德镇太平同仁局公产纠纷为个案》，《江西社会科学》2017年第3期。

[5]　Michael Dillon, "Fang Zhimin, Jingdezhen and the Northeast Jiangxi Soviet: Tradition, Revolution and Civil War in a Pottery Town," *Modern Asian Studies*, Vol. 26, No. 3, pp. 569-589.

[6]　吕政隆：《大革命前后中共与景德镇的工人运动》，硕士学位论文，南昌大学，2016。

政治势力内部斗争的影响，难有成效。① 但也有研究认为在杜重远和彭友贤等人的瓷业改良努力中，政府通过革除陋规、官办窑厂等手段介入，在一定程度上使民国时期的景德镇度过了许多行业危机。② 不过就景德镇的整体经济水平而言，很多学者持"近代衰落论"。其中范瑛、何一民与钟建安等认为景德镇衰弱主要是由于内部组织、生产滞后且外部市场发生变化，这其实集中地反映了城市受单一主导产业影响而跌宕起伏的历史命运。③ 但近年来，胡宸却认为所谓景德镇衰落其实是"被误解的数据"，他指出前人研究由于将景德镇瓷器贸易总额与九江关出口额数字不加区分，因此才低估了晚清景德镇陶瓷业的生产能力，景德镇的道义经济和社会协调模式使其在丧失海外市场后仍不至于陷入停滞或衰落。④

由于多代学者的接力式研究，近年关于景德镇地域社会的讨论不断推陈出新。实际上在景德镇有限的区域内，学术创新对于很多研究者来说极具挑战性。据笔者目前所及，目前较新的研究往往采取以下三种方式。首先是旧题新做，一些非史学出身的研究者也关注到瓷业与民间信仰的关系。在以往的研究中，往往呈现的是"选精"或"集粹"的做法，最终层层演绎出瓷业的地方化致使从业人群和普通百姓都接受了风火仙师崇拜或水神信仰。⑤ 而胡蓉却受民俗学方法影

---

① 李松杰：《近代景德镇瓷业社会的多维冲突和秩序重构（1903—1949）》，中国社会科学出版社，2017，第 80 页。
② 赖重仁：《近代景德镇瓷器产业之研究（1853—1937）》，硕士学位论文，新竹清华大学，2003。
③ 范瑛：《近代中国传统手工业城市衰落略论——以景德镇为例》，《四川师范大学学报》2007 年第 4 期；何一民：《兴盛与衰落：明清四大名镇在近代的舛变》，《学术月刊》2008 年第 12 期；钟建安：《近代江西城市发展研究（1840—1949）》，博士学位论文，四川大学，2008，第 290 页。
④ 胡宸：《晚清景德镇外销瓷贸易研究——以景粤贸易为中心》，《暨南史学》2019 年第 2 期；胡宸：《延续与转型：近代景德镇制瓷业与市镇状况再考察》，《城市史研究》第 42 辑，社会科学文献出版社，2020。
⑤ 陈婧：《明清景德镇瓷业神灵信仰与地域社会》，硕士学位论文，复旦大学，2010；李松杰等：《水系、船帮与景德镇水神信仰》，《内蒙古大学艺术学院学报》2012 年第 2 期；苏永明：《风火仙师崇拜与明清景德镇行帮自治社会》，《地方文化研究》2015 年第 1 期。

响，在开展大量的田野工作后，从传说文本与人祭母题、书写者立场与文化建构等方面为景德镇民间信仰提供了新的认识论和方法论。[①] 其次是新时段的突破。以往关于景德镇地域社会的研究主要集中在明清或民国时期，对中华人民共和国成立后的景德镇语焉不详，近年来一些研究似乎注意到这种"厚古薄今"的现象，对 20 世纪 50 年代以来的景德镇瓷业技术变迁或工人工作方式有所关注，但遗憾的是这种时段上的下延极少利用新见档案资料，因此仍有较大的创新空间。最后是新领域的开拓。受到近年来史学研究如环境史新潮的启示，有研究也开始注意到历史时期瓷业对景德镇生态环境的影响，[②] 不过目前仍未有相关专论研究。

（五）商贸活动

景德镇作为中国古代重要商业市镇，对其以瓷器为代表的商业贸易也涌现出诸多研究成果。较早关注瓷业商贸问题的是西方和日本学者，他们尤其注意到瓷器的特别运输方式。横山英早在 20 世纪 60 年代就对江西的商业运输机构有所研究，他率先指出"牙行"和"船行"在景德镇瓷器贸易中成为不可或缺的运输载体。[③] 狄龙（Michael Dillon）利用方志资料，勾勒出了明清时期景德镇瓷器的基本运输路线。[④] 然而早

---

① 胡蓉：《童宾何以封神——基于景德镇风火仙师传说个案的方法论反思》，《民俗研究》2020 年第 4 期。

② 崔元元：《从景德镇看明清江南瓷业发展的负面影响》，硕士学位论文，郑州大学，2014；黄越：《晚清景德镇的瓷业生态、人口、税收及贸易研究（1840—1911）》，硕士学位论文，景德镇陶瓷大学，2016。

③ 横山英：《清代江西省における运输业の机构》，《广岛大学文学部纪要》第 18 号，1960 年。

④ Michael Dillon, "Transport and Marketing in the Development of the Jingdezhen Porcelain Industry during the Ming and Qing Dynasties," *Journal of the Economic and Social History of the Orient*, Vol. 35, No. 3, Brill, 1992, pp. 278-290; Michael Dillon, "Fang Zhimin, Jingdezhen and the Northeast Jiangxi Soviet: Tradition, Revolution and Civil War in a Pottery Town," *Modern Asian Studies*, Vol. 26, No. 3, pp. 569-589.

期研究以概述为主，并未有所专论，事实上这些研究也很少涉及民窑瓷器的贸易运输过程。不过由于商贸与官运路线相差不大，在一些关于御窑"大运瓷器、传办瓷器"① 的研究中，可以窥见景德镇瓷器的运输过程演变。林子雅认为瓷器运销前的挑选、分类和包装也具有多重程序，并衍生出景德镇独特的菱草行、扎篾行、结草行。② 而关于运输路线的变化，在饭田敦子和李子嵬先后对明清时段的研究中可以看出景德镇瓷器从水运到陆运的变迁：明初主要依赖水运，由昌江、长江、京杭大运河运至京城；明后期对钦限瓷采用陆运方式，沿浮（梁）建（德）驿道运至池州府建德县交接，再经合肥一路北上送到京城；清代水路主要历经淮安关至九江关的变化，运时较为缩短。③ 赵聪月则注意到在咸丰时期，火车的兴起也影响到瓷器运输，但技术的进步无法阻止时局变迁的破坏，"大运"制度在晚清开始走向衰败和停滞。④ 近年来，也有学者反思认为"大运"主要是华北运输御窑瓷器的路线，可能是由于相关文献记载极少，关于民窑瓷器南下的路线研究寥寥。可是据吴承明的统计，清代景德镇官窑的产量和占用的技术力量都不到民窑的 1%，民窑的运销问题研究显得尤为滞后。⑤ 直到王振忠通过解读几种新发现的徽州商编路程图记抄本，对于瓷器运输问题研究始有突破性进展。⑥ 受王振忠的启发，后续的研究不断地揭示出景德镇瓷器如何通过新安江水

---

① "大运瓷器"指的是御窑厂每年按内务府造办处常额烧制在年底运交宫廷的瓷器；"传办瓷器"指大运瓷器之外送到内务府的瓷器，以祭祀瓷为主。
② 林子雅：《清代皇帝的穿与用——以丝、瓷大运为中心》，博士学位论文，台湾成功大学，2015，第 141 页。
③ 饭田敦子：《明代景德的上供瓷器の解運について一特に嘉靖·隆慶期の陸運をめぐつて》，明代史研究会编《明代史研究会创立三十五年纪念论集》，汲古书院，2003，第 255—283 页；李子嵬：《明清御厂产品解运制度考》，《南方文物》2018 年第 2 期。
④ 赵聪月：《试论咸丰时期宫廷御用瓷器的烧制与运输》，《故宫博物院院刊》2013 年第 1 期。
⑤ 王玉茹等编《经济发展与市场变迁：吴承明先生百年诞辰纪念文集》，南开大学出版社，2016，第 14 页。
⑥ 王振忠：《清代徽商与长江中下游的城镇及贸易——几种新见徽州商编路程图记抄本研究》，《安徽大学学报》2019 年第 1 期。

路、闽江—赣江—大庾岭商路、长江水路进入华南和国际市场。①

关于景德镇的瓷器销售，可分为内销研究和外销研究。内销主要是指瓷器在国内的销售活动，外销指出口至其他国家和地区的商贸行为。就现有研究而言，内销问题无论是研究数量还是研究深度都远逊于外销。目前学界对内销的研究主要是基于《江西省大志》等方志记载，或因在国内某地发现了景德镇行帮活动、出土了景德镇瓷器而论定在该历史时期景德镇销售网络拓展至此。譬如彭涛认为多地出土的青白瓷可证明宋代景德镇瓷器运销覆盖到了全国 2/3 的省份。② 金泽阳根据徽商活动网络也试图论证明代景德镇瓷器如何拓展全国市场体系。③ 王光尧则注意到由于官搭民烧、匠籍改革和纳银代役的落实，景德镇民窑瓷器在明代以降的发展逐步超越了全国同时期的其他窑场，从而广泛占有国内市场。④

而关于外销瓷，从 20 世纪以来就一直是瓷器贸易研究的热门议题，有诸多国家的学者关注。其概念可能最早是韩槐淮在 20 世纪 60年代提出，随后冯先铭将其提炼为数量有限的非商品类瓷器和作为商品对外销售的陶瓷器，日本学界将其称为"贸易陶磁"，英文一般写作 Export Ceramics 或 Trade Porcelain。⑤ 在具体的研究中，仍以考证和归纳的方法为主，主要关注到以下几方面问题。其一是关于景德镇外销瓷的年代追溯。彭涛和德留大辅认为至迟在元初景德镇的瓷器就销往了日本和东南亚等国，而尤为值得注意的是在国外出土的元青花瓷比国内

① 胡宸：《晚清景德镇外销瓷贸易研究——以景粤贸易为中心》，《暨南史学》2019 年第 2期；曾丽洁：《韩江商路与明清景德镇青花瓷外销》，《汕头大学学报》2020 年第 11 期。

② 彭涛：《中国古代名窑》，江西美术出版社，2016，第 63 页。

③ 如金泽阳《明代景德镇民窑磁器の全国市场—明代后期徽商の活动といくつかの陶磁需要について》，《出光美術館研究紀要》第 10 期，2004 年。

④ 王光尧：《明代宫廷陶瓷史》，紫禁城出版社，2010，第 271—279 页。

⑤ 孟原召：《40 年来中国古外销陶瓷的发现与研究综述》，《海交史研究》2019 年第 4 期。

除景德镇之外的其他地区还多。① 钟燕娣等则认为景德镇外销瓷的兴起不应以郑和下西洋为代表的陶瓷官方贸易为标志，事实上景德镇外销瓷从明中期就开始迅速占领海外贸易市场，成为贸易陶瓷最主要的品种。② 其二是论及景德镇瓷器外销究竟能抵达多少国家。由于与国外学界的长期隔绝，直到 20 世纪末才开始有学者利用国外出土发掘的信息论证外销网络。通过他们的归纳研究，可以发现景德镇瓷器自元代以后销往了 50 多个国家和地区。③ 随着国内外学术交流的增多，学者能够利用更多国外一手文献和出土的遗存，从而产生了一些更令人信服的研究。④ 其三是关于景德镇的外销瓷规模。其中以翁彦俊的研究为代表，他从考古资料和文献档案出发，对其规模做了初步量化研究，推测 16—18 世纪合计 26781 万件。⑤ 近年来，由于技术手段的进步，"沉船考古"兴起，通过对一些海域沉船遗物的打捞和发掘，常发现景德镇瓷器的踪迹，这使学界对瓷器外销网络和规模均有了新的认识，其中取得成果尤为突出的为"克拉克瓷"⑥。很多研究通过对沉船瓷的考察，对 16 世纪以后景德镇瓷器外销至西班牙、葡萄牙和荷兰等地的"合法"和走私贸易有了进一步的认识。⑦ 其四是对"如何外销"的探讨，即景德镇的瓷器通过什么方式运达世界各地。20 世纪 20 年代，马士（Hosea Ballou Morse）在论及西方对华贸易时就指出东印度公司（East India Company）

① 彭涛：《元代景德镇青花瓷器的外销及相关问题》，《南方文物》2003 年第 2 期；德留大辅：《景德镇青花瓷器の登場：その生産と流通（元朝の歴史：モンゴル帝国期の東ユーラシア）—（伝統文化とその展開）》，《アジア遊学》第 256 期，2021 年。
② 钟燕娣等：《明中期景德镇窑瓷器的外销与特点》，《文物》2020 年第 11 期。
③ 如余家栋《略谈宋、元、明江西瓷器的外销及其它》，《景德镇陶瓷》1990 年第 2 期。
④ 如森達也《中国唐宋元時代の陶磁生産と海外輸出》、金沢陽《中国明清時代の陶磁生産と海外輸出》、堀内秀樹《日本出土の中国明清時代の陶磁器》，アジア考古学四学会編集《陶磁器流通の考古学　日本出土の海外陶磁》，高志書院，2013；森達也等編《貿易陶磁器と東アジアの物流　平泉・博多・中国》，高志書院，2019。
⑤ 翁彦俊：《景德镇 16—18 世纪陶瓷外销规模估略》，《中国陶瓷》2021 年第 10 期。
⑥ 克拉克瓷产生于 16 世纪下半叶，是中国外销到欧洲的一种风格独特的民窑瓷器。
⑦ 范梦园：《克拉克瓷研究》，博士学位论文，香港中文大学，2010。

在其中扮演着重要角色，自 17 世纪以来荷兰和英国通过东印度公司运销了中国的丝、茶、瓷等大宗物品到欧洲。[①] 不过马士只选取了茶叶贸易进行详细讨论，后续的研究则逐步有关于东印度公司与中国瓷器贸易的专论。如许菁雯认为在明代景德镇外销瓷主要依赖福建的港口，并由于海禁可能还会有走私活动存在，由于东印度公司的介入，清代以来瓷器贸易的出口点开始转移至广东沿海。[②] 宫田绘津子则认为，在荷兰东印度公司主导中西贸易前，西班牙在 16 世纪之前就通过控制东南亚，形成了"中国—马尼拉—欧洲"的瓷器太平洋贸易圈。[③] 包乐史（Leonard Blussé）和安德拉德·托尼奥（Andrade Tonio）通过研究指出，东印度公司参与到瓷器贸易中并非一蹴而就的，荷兰东印度公司在 17 世上半叶初通过与海盗联合，并不断在与郑氏家族和政府的谈判中才获取到瓷器贸易权，从而取代葡萄牙和西班牙商人，将大量景德镇瓷器输往欧洲市场。[④] 而后，英国又通过各种手段取代荷兰的贸易垄断。艾尔曼（Benjamin A. Elman）也注意到，至 18 世纪，为了满足英国上层阶级对瓷器的需求，英国东印度公司仅在 1722 年就接下了大约 40 万份订单，不过随着 19 世纪制瓷技术传入欧洲，景德镇瓷器的海外销量明显下降，国际市场竞争力远不及英国和日本瓷器。[⑤]

---

① 〔美〕马士（H. B. Morse）：《东印度公司对华贸易编年史：1635—1834 年》（第 1、2 卷），区宗华译，中国海关史研究中心组译，中山大学出版社，1991，第 141 页。

② Hsu Wen-Chin, "Social and Economic Factors in the Chinese Porcelain Industry in Jingdezhen during the Late Ming and Early Qing Period, ca. 1620 - 1683," *Journal of the Royal Asiatic Society of Great Britain and Ireland*, No. 1, 1988, pp. 135-159.

③ 宫田絵津子：《マニラ・ガレオン貿易 陶磁器の太平洋貿易圏》，慶應義塾大学出版会，2017。

④ Leonard Blussé, "No Boats to China. The Dutch East India Company and the Changing Pattern of the China Sea Trade, 1635-1690," *Modern Asian Studies*, Vol. 30, No. 1, 1996, pp. 51-76; Andrade Tonio, "The Company's Chinese Pirates: How the Dutch East India Company Tried to Lead a Coalition of Pirates to War Against China, 1621 - 1662," *Journal of World History*, Vol. 15, No. 4, 2004, pp. 415-444.

⑤ Benjamin A. Elman, *A Cultural History of Modern Science in China*, Mass.: Harvard University Press, 2006, pp. 75-80.

通过以上梳理，可以认为关于景德镇的商贸活动有了大量研究，但无论是内销还是外销问题，事实上都存在一些不足。在研究方法上，主要是通过方志文献记载或某地出土瓷器便推断出贸易所达范围，得出的结论过于主观而难经推敲。而在具体研究中，往往是"结果呈现"式的定论，很少有研究涉及贸易的具体过程，譬如瓷器运销的人事、制度等。且研究时限主要集中在 16—19 世纪。在外销研究中主要讨论中欧贸易，忽视了其他地区与景德镇的互动。可能是由于文献记载不足，明清以前的贸易状况语焉不详，但晚清以后，全球和中国都历经多次变革，其贸易状况早不如以往，且在研究上并不存在资料缺乏等困难，但却鲜有成果出现。时至今日，学界对 19 世纪末以来的景德镇瓷器贸易仍存在诸多知识盲区和误区。

（六）全球史的尝试

近年来，如果说景德镇研究有一些新的研究范式出现，全球史的视野和方法或可视为其中之一，并为之带来了一些新的讨论和认识。目前学界越来越注重对全球史的研究，全球史研究的中心问题包括跨境进程、交互关系，以及在全球语境框架内的比较。因此，世界的互联往往是切入口，事物、人群、思想和制度之间的流通和交换是重要的研究对象。全球史代表着一种历史分析模式，现象、事件或进程被放置于全球语境之中：具有全球视野的历史、关于全球互联的历史、以全球性整合为背景的历史。全球史已经完成了从宏观研究和宏大叙事向个案研究和具体实证的过渡。① 通过一个小地方或小产业串联出其全球之旅或全球性的意义，这样的研究往往有助于人们进一步理解人类社会的交流与来往。

---

① 〔德〕S. 康拉德：《全球史导论》，陈浩译，商务印书馆，2018，第 5 页。

　　景德镇的全球史主要是脱胎于瓷器外销研究，瓷器外销，景德镇必然会与全球发生广泛联系。外销研究一般探讨瓷器销售过程，而在全球史研究中，一方面是关注外销瓷抵达目的地后，作为输入品对当地产生的影响，以及在全球化中的作用，另一方面是将同期同产业的全球各地情况进行对比研究。就目前的研究而言，将景德镇纳入全球史的讨论是由英文学界率先尝试，[①] 随后影响到日文学界和一些接受过国外教育的港台学者，近两年中国大陆也有一些学者试图参与其中。在全世界学者的共同努力下，目前已取得一些研究成果。概而言之，笔者认为在研究路径上以异国对比和全球联系的视域为主。

　　在异国对比的研究中，目前成果较多的是围绕日本有田瓷和景德镇瓷进行的比较研究。譬如李艳在对两个产地的窑口进行比对后，提出两地"官""民"窑的不同发展模式使得两地最终走向了不同的近代命运。[②] 黄浩庭则就有田和景德镇的瓷器展开专门研究，试图驳斥"中国风格影响日本论"，提出必须正视日本文化主体性的选择权，他认为有田瓷在创设之初受到景德镇的广泛影响，但随着海禁和朝鲜制瓷技术的流入，最终形成了纹样各异的"景德镇模式"和"有田模式"。[③] 随着研究的推进，一些学者不满足于这两地之对比，逐步将视野放置于东亚史之中。张容瑛和施静菲指出探索这些不同区域在大约同时间出现的类似发展（颜料与相应的技术、知识），很多极有意义的问题即会浮上台面，而解决这些问题，将会更深入理解18世纪东西方、东亚内部不同

---

① 譬如英国学者柯玫瑰（Rose Kerr）在20世纪80年代就在考虑景德镇瓷器与全球的关系，其虽无专论，但影响了很多学者的思考。参见 William R. Sargent and Rose Kerr, *Treasures of Chinese Export Ceramics from the Peabody Essex Museum*, New Haven：Peabody Essex Museum，2012。

② 李艳：《日中磁器製品流通の比較：陶磁器産地景德鎮と有田を例として》，《日本デザイン学会研究発表大会概要集》第60期，2013年。

③ 黄浩庭：《十七世纪东亚瓷器纹样流通研究——以景德镇和有田瓷器为例》，博士学位论文，成功大学，2022。

区域间在原料、技术及知识产造上的密切合作，甚至全球范围的网络联结与交流。[①]

而关于景德镇与全球的联系，其问题意识一般是赣东的偏隅小镇如何与世界相互影响。何安娜（Anne Gerritsen）认为可能从宋代起，景德镇就开始影响到世界多地的物质交换活动，逐步成为全球经济不可或缺的一部分。[②] 罗伯特·芬雷（Robert Finlay）提出尤其景德镇青花瓷产生后，通过贸易机制对欧洲社会产生了诸多影响。[③] 关于景德镇给全球带来的具体影响，现有研究主要是以英国为例。如有研究认为随着景瓷入英，英国在 18 世纪也开始建立仿制中国瓷的生产组织，其早期选址和制作工艺几乎都是模仿景德镇。[④] 随着英国工业革命对瓷器生产的影响，瓷器产业快速进入科学化和工业化阶段，景德镇对英国的消费结构和工业布局均产生了重要影响，至 19 世纪末英国产能提升，逐步从瓷器进口国演变成出口国，而瓷器的消费人群也开始从中上阶层流向平民。[⑤] 毕宗陶（Stacey Pierson）还注意到，在一些收藏家的影响下，景德镇瓷器也在改变英国的博物馆和学术界，从 16 世纪至 20 世纪，其在

---

① 张容瑛：《纯正性与文化城市转型：东亚瓷都比较研究》，台北"国科会"成果报告，2019；施静菲：《明初新兴瓷质礼器系统的出现及其可能的影响：一个东亚视野的思考》，台北"国科会"成果报告，2017；施静菲：《一个珐琅调色盘的诞生——十八世纪北京、景德镇、广州的跨区域合作与全球网络》，台北"国科会"成果报告，2022。

② Anne Gerritsen, "Fragments of a Global Past: Ceramics Manufacture in Song-Yuan-Ming Jingdezhen," *Journal of the Economic and Social History of the Orient*, Vol. 52, No. 1, Brill, 2009, pp. 117–152.

③ Robert Finlay, *The Pilgrim Art: Cultures of Porcelain in World History*, California: University of California Press, 2010.

④ Hilary Young, "Manufacturing Outside the Capital: The British Porcelain Factories, Their Sales Networks and Their Artists, 1745–1795," *Journal of Design History*, Vol. 12, No. 3, 1999, pp. 257–269.

⑤ Ellen C. Huang, "From the Imperial Court to the International Art Market: Jingdezhen Porcelain Production as Global Visual Culture," *Journal of World History*, Vol. 23, No. 1, University of Hawai'i Press, 2012, pp. 115–145.

英国历经了"接受—使用—买卖—收藏研究"的漫长过程。[1] 毕氏同样认为全球的贸易活动对景德镇也产生了极大影响：一方面由于海外的独特需求，景德镇开始改变一些工艺程序，专门生产外销的"定烧瓷"；另一方面随着中外交流的增多，瓷器贸易的影响可能在明代以后就超越了艺术层面，对中国地方社会经济有多种多样的影响。[2]

就笔者目力所及，以上研究是目前的主要代表作，其以小见大的全球史研究使我们进一步认识到景德镇的重要性，也给笔者带来一些启发。不过需要注意的是，景德镇的全球化并未因 19 世纪瓷器外销衰落而停止，在毛泽东时代，景德镇仍是中国对外联系最频繁的地区，其重新吸收和接纳欧洲技术，[3] 也通过种种方式将瓷器销往世界各地，以换取"外汇"。但目前的研究成果几乎都是止步于 20 世纪，少有学者探讨民国和 1949 年后景德镇与全球的联系。全球史研究方兴未艾，究竟能产生多大反响，还有待于学界进一步讨论。

四　结论与讨论

通过以上的梗概和讨论，可以看出近百年来景德镇的研究数量在不断增多，研究范式也发生了多次转变，并出现了多个研究热点议题。近年来景德镇研究之所以取得很大进展，原因是多方面的。首先，得益于资料的不断挖掘和整理。在以往的研究中，主要使用《景德镇陶录》《陶记》等明清常见文献，而随着一些相关机构征集和开放更多古籍、

---

① Stacey Pierson, *Collectors, Collections and Museums: The Field of Chinese Ceramics in Britain, 1560-1960*, Oxford: P. Lang, 2007.

② Stacey Pierson, *From Object to Concept: Global Consumption and the Transformation of Ming Porcelain*, Hong Kong: Hong Kong University Press, 2013; Stacey Pierson, "The Movement of Chinese Ceramics: Appropriation in Global History," *Journal of World History*, Vol. 23, No. 1, 2012, pp. 9-39.

③ 参见《市委关于工业、瓷业生产、全面改造提高瓷质、发明创造总结、计划、决定、安排、办法和参观捷克瓷业的报告》（1955 年），景德镇市档案馆藏，档案号：0001-001-058。

档案，以及一些学者对民间文献的孜孜以求，翔实的资料基础至少促使景德镇研究数量呈增长趋势。其次，学术环境的改善。民国时期的社会调查式研究受到战乱和经费等因素影响，随后在中华人民共和国成立初期至"文革"结束，由于一些原因相关研究凋敝，而随着 20 世纪 80 年代后政治环境的改善，学术氛围也随之好转，很多学者得以心无旁骛地从事相关研究，加之国家社科基金等支持，使得学术研究在经费上更为充裕，由此在某种程度上也提升了研究质量，从而能出现梁淼泰等人的通论性研究。再次，景德镇研究范式转变和更迭的原因，更多是来自西方和日本学界的冲击。可以注意到在 20 世纪 80 年代学者仍将景德镇置于"资本主义萌芽"等问题的讨论之下，在革命史、马克思主义政治经济学的分析框架下进行景德镇研究，然而随着国外学术成果的译介，以及国内外的交流逐渐增多，西方学界的城市史研究和日本学界的地域社会论、江南市镇研究等观点不断地冲击着固有的本土或苏联式研究，这使得国内不少学者开始反思旧有的研究范式。最后，则是多学科的介入促进了景德镇研究的繁荣。进入 21 世纪后，越来越多的社会学、人类学、民俗学和历史学等学科出身的学者投入景德镇研究，在研究方法上，质性研究、田野调查等与固有的文献研究法并存，讲究实证的区域史与关怀大局的全球史视野交相辉映，这都促使景德镇研究出现了一些新的学术观点。

然而，景德镇研究也存在诸多不足之处。其中最为显著的问题是同质化研究严重，以硕、博士学位论文为尤。很多选择以景德镇作为研究对象的学术成果，基本都是以瓷业为中心，并且呈现出扎堆的现象，即相当多的学者研究同一个事件，得出的结论几乎一致。这可能和学术规范不足和缺乏问题意识有关。笔者认为在学术研究中，应该以问题为导向，而非围绕着选取的某个现象，通过案例研究，得出一些具有普遍性、脱离时间和空间的解释性观点。然而，在景德镇的研究中，笔者发现更多的研究是就事件而研究事件，甚至连某个事件都未能翔实说明。

此外，纵观海量的景德镇研究，普遍存在"厚古薄今""重官轻民""有果无因""趋物避人"的现象。"厚古薄今"即过于重视古史之讨论，而忽视近当代的景德镇研究。事实上在资料存量和田野调查的便利程度上，近当代的景德镇更容易呈现出精彩的故事和做出有潜力的学术研究，但笔者发现，拥有数以万计案卷的景德镇市档案馆中的民国档案和当代档案几乎没有学者利用。忽视档案史料的使用，这使得学界对近当代景德镇知之甚少，也导致了一些研究呈现同质化，甚至出现互相剽窃、抄袭的现象，这几乎成为一个恶性循环。"重官轻民"即在现有研究中，绝大多数关注历史上的官窑，少有关于民窑的研究。而事实上明中期以后，民窑不论是产量还是销量可能都远高于官窑，不可否认官窑代表了景德镇技艺的高峰，而民窑的受众和流传度远超官窑，但遗憾的是学界尚未出现具有贯通性和启发性的景德镇民窑研究。"有果无因"也是目前景德镇研究的普遍现象，即研究中往往呈现一个事件的结论或结果，却很少对瓷业或城市发展的动态过程、原因等进行讨论。"趋物避人"的研究现象也令人担忧。笔者注意到在景德镇（乃至全国瓷业市镇）的研究中，一直是以"物质"为中心，难以见到生产物质的"人"。仅在景德镇，宋代以来的瓷业生产者数以万计，占当地总人口的比例异常之高，时至今日，虽国营瓷厂时代谢幕，但笔者在田野调查中发现家家户户可能还存在以瓷谋生的亲人、好友，但这些瓷业的生产者、销运者、消费者却在研究中几乎被"失语"。

那如何才能推进景德镇研究？笔者认为，其一，要加强问题意识。从选题开始便要考虑什么样的问题可以统领全文的讨论和呈现出较为可能的创新。因此很有必要做好文献回顾和梳理工作，杜绝所谓"时段创新"和"空间创新"，需要研究者从众多资料中提炼概念和问题，譬如瓷器外销的背后究竟是什么制度在运转，景德镇商帮与其他地方有何不同。只有具有创新力和解释力的问题意识，才能真正促进中国研究，这也是人文社科研究的灵魂所在。其二，要呼吁各界提高资料开放程度。笔者在去一些地方档案馆等机构查阅资料时常会遇到诸多阻碍，而资料是研究的基础，只有在各界的共同努力下，让更多语种的资料面世，才有可能做出更翔实和创新的研究。其三，要认识到田野调查的重要性。由于一些原因，很多公藏资料呈现紧缩的态势，这不得不倒逼研究者加强田野调查。以笔者在景德镇的亲身经历，发现田野调查和口述访谈可以弥补很多文献缺憾，甚至能纠正诸多固有意识上的谬误。其四，要注意新学科、新方法的介入。当跳出景德镇研究会发现，在全球的其他区域研究中，有很多学者能够较为应手地利用数字人文（如GIS、SNA）等方法，这些新方法的使用会帮助处理以往不太可能处理的数据，从而也能得出一些新的认识。其五，要打通研究时段、打通瓷器内外。很多研究将重大历史时间作为研究起点和节点，笔者并不否认如 1937 年、1949 年、1966 年这些时间点对中国社会乃至人类进程产生的重大影响，但作为具体的实证研究，如果因为这些其实对研究对象改变不大的时间点而机械地割断讨论时限，则会浅尝辄止，因此笔者期待呈现一些跨越明清、跨越 1949 年的讨论。而打通瓷器内外，更尤为必要。在以往的研究中，人文研究与瓷器考古或瓷器专门研究存在极大隔阂，研究瓷外者不通瓷器，研究瓷内者忽视时代和人文，若二者能够打通，或将使景德镇研究更为丰满。其六，要有对比的视野。目前关于景德镇的全球史研究，其实已经给学界带来不少方法论启示，但仅同业之异国对比可能远远不够，在与瓷业相近的棉纺织业、冶金业等，以及与景德镇较为相似的全球地域等诸多方面，都理应有一些更深刻的对比研究。其七，笔者认为虽然景德镇研究的范式转移受西方、日本之益颇多，但也应该注意到欧美研究的不足。其很多看似新颖的研究或经不起推敲，这是由于很多欧美、日本学者将美国史、日本史研究中的一些理论直接移植到中国研究，忽略了中国的实际情况，这尤其体现在关于景德镇的社会结构解释中。因此，我们需要多了解西方，不能盲目迷信西方，应该致力于从本土故事中提炼出本土理论。

书　　评

从环境出发解读人地关系

——《宋代以来江南的水利、环境与社会》读后

江　震[*]

孙景超：《宋代以来江南的水利、环境与社会》，齐鲁书社，2020。

在人文社会科学领域，由于理论基础的不同，不同分支学科的研究在视角、方法上会呈现出鲜明的特色。如历史地理学的研究，往往以对某些地理要素的复原为基础或先导。在环境史的作品中，相应的环境要素和环境事件是至关重要的因素。社会史的研究则多聚焦于社会组织、社会行为或社会心理等主题。通过跨学科的视野，在经典的研究主题上获得新的突破，已越发成为这些领域的学者的研究目标。怎样具体实践这一思路？孙景超老师的《宋代以来江南的水利、环境与社会》做了颇具启发性的探索。

全书共分八章。除第一章为绪论，第八章为总结历史经验、陈述现实观照外，根据所探讨的论题，可将该书分为三个部分。

第一部分为第二章"历代水利文献与治水议论"。该章首先对历代江南[①]的代表性水利文献进行评述，并着重介绍了宋代郏亶、单锷在江

---

[*]　江震，中国人民大学清史研究所博士研究生。

[①]　这里"江南"的范围，指的是"水利区划上的太湖流域"，落实到政区层面，则对应清代的苏州府、松江府、常州府、镇江府、杭州府、嘉兴府、湖州府和太仓州，在某些具体的问题中，也会包括江宁府。参阅孙景超《宋代以来江南的水利、环境与社会》，第30—31页。

南治水议论中的开创性地位。书中强调了政治格局在这样的"开创性地位"背后的作用。郏亶的治水主张随着王安石变法的兴废而在实践中受到截然不同的对待便是一例。书中还提到，宋代以后，越来越多的人加入太湖流域水利的讨论与研究之中，"在廷之臣争言水利"甚至成为一种社会风气，这都以太湖地区经济地位的日益重要为背景。①

该章还探讨了中国古代治水事业的尊经崇古思想在江南地区的投射：三江水学。其梳理了对应于宋代以降太湖流域基本水域格局的几次转变，人们对《禹贡》中"三江"定义的几次转变。最后，该章对归有光及其所著《三吴水利录》展开分析。《三吴水利录》积极支持提高吴淞江在江南水利格局中的地位，其观点既有顺应江南水域环境演变趋势、旨在与民兴利的合理性，又难免有为自身谋私利之嫌——吴淞江的状况对归有光家田园的生产具有直接影响。

第二部分包括第三章"潮汐影响与江南的水利环境"、第四章"潮汐灌溉与感潮区水利环境变迁"和第五章"感潮区的环境变化及其生态响应"。由于江海相交的地理形势，江南感潮区的潮汐有"咸潮""淡潮"之别，亦有"浑潮""清潮"之分。季节性的风向变化与河流的水量增减，以及河流分布的历史沿革，更是增加了潮汐的复杂性。受到河流水文、海洋因素、人工水利工程的影响，感潮区的范围一直处于变动之中。潮汐作用于感潮区内部不同的微地貌区（如"高田区"与"低田区"），使得不同微地貌区的水文和土壤性状越发不同，从而对于农田水利技术的需求也迥然相异。第三章集中分析了多变的潮汐等自然因素和修建海塘等人工因素是怎样造就江南的环境多样性的。

相应的技术与工程，既以防潮汐之害为目标，又以利用潮汐以行灌溉为鹄的。不同时期和时令下，不同的区域中，这些技术与工程呈现出高度的灵活性。第四章对各种技术思路与水利设施进行了细致的梳理。

---

① 孙景超：《宋代以来江南的水利、环境与社会》，第 61 页。

第五章的视角更为多样。首先，它先后梳理了濒海生物"沙里勾"（一类小蟹）栖息地的迁移，部分近海地带由盐场景观向农田景观转变的历史过程，以及不同时期的文献对"江海之交"所在地的表述，提出这三者所反映的环境信息是一致的。接着，它论述了苏州状元谶产生、流传和浏河（娄江）通塞变化的对应性。最后，它通过梳理由水文环境变化导致的青浦县与松江府的水利纠纷始末，说明水利格局改变在政区层面往往呈现为区域性的水利博弈。

第三部分包括第六章"江南的地域开发过程"和第七章"圩田景观与地域社会"。这两章结合江南内部水文环境的多样性，并根据作物、地势等标准，分析了江南内部区域开发模式的复杂性。其中既有对"夹苧干"溇、芙蓉圩的个例剖析，又有对埂田、圩田等具体类型的地物的归纳。书中提出，虽然江南的地域开发过程不能放入某种被框定了的模式之中，但有一个趋势是相对统一的：行政权力越来越向基层延伸。[1]

江南研究，向来是中国史研究的经典话题与学术热点。无论是水利史、社会史，还是经济史、历史地理，相关的既有研究既可称恒河沙数，又可谓经典迭出。江南，就内而言，其本身史料丰富，具备深入研究的文献基础；就外而言，其对于更大的区域（如整个中国）而言意味着什么，也被作为一个问题而得到探讨。对于是否可以将江南纳入一个整体性的"模式"进行分析，《宋代以来江南的水利、环境与社会》抱有谨慎的态度。"环境"是该书的立足点。它没有囿于具体的断代，而是以环境要素（如潮汐、水道）的变迁作为衡量时间序列的尺度。它也并没有止于就环境论环境，就水利论水利。环境，是解读人地关系的钥匙；水利，是人地关系的呈现形式。从环境出发解读人地关系，是该书的基本特点。

---

[1]　孙景超：《宋代以来江南的水利、环境与社会》，第 344 页。

　　该书反复强调，从河流的走向与水量到海岸线的空间形态，江南的水文环境一直处于变迁之中。潮汐，一直是这一变迁过程的参与者。相应的空间复原在各个章节内反复出现，但并未给人以冗杂重复之感。因为这些复原，针对性地紧扣着与"人"相关的问题。在第一部分，变动中的"三江"定义，即是太湖流域的水道沿革情况在文献中的一种映射。在第二部分，无论是政区间水利的博弈，还是各微地貌区各具特色而又充满灵活性的水利工程，抑或各地与潮水相关的谶语，都以潮汐对感潮区的水道、海岸线等地物的动态化影响为地理背景。文献记载中所呈现的蟹类种群的南迁、盐场景观的消退与"江海之交"处的推移的一致性，反映出环境变迁对人的影响是全局性的。

　　另一方面，"人"之于"环境"，并未呈现出纯粹的顺应。在第一部分中，郏亶的主张能否实践，并非基于既有的水利治理需要，而是取决于更大范围内的政治环境。在第二部分和第三部分，从水坝的修筑到圩田的分片管理，政区对水利格局的影响得到阐释：或是面对孰轻孰重的抉择，或是遇到各自为政的问题。"夹苧干"㳍的消失则与围湖造田浪潮密不可分。而在后来者看来较为科学合理的圩田与埠田布局，也会受到当时人一些短视行为的困扰。"人"之于"环境"的影响，也是多样化的：有强势方（如府治之于县治、"官绅"之于"学绅"、铁路公司之于当地民众），有弱势方（如圩田内的民人团体之于划分"界案"的政区），也有均势方（如各自为政的政区）；有直接的影响（如围湖造田导致水道淤塞），也有间接的影响（如归有光杂为民兴利与一己私利的水利言论，对江南地区的水利实践可能产生的影响）。

　　《宋代以来江南的水利、环境与社会》的学术价值便在这样的思路中得以彰显。

　　第一，它提出了问题：水利志书，以及其他涉及事功的史地文献，是否并未纯然以记录真实、提出科学合理的举措为旨归？它们是否受到了某些"非科学"的利益诉求或思想观念的左右？若确实如此，研究者应当如何从它们"非科学"的一面中提炼历史信息,又该如何评价它们"非科学"的一面所造成的现实影响?这对于水利思想史、历史地理文献研究等领域的相应话题颇具启发性。

第二,它系统地将潮汐、感潮区以及潮汐灌溉等主题引入江南水利史研究,并评估了它们对江南的环境与社会的影响。这对于江南水利史与环境史的考察是一个重要的补充。如书中第八章所言:"当前水利史的研究方向,应当从单纯的水利工程技术史向水利环境史转变,并与水利社会史研究相结合,将水利史研究置于更为广阔的研究平台上。"①可以说,该书从潮汐等主题出发,通过多角度探讨江南水利史,有力地推进了这一目标的实现。那么对于其他沿海区域,潮汐能否作为一个阶梯将"环境"的因素引入水利史的探讨,进而更为全面、真切地反映相应的人地关系,是一个值得思考的问题。

第三,从感潮区的景观变迁与水利格局,到圩田内的社会架构,再到沿海荡地的阶梯式开发,该书揭示了江南地域开发历史面貌的复杂性。复杂性的背后,既是各种环境因素的时空变迁,也是人们因地制宜的开发精神和在各种层面上的利益博弈。要之,从该书的论述中,可见对于江南进行模式化的概括应抱有审慎、警惕的态度。在地域开发方面,既需要将变动中的环境因素作为研究的背景,又需要在前者的基础上,对于各个特定的时空剖面上每个具备内在一致性的小区域进行考察和复原。与之相类似,从政区到社会机构,再到民人群体,甚至水利志书编纂者,基于政治立场、地方利益乃至私人利益的考量贯穿了江南的地域开发史。该书的相应论述主要以举例的方式呈现,相应的例子往往在具体的小区域、具体的问题上具有典型性和说服力,但似乎很难将所有的冲突和博弈统合起来,观察其产生机制如何、解决模式如何——这也是江南水利史复杂性的一个体现。

---

① 孙景超:《宋代以来江南的水利、环境与社会》,第351页。

　　第四，从多个相关的角度出发，将与此问题相关的不同性质的研究对象统合起来看待，不仅能使此问题的各个层次或侧面得到呈现，进而让研究更为全面，也能通过各个侧面的对比让研究更为真切。这是该书在研究方法上的亮点。例如，"沙里勾"的分布区、感潮区地域景观的变化、关于"江海之交"所在地的叙述，将这三个问题分开来看，它们是不同领域的问题，但如果将它们放在一起总结其背后的地理信息，则可以为一个更大问题的解决提供线索。

　　江南的研究恒河沙数，如何创新？江南的历史文献浩如烟海，如何利用？对于前者，《宋代以来江南的水利、环境与社会》立足于关键性的环境要素（如潮汐），观察江南内部一处处形态各异的社会场景，反思人们关于江南的地理言说，进而尝试从一个更复杂的人地关系图景中获得历史的镜鉴。对于后者，《宋代以来江南的水利、环境与社会》兼具内史与外史的视野，对江南水利文献进行了再总结，并以地理要素的复原为线索，将一系列性质不同但蕴含一致指向性的地理信息的材料整合在一起。可以说，通过从环境出发解读人地关系，该书有力地推进了江南水利与社会研究向更深、更广的方向发展。

《万国天津：全球化历史的另类视角》书评

薛克胜[*]

〔法〕皮埃尔·辛加拉维鲁：《万国天津：全球化历史的另类视角》，郭可译，商务印书馆，2021。

　　中国近代区别于前的显著特征为受外力全面而深刻的影响。[①] 通商口岸、租界及租借地是外力入侵的核心区域，进而成为近代中外关系史乃至中国近代史的热门选题。京畿之地的通商口岸——天津，清中叶以来政治性有所上升。它是直隶总督李鸿章、袁世凯等人推行洋务或新政的基地，而李鸿章及其继任者皆兼北洋通商大臣，经常代表清政府与西方谈判及磋商，天津又一度成为实际的"外交首都"。[②] 近代天津的特殊之处还在于九个国家[③]先后于咸丰十年（1860）至光绪二十八年（1902）在此设立租界。据此，罗芙芸（Ruth Rogaski）称 20 世纪早期的天津为"超殖民地"（hypercolony），强调多种殖民主义对城市空间的分割。[④]

　　列强对天津的影响显著体现在 1900—1902 年临时国际政府（以下

---

[*]　薛克胜，山东大学历史文化学院博士研究生。

① 罗志田曾精当论述这一影响，参见氏著《革命的形成：清季十年的转折》，商务印书馆，2021，第 9—15 页。

② 张利民：《从军事卫所到经济中心——天津城市主要功能的演变》，《城市史研究》第 22 辑，天津社会科学院出版社，2004，第 26—32 页。

③ 九国为英、法、美、德、日、俄、意、奥匈、比利时，具体情况参见尚克强《九国租界与近代天津》，天津教育出版社，2008，第 1—13 页。

④ 〔美〕罗芙芸：《卫生的现代性：中国通商口岸卫生与疾病的含义》，向磊译，江苏人民出版社，2007，第 12—13、213 页。

简称"临时政府")治理期间。1900 年 7 月 14 日八国联军攻陷天津城，30 日正式成立临时政府（"都统衙门"），开始了近两年的统治。法国学者皮埃尔·辛加拉维鲁（Pierre Singaravélou）①新著《万国天津：全球化历史的另类视角》（以下简称《万国天津》）关注这一特殊时期的天津，并试图为这两年列强治理下的天津社会、政治情况提供一个整体视角，涉及土地整治、行政、警察和卫生现代化等多方面。

《万国天津》挖掘和利用大量一手外文文献，其中不乏亲历者的书信，史料方面贡献巨大。此前，国内学者曾概述列强在天津各方面的举措及后来袁世凯接收天津的情形，也专门讨论了此间基础设施及公共环境卫生方面的建设，②但他们较多依赖中文翻译的《八国联军占领实录：天津临时政府会议纪要》。1902 年 4 月，八国联军各国向清政府移交都统衙门档案时印制了这一文件，法文本为唯一存世的正式文本。③而它只是《万国天津》众多档案来源之一。作者尝试从设有租界的各国及中国获取资料，但日本、俄罗斯和天津市的相关档案因各种原因而未能利用（第388—389 页）。而且，中文研究大都难逃戴海斌对北京城陷研究的评论，"以八国联军或更广义的西方人为当然主角，既有研究几乎都把中心落在行为施动者身上，而很少注意对手方的反应及两者之间的互动关系"。④

---

① 皮埃尔·辛加拉维鲁，法国历史学家，英国伦敦国王学院和法国巴黎第一大学——先贤祠–索邦大学当代史教授，出版过多部有关 19、20 世纪殖民主义与全球化的历史著作。
② 罗澍伟主编《近代天津城市史》，中国社会科学出版社，1993，第 314—335 页；陈瑞芳：《略论天津"都统衙门"的军事殖民统治》，《南开史学》1987 年第 2 期；任云兰：《20世纪初都统衙门对天津的城市管理探析》，《城市史研究》第 27 辑，天津社会科学院出版社，2011；任云兰：《都统衙门时期天津公共环境卫生管理初探》，《天津社会科学》2009年第 6 期；刘海岩：《庚子八国联军都统衙门与天津政权的归还》，《历史教学》2005 年第 9 期。
③ 倪瑞英、赵克立、赵善继译，刘海岩总校订《八国联军占领实录：天津临时政府会议纪要》上册，天津社会科学院出版社，2004，导言，第 15—16 页。
④ 戴海斌：《"无主之国"：庚子北京城陷后的失序与重建——以京官动向为中心》，《清史研究》2016 年第 2 期，第 100 页。另外，王先明关注到庚子之乱前后天津城社会秩序的崩解和重建，尤其强调绅董在重建过程中发挥的重要作用，并认为这一重建过程中天津发生了诸多影响深远的变化，与皮埃尔的观点有颇多一致处，参见《庚难之后：天津日常生活秩序的恢复与重建》，《河北学刊》2021 年第 1 期。

该书作者尽管疏于挖掘中文材料，但仍能以丰富而具体的外文材料描述两者之间的互动。

更重要的是，作者试图以天津这段历史探讨全球化在亚洲的"跨帝国主义"①层面，强调全球化过程是各大帝国（包括清，而非仅仅指英国）和被殖民地区共同塑造的，此亦为该书标题之所在（第23—24页）。这得益于西方学界对英国史研究范式的不断反思，原范式强调英国权力和政治机制在全世界的扩散。②这种反思由约翰·加拉格尔（John Gallagher）和罗纳德·罗宾逊（Ronald Robinson）发端，其合作论文突出殖民地区在殖民秩序中的能动性。③皮埃尔的博士论文评审委员会成员，后来成为其同事的理查德·德雷顿（Richard Drayton）认为，罗宾逊的研究初具"跨国史"色彩，但忽略了殖民各国的内部互动尤其是合作。④作者对此有所借鉴，十分注意列强之间及其与天津地方精英乃至一般民众的竞争合作，并突出后者的主体性。

除引言、结论外，《万国天津》共有八章，另有两个附录专门检讨所用资料和天津史乃至城市史研究的情况。正文依时序可分为三部分：八国联军攻入天津（第一章）、临时政府组成及其具体治理措施（第二至七章）和袁世凯接收天津（第八章）。第二至六章围绕临时政府概况

---

① 这一概念似乎不太常见，大体可理解为帝国层次的跨国史。
② Richard Drayton, "Where does the World Historian Write From? Objectivity, Moral Conscience and the Past and the Present of Imperialism," *Journal of Contemporary History*, Vol. 46, No. 3 (2011), pp. 675-682.
③ John Gallagher, Ronald Robinson, "The Imperialism of Free Trade, 1814-1915," *Economic Review*, Vol. 6, No. 1 (1953). 罗宾逊对相关问题的进一步探讨及其学界影响，参见阿西娜·赛利亚图《民族的、帝国的、殖民的和政治的：英帝国史及其流裔》，徐波译，杜宪兵校，《全球史评论》第10辑，中国社会科学出版社，2016，第21—26页。
④ 理查德·德雷顿：《帝国主义历史上的泛欧合作：伪装的领土共管（1500年至今）》，何美兰译，《全球史评论》第5辑，中国社会科学出版社，2012，第308—330页。皮埃尔的求学经历和学术旨趣，参见法国最重要的历史类流行杂志 *L'histoires* 的专访 "Pierre Singaravélou: génération mondialisation," https://www.lhistoire.fr/portrait/pierre-singarav%C3%A9lou-g%C3%A9n%C3%A9ration-mondialisation，最后访问时间：2022年7月2日。感谢程嘉琳对笔者阅读法文材料的帮助。

及其各种治理实践展开，第七章的视角回到殖民群体内部，集中描述各
国租界发展过程中列强的竞争以及各国士兵的日常互动，这些章节构成
该书的主体内容。《万国天津》主要处理世纪之交天津发生的全球化实
验，"殖民"和"现代化"①为贯穿这一过程的两条基本线索，在该书
中相互交织，均为全球化（"国际化"）的产物，亦参与塑造这一
进程。

作者通过战争与日常统治中对中外民众的区别对待，提醒读者临时
政府的殖民本质。前者集中在第一章，主要叙述 1900 年 6—7 月义和团
（包括妇女组织"红灯照"）占领天津城垣、围攻租界及 7 月 13—14 日
八国联军攻克天津和之后展开的劫掠和屠杀，章标题"人间地狱"来
自这段时期内时人的观感。在围绕天津的战斗中，列强往往缺乏统一协
调，而日本军队成为列强攻入天津的主力，占领天津后，日本人展现出
的仍是军纪良好、积极兴革的形象（第 127、227、238—239、374—375
页）。②作者还特意指出，中方炮火攻击力强、精准度较高，且能使用
无烟火炮、鱼雷等现代武器，但这些展示出来的军事实力却被八国联
军的胜利遮掩（第 45—46、56—57、69 页）。

值得注意的是，双方阵营不可简单地以中外划分，中国基督教民
兵、英军威海卫的华勇营、德军胶州的华勇连加入联军阵营，亦有外国
军人加入中方。与之相类，作者还发现当时存在反向逃兵的现象，不仅
有外国军人在获胜后加入清军阵营，还有士兵脱离军队逃往附近村庄生
活，甚至还有人"穿着中式长袍，梳着中国长辫"（第 56—57、128—
129 页）。可惜作者未曾对这些现象做出解释，尤其是与常识不同的后

---

① "现代化"概念极为复杂，本文与《万国天津》在相同意义上使用，行文中加引号。

② 无独有偶，戴海斌发现北京日军在维持纪律和秩序上表现甚佳，内城满员与日军关系密
切，仰赖后者保护，而日军亦曾派兵防守宫禁，供给食物，赢得内宫信赖。参见氏文
《"无主之国"：庚子北京城陷后的失序与重建——以京官动向为中心》，《清史研究》
2016 年第 2 期，第 104、107—109 页。这些有助于提升中国朝野的对日好感，但不知是
否对晚清政治产生了实际影响。

者。对于联军士兵称中国士兵有逃跑恶习，作者却径以联军仍然在战斗中使用他们否定这一说法，并猜测这是为渲染中国军队无能，欧洲各国媒体故意传播的谣言（第57页）。这一判断可能失于主观，华勇营的开小差现象的确十分普遍，原因之一是与母国尤其同乡民众作战有诸多压力，而英国对这支军队其实不乏赞誉之词。①

　　列强攻陷天津后肆意劫掠、屠杀平民和强奸妇女，展现出帝国全球化中暴力的一面。暴行尚未结束，列强已着手恢复社会秩序，临时政府禁止中国民众携带武器，清朝正规军在辖区逗留时亦需暂时上交，离开时方归还（第123—124页）。但可以自由携带武器的外国士兵成为民众不安全感的来源，因为被指控犯罪的外国士兵仍得到其长官的包庇，因此作者认为"政府的慈善活动并不能掩盖联军士兵残暴地对待当地民众"（第166页）。全球化流动中，另一当地秩序的威胁来自西方、日本及其殖民地区的冒险家或强盗，甚至有一制造假币的团体头目是美国人。但政府试图驱逐这些外国国民时往往因领事团意见有歧异而失败。同样的不公亦体现在司法上，"临时政府法律体系的运行似乎给人这样一种印象：没有一个中国人是完全无罪的"（第125—138、153页）。统治阶层中也有这种歧视，在新的巡捕体系中，即使中国人扮演着必不可少的角色，但华籍巡捕与各国籍巡捕有明显区别，他们装备更差，而且有着犯人一般的编号（第145页）。

　　历史的复杂性在于在这一殖民性质的临时政府治下，天津却多呈现"进步"面貌，作者以"现代化"概述这一面相。具体措施包括：建立巡捕这一现代警察机构和新的司法体系以恢复和维持社会秩序；整治土地时在地图绘制、人口统计、不动产登记方面的推进以及拆除旧城墙、

---

① 参见刘本森《帝国的角落：英国租占威海卫研究（1898—1930）》，社会科学文献出版社，2018，第314页。刘本森所引一条似乎来自威海卫华勇营士兵的档案，说明在本乡比去天津作战压力更大，因其可能与乡邻甚至亲戚作战，失败后他们及其家人会因通洋受到惩罚。不过这种区别无法否认与国人作战的一般性压力。开小差现象及其原因分析见刘书第314—316页；英国赞赏见刘书第310—311页。

炮台，整治海河河道和既有道路，建设有轨电车及电报网络；发动广义的卫生革命，包括清扫街道、保护河流树木、保持饮用水清洁和合理处理污水、改造中国坟地为公墓、改善妓院卫生环境和改善经营规则、预防鼠疫和抵抗霍乱。

值得一提的是，书中"现代化"是一个概括性的、不含任何价值判断的一般意义上的词语。首先，作者持平等眼光看待中西皆有的事物。这一点鲜明体现于讨论土地整治中使用的地图，"西方绘图并没有展现出比中国绘图更高明的地方，因为两种地图提供的是两种不同的精确"（第 186 页）。至于临时政府委员会所称"中国当局从未在天津组织过人口普查，我们正在做这项工作"，作者紧接其后拆穿，指出清朝在鸦片战争刚结束时即着手于此（第 196—197 页）。不过这里尚需思考，清朝与临时政府统计人口的标准、方法是否相同？

其次，作者十分注意列强推行的"现代化"举措与中国传统的关系。其突出表现在司法方面。临时政府专设司法局，做出相应裁决建议后，向委员会宣读，由后者做出决定。区长亦有一定民事裁判权，临时政府法院受理对区长上诉或情节更为严重的案件。[①] 不过，判决不仅受到各国领事保护本国国民的影响，而且往往考虑犯人是否具有"好名声"。[②] 作者认为，尽管从当时留下的档案和列强宣传中很容易得出列强"为中国人建立了第一种'现代化'的司法形式"，但一些原则性的东西中国早已有之，如依照法律条文判定是否违法和确定刑罚，对总规则进行某种诠释来判定某些特殊性违法行为（第 148—159、166—167 页）。作者考察临时政府如何保证职员廉洁高效时，亦发现其政治改革的思路与中国传统大致相同，均为打击腐败和防止产生小集团（第 107—110 页）。

---

① 1901 年 2 月，除直辖区外，临时政府将行政区分为四区，多由军官担任区长，每区亦设有区法院。
② 书中并未界定"好名声"，只是说明这一认定相当主观。

临时政府还有明显沿袭清政府职能的一面，如整治河道、测量水文、兴修铁路、铺设电报网络，这些说明了两者在推动天津"现代化"过程中的连续性。其实不止政府，作为受众的民众，其行为亦不乏与之前相类处。诸多书中归结为当地人对临时政府的反抗，如盗窃勒索、冒充政府人员和制造政府文件与假币、阻塞海河、凿通河堤和水闸、破坏电报和电话线路、破坏铁路等。但也可能是任何政府治理下都会发生的民众行为，是否针对列强则尚需进一步分辨（第135—141、202—203、212—215页）。

再次，某些方面强调传统的延续突出了地方对全球化或天津"现代化"的参与和塑造。这一点首先表现为临时政府的组成。其办公地为原总督府衙，执行机构为七国代表组成的委员会，[1] 各国委员均由本国司令官提名，再由联军司令官召开会议通过，而各国指派的委员多为本国来华军队的校级军官。[2] 政府所设各部门主管、助手多由外国专家担任，且这些人多为"亲华派"，作者所列个别专家的履历鲜明体现了其跨国性和流动性。倘若对外籍职员的集体性特征进行挖掘，或有助于深入理解这种现象。另一方面，临时政府还依赖当地雇员担任买办、秘书、师爷、会计、翻译等，并沿用杂役人员，征用监狱犯人修建道路和打扫卫生。可见，政府形式及人员构成均有中西杂糅的面相（第84—100页）。

作者还注意到中外居民可以向委员会投诉（或请愿）的制度，一般民众往往需要依赖地方绅董向临时政府发出请愿。后者还在征收捐税、整治土地、招募巡捕、维护治安等方面发挥着重要作用。作者认为请愿来自中国古老的政治传统，而绅董的作用可追溯至明末地方士绅及19世纪下半叶民间社会的兴起，遵循这些惯习有助于确立临时政府统

---

[1] 八国联军中奥匈除外，美国1901年5月10日退出，参见倪瑞英、赵克立、赵善继译，刘海岩总校订《八国联军占领实录：天津临时政府会议纪要》，导言，第3页。

[2] 倪瑞英、赵克立、赵善继译，刘海岩总校订《八国联军占领实录：天津临时政府会议纪要》，导言，第2—3页。

治的合法性（第 100—107、145—146、194、213—215 页）。但书中"绅董"的具体面貌却极为模糊，其究竟包含哪些人群？界定概念之后，方能进一步考察临时政府治理下"绅董"的权力是否扩张。若是，其内部权势是否有所变更？

即使变更巨大的卫生层面，作者固然不忘强调某些议题脱胎于西方及其全球性流动，如欧洲各国近代卫生机构的建立、18 世纪环境保护问题在英法热带殖民地的凸显、世界保护儿童权益的兴起与临时政府对童妓的管理等，但仍揭示出本地民众的贡献，如中医，尤其针灸技术在传染病预防和治疗中的积极作用；天津保护植被的倡议最早始于本地人请求中文秘书禁止联军士兵砍伐墓地树木（第 224—252 页）。

最精彩的是，交代政府职能后，该书用两章内容呈现参演这场全球化大戏的人群。第六章以天津最丰富的资源——盐为题，生动呈现当时各种人群的关系。临时政府与美国、法国、俄国等领事以及天津盐商对盐坨所有权展开争夺，而后者作为地方民间力量的重要代表，取得最终胜利。作者认为盐商承担部分行政职能，说明社会和政府之间并无不可逾越之鸿沟，但他又直接引用罗威廉（William T. Rowe）的观点认为 19 世纪中国已形成"平民社会"，未对盐商的具体身份及其与官员之间的关系展开分析，失于粗糙（第 270 页）。其实与书中强调的盐商实力强大不同，他们耗费 100 多万两白银赎回八国联军作为战利品的存盐后，需要借助贷款方能周转。[①] 盐坨交涉中的一个重要细节是其为私人财产还是政府财产，倘若是前者则应予以保护，这一点亦在归还盐商上起了重要作用（第 264、271 页）。其实早在洗劫天津时，与其他列强不同，日本人坚决反对抢劫私人住宅（第 66 页）。[②]

[①] 关文斌：《文明初曙——近代天津盐商与社会》，天津人民出版社，1999，第 214 页。皮埃尔的第六章写作参考了关书，但似乎未注意到这一点。

[②] 何伟亚考察过自诩文明的西方人如何为其在中国进行的劫掠等野蛮行为寻找合法性，或许劫掠私有财产亦会产生一些类似的张力。参见〔美〕何伟亚《英国的课业：19 世纪中国的帝国主义教程》，刘天路、邓红风译，社会科学文献出版社，2007。

第七章着眼于殖民主体——列强及其士兵之间的关系。前半部分交代各国租界的扩张和竞争，其后关注到士兵之间的关系。后者着墨最多的当数英法，两国士兵因法绍达事件①造成的两国关系恶化而经常产生冲突。1901 年 3 月法国士兵发生骚乱，他们的主要口号是"打倒英国人""布尔人万岁""法绍达"。而且国际关系未覆盖士兵们的人际关系，英德之间虽有盟友关系，但两国士兵之间亦有矛盾（第 313—319页）。难得的是，作者笔下的殖民群体展现出其有血有肉的一面。法国士兵回家时心情非常复杂，因为"在中国时，我们都是高人一等的征服者"，"回到法国，大家再次变成了无产者"。近距离接触中国人后，一名意大利士兵更是感慨"中国人被视为野蛮人，因为我们希望他们是野蛮人。然而在很多方面，他们都超过了我们，可以做我们的老师"（第 365—366 页）。

《万国天津》中列强治理过程的双重性亦昭示着帝国主义遗产的复杂性。② 实际上，无论是归还天津时列强们要求中国政府不能更改临时政府的诸多措施，还是这些举措的确成为袁世凯北洋新政及天津近代化的重要基础，都昭示着这是一个"留下痕迹的政府"（第 347—367 页）。

纵览该书，读者极易产生张国刚中文序言中的疑问："如何理解殖民地的社会进步问题？"即作者所言"帝国主义与现代化之间的模糊关系"（第 380 页）。对此，国外学界甚至提出"殖民现代性"（Colonial Modernity），认为"殖民主义和现代性是相互联系的，是工业资本主义

---

① 法绍达事件或称法绍达危机，指 1898 年末英法两国为争夺非洲殖民地在法绍达地区发生的冲突，1899 年 3 月英法达成协定，划出边界线。

② 需要注意，不同国家对所谓西方现代性的态度差别很大。杜赞奇、史书美等学者注意到中国精英不同于印度，对西方现代性几乎全盘吸收，他们认为这与中国的半殖民地性质有关，参见〔美〕杜赞奇《从民族国家拯救历史：民族主义话语与中国现代史研究》，王宪明等译，江苏人民出版社，2009，第 196—200 页；〔美〕史书美《现代的诱惑：书写半殖民地中国的现代主义（1917—1937）》，何恬译，江苏人民出版社，2007。

历史的基本特征"。① 这一理论有为殖民或帝国主义正名的嫌疑，有过被殖民经历的国家对此十分敏感，韩国学界即甚为抗拒，甚至有学者评其为"新殖民史学"。②

与"殖民现代性"的说法相比，《万国天津》的优缺点都很明显。整体上作者长于叙事和描述，短于理论化和分析。当然，译者流畅的译文是该书可读性强的重要原因，但有些翻译不仅不同于学界一般译法，还出现明显不符合历史情境的误译。③ 作者问题意识清晰，试图以九个列强并存的特殊情境挖掘天津这段历史中体现的丰富"全球性"，并证明这段历史并不完全是中国人与外国人之间的对抗史，而且当地精英选择割裂传统，更靠近外国人，进而成为 20 世纪亚洲"现代化"和帝国主义全球化的主角之一（第 376—383 页）。尽管作者为学界贡献了一个极为精彩的故事，但未能更进一步从天津案例中提炼出新观点，对既有全球史或帝国史以及殖民与现代性的关系研究做出推进。

另一方面，天津这段历史的全球性程度固然特殊，但它无疑对学者早已指出的近代中国的国际化（全球化）面相做出重要例证，亦实践了全球城市史（Global Urban History）的学术路径。④ 或许该书的示范意义正在于，与其以"殖民"或"现代化"等具有价值偏向的宏大概

---

① "Introduction: on 'Colonial Modernity'," in Tani E. Barlow ed., *Formations of Colonial Modernity in East Asia*, Duke University Press, 1997, p. 1.

② Younghan Cho, "Colonical Modernity Matters?: Debates on Colonial Past in South Korea," *Cultural Studies*, Vol. 26, No. 5 (2012), pp. 645-669. 亦可参考一篇问题意识相同且有些内容相似的中文论文，周晓蕾《过剩的现代性：对韩国殖民现代性论述的研究述评》（《韩国研究论丛》第 35 辑，社会科学文献出版社，2018）。

③ 笔者不通法文，十分感谢译者的用心付出，暂列几处令人感到疑惑的翻译：临时政府部门名称，如"公共给养局"（第 91 页）；丁家立担任第一任北洋大学堂"董事长"，似应为"总教习"（第 93 页）；请愿书中请求没收"石油"，似应为"火油"（第 101 页）；当地人赠送委员会的礼物中有三把红色的"遮阳伞"，似应为"万民伞"（第 352 页）。

④ 前者参见柯伟林《中国的国际化：民国时代的对外关系》，魏力译，《二十一世纪》总第 44 期，1997 年；后者参见陈恒《关于城市史研究的若干思考》，《华东师范大学学报》2019 年第 5 期，第 198—199 页。

念为近代史的预设，抽取历史过程中的部分内容求得自洽，不如关注列强治理究竟给包括各种人群在内的地方带来哪些具体变更，地方人群又做何观感；该区域被原国家收复后，当地政府如何对待列强遗产，前后治理有无连续性，又有何改变。

评《小天命：生祠与明代政治》

邵长财[*]

〔美〕施珊珊：《小天命：生祠与明代政治》，邵长财译，广东人民出版社，2022。

美国加州大学圣地亚哥分校施珊珊（Sarah Schneewind）教授的新著《小天命：生祠与明代政治》（*Shrines to Living Men in the Ming Political Cosmos*）是第一部研究明代生祠的专著。在人们的印象中，生祠往往和明末大太监魏忠贤紧密相连，被视为"反常、荒谬和悖理的存在"，"象征着前所未有的腐败、专制和个人崇拜"（第12页）。但是施珊珊教授的研究颠覆了这种传统的看法，揭示出生祠在明代政治中的复杂内涵，并尝试通过这一制度重新评价明代平民的政治参与。

该书的"导言"首先通过魏忠贤和东林党引入关于生祠的讨论，并列出了开展生祠研究六个方面的原因：明人的宗教观念、生祠的广泛存在、声誉的作用、儒家的核心观念、平民主义的实践以及独特的生祠话语体系（第17—28页）。该书重点关注的正是明代生祠运作中所体现的"公论"，它赋予了普通民众参与地方政治的合法性。

在该书的第一部分"基础和地面"中，作者着重介绍了生祠的物理特征，讨论了与之相关的仪式活动，并且就生祠制度的演变、地方官僚的运作、崇祀活动的开展提出了诸多富有新意的见解。第一章"一

＊　邵长财，复旦大学历史学系硕士研究生。

· 216 ·

种常见的制度"，对明代的生祠制度做了全景式的描绘。作者讨论了生祠的形制、仪式、资金和寿命，并估算了明代生祠的数量。此外，作者考察了《大明律》对生祠的规定，研究了传统儒家礼制下的祠祀，并将生祠与遗祠和名宦祠等进行比较。她认为，生祠具有更加广泛的群众基础，对平民有着相当的吸引力。第二章"父母之官"关注生祠中最常见的被奉祀的主体——地方官员。该章旨在回答"生祠纪念的是什么样的行为？"作者认为："民生问题……正是纪念的核心所在。"（第93页）她强调："无论是父母的隐喻，还是作为一种统治方式的'家长制'，都是下面的地方要求和塑造的，而不是上面的朝廷和中央官僚机构强加的。"（第101—102页）第三章"崇祀"讨论了生祠话语体系下这一概念的复杂内涵。作者尝试对生祠崇祀中的一系列关键问题做出回答，比如，祀主是人还是神？究竟是谁在享受供奉？祠堂是否会对祈祷做出回应？她认为："生与死、人与神之间的边界并非不可跨越，我们没有理由认为一个人生前便不能享有奉祀并进行显灵。"（第134页）

第二部分"立柱和横梁"关注围绕生祠的政治活动、话语体系和参与主体，研究生祠在官员和百姓之间、地方和国家之间产生的政治张力。第四章"政治活动"的研究指出，"生祠早在魏忠贤事件之前就已成为在地方和国家层面就人事和政策问题表达民意的场所"（第144页）。平民百姓和朝廷官员都理解生祠的这一功用，希望借此谋求自己利益的最大化。生祠是明代平民参与政治的一种有效方式。第五章"从奉承到参与"展示了生祠话语体系如何回应对其长久以来的质疑。生祠本身就包含了一系列矛盾之处，一个好官应当对百姓建造生祠的请求加以拒绝，但百姓执意为官员建造生祠的行为却最终反映了"天道"。在明人看来，生祠的长久存续有赖于民众的衷心感戴。东林党人对"公论"的重视似乎反映了一种"平民主义"（Populism），平民百姓的生祠实践对精英的政治话语也产生了影响。第六章"平民百姓"关注生祠政治参与的主体。书中认为，"没有获得科举功名的人同样能合法地参与明代政治"（第 201 页），生祠碑记中的题名表明地方上的平民参与了生祠的建造，并通过碑记来主张自己的政治话语权。而不同版本的祠记显示，士绅们在记载时往往夸大自己在建造过程中发挥的作用。但"平民自身完全可以拥有政治上的思考和发言权，这种合法的权利不仅在明代律法中有明确的规定，而且在……碑文中也有明确反映"（第 227 页）。

第三部分"墙壁和屋顶"则讨论了更加复杂的情况。第七章"政治投资"是对沙河县的个案研究，讨论了该县的政治、经济和社会状况，分析了当地数量众多的生祠。沙河百姓通过生祠和到任官员之间建立起一种政治联系，在表彰一些官员的同时，也批评另一些官员，他们希望通过这种方式引导官员制定有利于地方的政策。第八章"复杂的图景"讨论了奉祀地方官之外的其他生祠，研究了那些为师长、高官甚至太监而建的祠堂，还有为祝寿而建的生祠。生祠不仅仅是一种祠祀制度，更是一种联系广泛的政治实践。平民和士绅、朝廷和地方都在这一场域中发出声音并进行争论，体现了一种广泛的政治参与。第九章"小天命"对全书的论述进行了理论上的总结。作者认为地方官员相对于皇帝是"臣"，而相对于百姓是"君"。在这二重的君臣关系中，"州县官的中间地位和民众认可的言辞产生了一种理论，即他们可以在辖区内赢得一种自主的合法性"（第 297 页）。作者将这种自下而上的政治理论命名为"小天命"（Minor Mandate）。在该章中，作者对小天命和天命的十点相似之处进行讨论，试图说明这一政治模式使地方获得了一定的政治自主权，体现出一种中央与地方相互重叠的政治秩序。最后的"结语"回顾了全书的研究，并就生祠政治的复杂面相提出了若干值得思考的问题。

该书最突出的贡献，是"小天命"这一概念的提出。皇帝上承天命，下抚万民，是上天意志在尘世的体现。同时上天也会对皇帝的行为做出评判，根据政事的得失降下祥瑞或灾异，即"天人感应"。这一套"天命"的政治话语在当时是为人们所普遍相信的。该书的创见则在于通过对生祠的研究，指出在地方层面存在一种叫作"小天命"的政治实践。地方官不仅是朝廷实行统治的工具，更是主政一方的长官。他们对辖区内的百姓负责，可以不经由皇帝而直接和上天进行沟通，有时候为了维护地方的利益，甚至不惜违背朝廷的政令，具有相当程度的行政自主权。在这一政治框架下，民生问题是评判地方官政绩的核心要素，百姓们通过修建生祠来表达自己的政治观念。

书中关于地方官员双重身份的论述让笔者联想到中国历史上长久以来存在的"封建制"和"郡县制"的争论。一般认为，明代的官僚体系已经相对成熟，朝廷通过任免各级官吏对辽阔的疆域实行有效统治。但是作者的研究启发我们需要重新思考明代中国的地方治理。府州县官不仅是朝廷进行统治的工具，同时也具有相当程度的自主性，需要对辖区内的百姓负责。"小天命"的政治模式，包含着作者对中央集权和地方分权问题的思考，书中亦多次提到顾炎武"寓封建之意于郡县之中"的观点。传统的中央集权的历史叙事或许并不能完全反映明代历史的全貌，地方官员的自主权有待于更加深入的分析和考察。

如果说"小天命"的政治模式代表着对中央集权叙事的再审视，那么作者对明代"平民主义"的思考则意味着对专制主义论说的挑战。全书的核心论点正是平民百姓通过生祠参与明代的政治运作，他们可以通过参与生祠的建造来表达自己的意愿，发出自己的声音，甚至引导官员的政策。作者认为，明代的生祠构成了一种"公共空间"，士大夫和平民百姓的意见汇聚于此，形成一种普遍性的"公论"。以往学界关于这一点的讨论大多集中于清代，尤其是太平天国运动以后的历史。但作者对生祠的考察将这一讨论的时间段大大提前了。她认为，在明代已经存在一种广泛性的政治参与，"社会流动、学社林立、哲学运动、廉价书籍、参与性宗教和阶级斗争都促成了'平民主义'的标签在明代，尤其是晚明的流行"（第 25 页），而建造生祠便是平民实现政治参与的重要途径。作者的这些论述或许不足以完全颠覆现有的关于明代政治的主流叙事，但它的确提醒我们，历史有相当复杂的面相，重新审视平民的政治参与有助于我们对明代历史形成更全面的认知。

　　此外，该书作为第一部系统研究明代生祠的专著，努力做到了史料上的"竭泽而渔"，利用了大量的地方志、文集等材料，勾勒出鲜活生动的明代政治面貌。而在对生祠碑记的解读中，因为文本的独特性，作者巧妙地回避了叙述的真实性问题。作者认识到，生祠碑记充斥着谄媚、奉承和虚构。那些灵异的故事不一定在真实的世界中发生，但在明人的观念世界中，它们是真实的。在书中的一些案例中，作者明确指出祀主的真实形象和生祠碑记中的塑造极为不同，但这无碍于我们理解明人在文章中表达的他们的观念。那些可能是虚假的描述正代表了对地方官员的期望，这是另一种意义上的"真实"。

　　《小天命：生祠与明代政治》一书的研究引人入胜，亦能引发读者更多的思考。在作者的叙述框架下，地方民众的要求通过生祠进行表达，对地方官产生影响。而以朝廷为代表的国家站在地方社会的对立面，有时候官员为了维护地方利益不得不违背朝廷的政令。但应当注意的是，明代中国并不是现代意义上的国家。以民生为核心要求的地方评价标准同样在朝廷的考核中占据突出地位，官评和乡评之间有着相当紧密的联系。如果过分强调地方和国家的对立，可能会对历史的理解造成遮蔽，两者均统一于儒家观念的总体框架之下。而明代正是理学从精英思想走向常识化、制度化的关键阶段，绝大多数官员是理学观念的信奉者，注意到这一点或许有助于对这一现象形成更深入的理解。

　　更进一步讲，对于地方官而言，他们重视地方利益甚至超过了中央政府的命令，应当并不仅仅是因为地方百姓为他们建立生祠的回报。作者所强调的"民生"的评价标准不足以解释所有官员的选择。在那些更加剧烈的地方官员和中央朝廷的冲突中，有着相当复杂的原因。除去思想观念上的因素，制度上的设计同样不可忽视。要知道，被奉祀于生祠的官员并不都是完美无缺的，在多数情况下，他们做出选择基于非常现实的理由。这些都有待于更进一步的研究。

　　另一个值得讨论的问题是，在明人的观念中，生祠和遗祠真的有那么大的区别吗？作者在书中也提到，当官员去世后，地方百姓很少能及时得知消息，而大多数生祠也会自动转换为遗祠。生祠、遗祠在当时的认识中并不是截然对立的，而是一个统一的整体。作者特别关注有关生祠的材料，同时也需要重视那些关于遗祠的记载，因为它们共同构成了明人的祠祀世界。此外，作者对于生祠的解读主要是从传统的儒家观念出发，不过对于那些并不识字的"愚夫愚妇"而言，他们可能并不能完全理解生祠的政治含义。从大众文化的角度出发，生祠是一种类似民间宗教的存在，寄托着他们的祈祷、愿景和信仰。如果能从这一角度进行考察，相信会对生祠有更全面、更充分的理解。

评加島潤『社会主義体制下の上海経済—計画経済と公有化のインパクト』

王 睿[*]

加島潤『社会主義体制下の上海経済—計画経済と公有化のインパクト』東京大学出版社、2018。

　　1949 年后，随着中华人民共和国的成立，计划经济体制也在 20 世纪 50 年代初期逐渐得到确立。尽管学界对计划经济的评价一直存在较大争议，但不可否认的是，直至改革开放前，计划经济体制在中国都占据着主导地位。[①] 那么计划经济体制对中国的经济发展形成了何种影响？从历史角度来看，计划经济体制又处于何种地位？加島潤『社会主義体制下の上海経済—計画経済と公有化のインパクト』便以上海为考察对象，试图通过分析 1949 年后上海经济体制的变迁来回答上述问题。

---

[*] 王睿，日本一桥大学经济学研究科博士候选人。
[①] 如 Kueh 便指出毛泽东时代的中国粮食产量和工业产值均实现了增长，从而为改革开放奠定了基础。但另一部分学者指出，计划经济时期，国家与农民处于严重的不平等地位，农民被剥夺了土地所有权和劳动自由，使得农民只能采取非法分配粮食等手段来对抗这种不平等的地位，结果反而对经济产生消极影响。参看 Y. Y. Kueh, "Mao and Agriculture in China's Industrialization: Three Antitheses in a 50-year Perspective," *The China Quarterly*, No. 187, Sep. 2006, pp. 700-723；徐卫国、黄伟英《人民公社时期农户劳动报酬实物化及其影响——以 20 世纪 70 年代河北某生产队为例》，《中国经济史研究》2014 年第 4 期。

该书除去序章共有十章，分为三个部分。第一部分主要讨论 1949 年后，政府对旧有上海经济体制的改造和社会主义体制在上海的确立。第二部分梳理了社会主义财政制度在上海的确立过程。第三部分则具体讨论了社会主义体制对上海各类产业的影响。笔者先对该书的基本内容进行概括，再对书中的内容和观点进行讨论，最后提出一些问题和该书的不足之处。

序章首先将社会主义体制定义为：（1）生产手段的共有，（2）基于计划的资源分配，（3）政治权力由一党全面把控，具备这三类要素的经济体制。根据这一定义，中国的计划经济时期是从 1956 年至 1978 年，之后便不存在完全的计划经济体制。相比苏联而言，中国的社会主义体制的特征是具有较强的地方分权，而这一地方分权可以归为中国对抗美苏的产物。在确定了中国社会主义的特征后，该书聚焦于地方分权体制的实际运作和该体制如何改变中国旧有的经济构造。为探讨这一问题，该书以近代经济中心上海为对象，将随着社会主义体制的形成，政府与企业存在何种关系，以及在这一体制下上海的经济构造会产生何种变化这两方面内容作为具体的分析课题。

该书的第一部分先高度概括了上海自 19 世纪后半叶到 20 世纪中期的经济发展历程。至 1949 年，通过不断地融入世界经济，上海已经成为中国的经济中心，并形成了以商社、工业企业、金融机构等民间经济为主体的经济结构。1949 年以后，虽然"大跃进"期间上海的 GDP 占全国的 10.9%，但其后不断下降。同时，上海的工业产值和对外贸易值在全国的占比也不断下降（工业产值占比从 1952 年的 19.1%下降到 1978 年的 12.1%，对外贸易值占比从民国时期的 40%—50%下降到 2010 年的 10%）。与之相对，上海工业结构中的重工业占比不断上升，至 1978 年达到 50%，改变了 1949 年以前以轻工业为主的上海工业结构。

中共在上海推行的社会主义体制是造成这一变化的主要原因。新中国成立初期，中共对官僚资本全面接收，但对私人财产进行保护，从而使得 99.2% 的企业仍为私营企业。在随后推行的新民主主义政策下，在有利于国民经济和人民生活的前提下，私营企业的发展得到认可。国家则通过加工订货的形式带动私营企业的生产，虽然加工订货过程中也存在诸多问题（如企业的粗制滥造和国家机关的权责不明），但在 1950年初期，对于国民经济，政府仍只是处于指导地位，并对私营企业进行扶助，而非统制管理。朝鲜战争的爆发，改变了政府对私营企业的政策。虽然在朝鲜战争爆发初期，在战争的推动下，政府增加了对私营企业的加工订货量，但在 1951 年的休战期，随着"三反""五反"等社会运动的展开，私营企业产量锐减。国家也加强了对私营企业的监管和改造，并意图通过再编组的形式淘汰部分不重要的企业（如棉纺织业外的轻工业），重点发展机械等重工业。至 1953 年，随着中央提出过渡时期总路线，并主张公私合营是社会主义改造中国家资本主义的高级形式，自该年底，上海便展开了对私营企业的公私合营。至 1956 年，由地方政府管理的公私合营企业数量达到 16410 家。

1949 年后，政府对私营企业的政策分为四个阶段：（1）共和国初期，对私营企业的扶助以加工订货的形式进行；（2）朝鲜战争时期，统制经济体系下增加加工订货量；（3）社会运动对私营企业的打击和再编组；（4）以过渡时期总路线为契机，向公私合营转变。通过这一系列的政策，民国以来的上海经济结构被彻底改变。至 1956 年，上海形成了以地方政府为中心的经济格局，确立了社会主义体制。

第二部分首先讨论了中华民国时期，政府通过明确中央和地方的税源来保证中央的收入，并试图统一财政系统，但这一进程受到地方的抵制。其中抗日战争期间，中央对财政实现了集权化管理，但战后又恢复到战前的非集权化形式。1949 年后，中华人民共和国实现了完全的财政集权，但随之而来的便是地方财政收入的减少。以上海而言，在民国时期作为主要市财政收入的营业税从地方抽离，成为中央税收的一部分，这便使得营业税的增长并不能促进市财政收入的增加，迫使地方政府依赖新的税源。随着 1955 年后公私合营的完成，企业收入成为上海政府的新税源并在市财政收入中的占比不断加大。而为维持这一重要税源，上海也加大了对地方企业的投资，从而使得政府支出从民国时期的以行政费用为中心转变为以经济建设为中心。最终上海实现了财政收支结构的转变，并依赖企业收入达到了向中央输送资金的要求。另一方面，中央在财政需求得到满足后，也通过分权的形式允许上海市政府自行规划包括企业投资在内的政府支出。由此，地方政府和企业的联合体成为计划经济下的主要经济体，也是支持国家层面财政的重要基础。

在明确了上海财政结构的转变后，作者通过收集的 1949—1978 年各省、自治区、直辖市的财政收支数据，将上海的财政收支与其他地区进行了一个宏观的比较。在财政收入、财政收支平衡、中央上交金方面，上海都是首位；而在中央财政补贴、中央财政补贴与上交金额比等方面上海均排在末位。整体来说，财政的转移是从上海这类财政盈余地区向财政赤字地区进行转移。与此同时，中央的财政收入在全国总收入中的比例不断降低，而财政支出则始终维持在较高水平，这一超额部分则由地方的上交金来承担。高度依赖企业收入的上海财政系统在全国有其特殊性，较高的企业收入使上海能够向中央上交远比其他地区更高的金额。但在社会主义财政体系下，上海和其他地区一样也要通过财政转移来支持全国的财政系统，并要接受上交金额与中央财政补贴的巨大差额，这又使上海的财政系统具有一定的普遍性。

第三部分具体讨论了计划经济体制对上海的轻重工业、橡胶产业、电力产业和水泥产业的影响。

就轻重工业而言，在 1949 年以前，以纺织业为代表的轻工业是上海工业结构的主体，即便到 20 世纪 50 年代初期，纺织业在上海工业中的占比仍有 50%。但随着国家优先发展重工业，至 1958 年纺织业占比已降到 20%，机械制造等重工业占比则达到 50%—60%。1958—1980

年，政府对重工业的投资占总工业投资的 48%—71%，对纺织业的投资仅为总工业投资的 11%，这便使得重工业实现了 30—40 倍的增长，而纺织业仅实现了 5 倍增长。但相比重工业，轻工业的投资回报率更高，如纺织业和机械制造业为市财政贡献了相同比例的收入。整体来说，政府采取优先发展重工业、维持纺织业等轻工业的政策。在这一政策影响下，自清末以来一直与外资竞争的纺织业的发展模式转变为以国内市场为主体的国营企业独占供给模式，从而减少了对新设备、新技术的投入。

在橡胶产业和电力产业方面。1949 年前，上海的橡胶产业以民营企业为主，同时，中资企业与日资企业存在较强的竞争。二战结束后，随着日资企业的退出，中资企业得到发展，中小企业进一步壮大。1949 年后，随着橡胶输入的减少，政府采取统制管理，使得橡胶产业逐渐与市场脱节，转而依靠国营企业、机关的订单。朝鲜战争爆发后，军事需求又带动了一批中小企业的成立。公私合营完成后，政府通过削减企业数量、设立专业公司，实现了对橡胶产业的直接管理。与橡胶产业一样，1949 年前，上海的电力产业也是以民营企业为主的多家并存的状态，其中上海电力公司占主导地位。此期上海电力产业的发电量在全国总发电量中的占比达 17%，发电原料高度依赖进口的石油，并且发电量仅支持上海市内的消耗。1949 年后，发电原料从原油转变为煤炭，并随着朝鲜战争的爆发，政府对电力产业实行军事管制，至 1954 年形成了以政府为主导的管理体制。在计划经济时期，上海的发电量在全国的占比持续下降，并随着 20 世纪 50 年代后半叶华东电网的形成，上海的电力产业成为整个华东电网的一部分。

相比橡胶产业和电力产业，政府对水泥产业的管理更能体现地方分权的特征。在社会主义体制下，国营企业间流通的物品称为物资而非商品，随着 1950 年和 1956 年相继完成的物资统制和生产公有化，计划经济下原材料的供需均被纳入国家计划。而水泥则作为一类物资受中央直接管控。在推进工业的方针下，上海的基础建设存在对水泥的需求，而中央以分配的形式供给水泥。但在实际执行中，难以做到有效地分配，如上海的水泥分配就满足不了需求。针对这一问题，中央的物资管理存在一定的弹性，允许地方有一定的自主权（如扩大生产设备、建设新厂房、从其他地区输入水泥），让地方解决水泥不足问题。由此，便形成了以地方政府主导的自主性措施来解决计划经济体制（垂直体系管理）下的物资不足问题。

在最终章，该书认为计划经济体制的历史意义是：（1）地方政府成为经济的主体；（2）地方政府将地域内的多元经济体加以统合，形成以其为中心并独立于其他地区的一元经济结构；（3）中央管控下的地方自主。以上海而言，其自身的发展便是得益于企业与政府的合作，而非民营企业的活动。

总的来说，该书依托大量未公布的一手资料，以上海这一近代以来的经济中心为切入点，结合长期数据和个案观察，将计划经济体制对中国经济的影响以及该套体制的自身变迁轨迹清晰地勾勒了出来，丰富了我们对计划经济体制与当代中国经济之间延续性的认知。该书在出版之初便得到了日语学界较高的评价，此处不再赘述。[①] 笔者仅试着对该书强调的中央集中领导下的地方分权体制做一个简单的横向及纵向的对比。自 90 年代以来，随着新制度经济学（The New Institutional Economics）强调国家对经济发展的作用，国家能力的建设便一直被欧美学界所关注，其中财政能力又是衡量国家能力的重要标准。而财政的集权化（Fiscal Centralization）则是增加国家收入、增强财政能力的重要路径。在欧洲，推动财政集权化的一大方式便是多国竞争机制下的战争。在战

---

① 有关该书的日文书评可参考久保亨「書評　社会主義体制下の上海経済：計画経済と公有化のインパクト」『史学雑誌』127(10)、2018、1614-1621 頁；川井伸一「書評　社会主義体制下の上海経済：計画経済と公有化のインパクト」『社会経済史学』85(2)、2019、229-231 頁；湊照広「書評　社会主義体制下の上海経済：計画経済と公有化のインパクト」『歴史と経済』245 号、2019、52-54 頁。

争环境下，部分国家如英国、法国实现了财政集权化，增加了国家财政收入，进而建立起更强大的军队击败竞争对手，而如波兰、西班牙等难以进行财政集权化的国家则在竞争中落败。从而欧洲部分国家走上了财政军事国家（Fiscal-Military State）的道路，通过不断提高的国家能力，逐渐获得了世界的主导地位。①

这一分析框架也可用于东亚地区。如和文凯指出 19 世纪中期之后，日本通过财政集权实现了国家能力的提升，而中国则始终难以统一财政体系，② 结果则是中国在竞争中落败，而日本走上了现代财政国家的道路，并成为东亚地区的主导者。在这样的视角下，重新审视中国的社会主义体制会有一些新的发现。1949 年后，社会主义体制为财政的集权化创造了基础，而朝鲜战争的爆发和之后的中苏交恶、中美对抗又提供了类似多国竞争的外在刺激，最终中国实现了自晚清以来未能达成的财政集权化，极大地增强了财政的汲取能力，进而帮助国家在竞争中获胜。站在国家能力角度看，中国社会主义体制未尝不是增强国家能力的一种路径，从而具有一定的普遍性。

但中国的社会主义体制又有其特殊性，那便是地方分权。依据马克·丁塞科（Mark Dincecco）对欧洲的长时段考察，国家的财政体制可分为专制政府下的财政分散、专制政府下的财政集中、有限政府（Limited Regime）下的财政分散、有限政府下的财政集中，在这之中，有限政府下的财政集中能获得最强的税收能力。③ 而中国的社会主义体制显然不属于上述任何一类，但这套体制有效地增强了税收能力，进而实现了国家建设（State-Building）。由此来看，中国社会主义

---

① 对这一观点的讨论可参见 Philip T. Hoffman, *Why did Europe Conquer the World*, Princeton：Princeton University Press, 2015。

② He Wenkai, *Paths toward the Modern Fiscal State-England, Japan, and China*, Mass.：Harvard University Press, 2013.

③ Mark Dincecco, "Fiscal Centralization, Limited Government, and Public Revenues in Europe, 1650-1913," *The Journal of Economic History*, Vol. 69, No. 1, Mar. 2009, pp. 48-103.

体制无论是在社会主义制度范畴内，还是在国家建设范畴内，确实可以称之为"特色"。而这套非西方的特色体制在增强国家能力外，其本身在世界范围内的意义和地位又是如何，对不同路径下的经济发展又有何种启示，或许是值得进一步关注的。

但需要注意的是，虽然相较于苏联的完全集权化社会主义体制和欧洲国家的能力建设路径而言，中央集权下的地方分权有其特殊性，但从中国的历史角度看，地方分权并非新鲜事物，分权与集权本就在中国历史上反复出现，尤其在王朝末期分权往往是一种延续统治的手段（如晚清督抚权力的扩大）。但1949年后的地方分权的不同之处在于：历代王朝的分权均是在中央权力式微的情况下让渡军事、财政、政治等权力给地方，这便使得地方更容易独立于中央从而产生更强的分离倾向；而计划经济体制下的分权，则是在中央权力强势时期仅仅给予地方一定的财政权力，从而既保证了国家层面的统一，又有利于地方层面处理垂直管理体系下的僵化问题。

改革开放后，如该书所言，中央集中领导下的地方分权得以延续，并成为上海经济发展的重要基础。大量的实证研究也表明，地方分权体制下各地形成的竞争关系有利于营造更好的商业环境，而较高的地方财政自主度对经济增长与公共品供给均有积极作用。[①] 而如果将地方分权视为中国经济改革得以成功的重要因素的话，则该书所提出的分权体制的延续性观点会让我们难以回避另一个重要问题，即对计划经济的评价。过往学界往往着重于改革开放与计划经济之间的割裂性而忽视延续

[①] 这方面的文献可参考 Qian Yingyi and Xu Chenggang, "Why China's Economic Reform Differ: The M-form Hierarchy and Entry/ Expansion of the Non-state Sector," *Economics of Transition and Institutional Change*, Vol. 1, No. 2, 1993, pp. 135-170; Qian Yingyi and Roland Gerard, "Federalism and Soft Budget Constraint," *The American Economic Review*, Vol. 88, No. 5, Dec. 1998, pp. 1143-1162; Xu Chenggang, "The Fundamental Institutions of China's Reforms and Development," *Journal of Economic Literature*, Vol. 49, No. 4, Dec. 2011; 陈硕、高琳《央地关系：财政分权度量及作用机制再评估》，《管理世界》2012年第6期。

性，从而对计划经济体制的批判多于肯定。但如果我们将作为中国经济改革成功重要因素之一的地方分权也归于计划经济的产物的话，那么可以说毛泽东时代不但为后毛泽东时代留下了工业等经济遗产，也留下了重要的制度遗产。在这样的视角下，该书无疑为计划经济的肯定派提供了一个强有力的支持。进一步讲，地方分权的延续性，也提醒我们需要重新审视改革开放所带来的经济变革。在地方的竞争关系下，能否以更优条件吸引外来资本成为地方经济能否发展的关键，而地方通过吸引资本形成产业，再从产业中获取更高的税收，这一模式未尝不是上海财政模式的重现和扩大，那么后毛泽东时代的经济发展在某种意义上或许可视为上海模式不断普及的产物。

最后，该书还存在两点不足之处。

第一是关于中、日、英文献的利用问题。虽然作者在序章中指出现有研究，尤其是中国学界对日本和欧美学界的研究成果利用较少，而作者在该书中也试图充分利用各国的研究成果，但从结果看，作者是在大量利用日文文献基础上辅以一部分的中文和英文文献，在一定程度上未尝不是忽视了中文和英文的研究成果。如上文提到的关于中国地方分权的相关中、英文献均未在该书中出现。如果说是因为这批研究的关注时段可能与该书有所差异所以没有被加以利用还可以理解的话，那么，近年来中文学界关于"三反"、"五反"、统购统销以及朝鲜战争对中共路线的影响等众多与该书有密切联系的研究成果均未出现在书中，则难以理解作者不采用这些研究成果的原因为何。

第二则是书中的数据问题。该书中尤为重要的 1949—1978 年各地政府收支数据无疑是近年来难得的有关中华人民共和国的长时段数据，对进一步研究共和国时期尤其是计划经济时期的经济史有很大的作用。但该书并没有将这套数据公布，这未免是一个遗憾，主要是因为该套数据已于 2012 年由东京大学出版（『中国計画経済期財政の研究：省・直轄市・自治区統計から』東京：東京大学社会科学研究所現代中国研究拠点）。但中国学界至今对该套数据的利用相当有限，这主要是因为大陆地区存有该套数据的研究单位极少。就笔者所查，仅有上海图书馆存有该套数据。考虑到该套数据的重要价值，未来由日本或中国方面将其电子化以方便研究者使用，或许是一个可行方案。

征稿启事

《区域史研究》是由中山大学、香港中文大学、北京大学、厦门大学、武汉大学、清华大学、南开大学、华东师范大学、南昌大学、浙江大学的一批志同道合的学者共同创办的刊物，旨在为区域史研究者提供一个分享最新研究、交流最新思想的平台。本刊设有学人访谈、专题研究、研究综述、读史札记、田野笔记、书评等栏目，现面向海内外学界征稿，来稿要求如下。

（一）论文字数一般不超过 3 万字，须有中文摘要（200 字左右）以及 3—5 个中文关键词；读史札记、田野笔记一般不超过 1.5 万字；书评一般不超过 4000 字，有深度的书评，则不受此限。

（二）文责自负。除非事先说明，否则编辑部对文字内容均可适当处理；译稿一律附原文。

（三）本刊采用社会科学文献出版社的投稿格式和注释体例，请各位作者投稿前务必参照修改。来稿统一采取页下注方式，每页重新编号。出自同一文献的注释第二次出现以后，只需标明著者、篇名、卷次、页码即可。

（四）来稿请通过电子邮件寄至 lingnanculture@ 126. com，并在邮件标题栏中注明：《区域史研究》投稿。

（五）本刊实行双向匿名审稿制，来稿时请将姓名、工作单位、联系方式、职称等反映作者信息的个人资料另页附上，并在正文中避免出现作者的相关信息。

（六）请勿一稿多投。收稿后逾 3 个月未做答复，作者可自行处理。

（七）本刊不以任何形式收取编辑费、审稿费、版面费等费用。稿件一经发表，即奉稿酬，稿酬从优，并赠送作者样刊 5 册。

（八）本征稿启事常年有效。

《区域史研究》编辑部

图书在版编目（CIP）数据

区域史研究. 2022 年. 第 2 辑：总第 8 辑 / 温春来主
编. -- 北京：社会科学文献出版社，2023.3
ISBN 978-7-5228-1390-5

Ⅰ.①区… Ⅱ.①温… Ⅲ.①地方史-研究-中国-
丛刊 Ⅳ.①K29-55

中国版本图书馆 CIP 数据核字（2022）第 256445 号

区域史研究 2022 年第 2 辑（总第 8 辑）

主　　编／温春来
执行主编／冯筱才

出 版 人／王利民
责任编辑／赵　晨
文稿编辑／汪延平
责任印制／王京美

出　　版／社会科学文献出版社·历史学分社（010）59367256
　　　　　地址：北京市北三环中路甲 29 号院华龙大厦　邮编：100029
　　　　　网址：www.ssap.com.cn
发　　行／社会科学文献出版社（010）59367028
印　　装／唐山玺诚印务有限公司

规　　格／开　本：787mm×1092mm　1/16
　　　　　印　张：14.75　字　数：203 千字
版　　次／2023 年 3 月第 1 版　2023 年 3 月第 1 次印刷
书　　号／ISBN 978-7-5228-1390-5
定　　价／99.00 元

读者服务电话：4008918866